JN204677

MINERVA
人文・社会科学叢書
229

政治にとって文化とは何か

―国家・民族・市民―

越智敏夫著

ミネルヴァ書房

政治にとって文化とは何か——国家・民族・市民

目次

序章　政治にとって文化とは

政治と文化

人民が国家権力、政府を構成し、同時にそれを統制するために存在するはずのものが近代憲法である。その条文を政府が恣意的に解釈することによって憲法が規定しているはずの規範を政府自体が変更可能なものとする。これは立憲政治そのものが否定されるという事態である。現実政治と憲法の間に乖離が生じたとしても、本来であれば人民の同意のもとで憲法の条文そのものを改定することによって、国家権力の意思を明確にするべきである。政府による恣意的な憲法の解釈が立憲主義を否定する。

ところがこうした行為でも、「政治文化には二種類ある。条文の改正によって対応する『改正文化』と、解釈の変更によって対応する『解釈文化』である」などと語られると、後者の行為は批判の対象ではなく、研究の対象となるかのようだ。女性差別、あるいは性的指向性におけるマイノリティへの差別といった事態が「日本古来の文化」という言葉で正当化される時代はすでに過ぎ去ったと思いたいが、政治においては「文化」という表現で多くのことが正当化される。

あるいは、「母語」という単語を日本社会で日常単語化することに学術研究はなんの寄与もできず、「母国語」という政治性のみで成立する単語を、学術論文でさえ散見するこの現代日本では、差別的言語政策を依然として「文化」の一部として語ることで正当化する権力性が存在する。

さらには、各文化にはなんらかの「本質」があるかのようにさえ語られる。それらの本質主義は、自らが属する集団とは異なる他の集団が存在し、その両者の間では相互理解が不可能であり、さらにはその両者の思考方法や行動類型はそれぞれが過去から未来永劫、不変であるかのようでさえある。

現実を見てみれば、常に集団の様々な領域は変化し、出会い、混交し、異化し続ける。したがって本質主義的な世界観は現実的ではないと通常なら批判される。しかしここにも文化という言葉が介在することによって、こうした世界観は現実的にはいとも簡単に流通する。さらにその文化自体は非常に強い自律性を持つかのように語られ、個人どころか社会集団の力をもってしても変更などできず、強固なものとして立ちはだかってくる。

そうした文化本質主義がもたらす政治性をどのようにすれば批判・無化できるのか。それらを非政治的（素朴）、反政治的（野蛮）、超政治的（無知）などと批判しても、それらの批判をも取り込みながら文化的統一体は自動機械のように肥大化し続けるだけのようだ。

以上のような政治の一部としての文化の論じ方が本書の第Ⅰ部「政治の文化」の主題である。政治理論は文化的領域をどのように問題対象としているのかという問題である。続く第Ⅱ部「文化の政治」では文化を根拠として成立する政治、あるいは文化を利用する政治のあり方を主題としている。国家や民族という枠が文化を根拠としてどのように政治を動かしているかという問題である。補論的な終章においては文化と政治の関係について、カナダ人の劇作家ロベール・ルパージュがある作品で提示した方法論的な光明について論じた。

本書の構成全体を通しての基本的な主張は単純である。それは「文化」が強権によらずに絶対化から相対化に移行する際の行為主体として「市民」が生まれ、政治状況も生ずる、というものである。しかし当然ながらこの表現自体は説明不足である。さらにいえばこのような「市民」と「文化」の概念は、本書における議論においても直接的には論じられていない。これらの概念規定は本書の結論のようなものであるとはいえ、正確にいえば本書全体の議論の結果として仮説的に提示したい市民像であり文化像である。

そこで序章における議論としては不適切かもしれないが、この仮説的結論について以下の部分で簡単に述べておきたい。そうした仮説的なものをここで論じるのは、政治と文化の関係について議論することが、現在の民主主義社会における市民の意味、あるいは市民が負うべき責任や義務について再検討することに繋がると思われるからである。具体的には現在の民主主義におけるポピュリズム的状況や、それらへの対抗として現れる市民活動の意味を問いたい。それは市民によって構築されるべき自律的な領域を「文化」として確定しようとすることでもあり、その前提としての社会認識について最小限の確認をすることでもある。

民主主義を否定する指導者を支持する人々

残念なことに、民主主義を否定する政治家が権力を掌握することは例外的ではない。たとえば移民政策、外交政策、経済政策などに関して、あからさまに特定の人々の人権を否定するような政策を掲げる政治家や政党を、民主主義社会において有権者が支持することは、現実政治において散見されると言わざるをえない。

制度としての近代民主主義が構築される以前においては、特定の人間や少数者集団が専制的に権力を掌握することを被支配者が望むという事態は、幾度となく繰り返されてきた。しかしそのような事態と、民主主義を否定する者を民主主義制度下において有権者が支持するというのはまったく異なる意味をもつ。

先述したような立憲主義さえ否定するような政治家であっても、人々はその政治家たちを支持するのである。あるいは自国への「テロ」を防止するためには自国民の基本的人権さえ制限すべきだと主張する候補者にも人々は投票する。なぜこのような投票行動がとられるのか、という問いはもちろん重要ではある。個々の政治的支持の理由の集積的な羅列は可能だろうし、それらの支持の根拠を社会的現実と種々の利害関係を前提に多様に解釈することも可能である。しかし「なぜその政治家を支持するのか」という問いに対する最終的解答はおよそ不可知論の域内とさえいえるものになるだろう。したがってここで論ずべき問題は、民主主義の名のもとに成立するそうした政治状況がもつ意味である。

たとえばそうした反民主主義的政治家の意味とはどのようなもので、彼らの行動は何を示しているのだろうか。そもそも、民主主義を否定することによって支持を得た彼らは本当に民主主義を破壊すべきなのだろうか。当選した政治家本人たちも困惑しているのではないか。

しかし選挙によってそうした反民主主義的な人間が信託を受けた以上、選挙時の公約は実行されるべきだろう。選ばれた者も、自分が反民主主義的な公約を掲げた以上、政策を変更することは許されないだろう。それが民主主義の基本である。これは逆を考えてみればよく分かる。たとえばリベラルな公約を掲げて当選した人間が、なんらかの新たな事態を言い訳にして、選挙時の公約を次々に破棄したとして、それが許されるだろうか。選挙時の公約は順守されるべきである。

反民主主義的政治家が権力を行使して民主主義を破壊しようとする状況が出現する。これを民主主義と呼んでいいのか、大いに疑問ではある。しかしこうした状況は民主主義だからこそ生じる。多数派有権者の支持を背景に政治家が行使する権力は常に補強され、今や各国の指導者の権力は史上最強のものとなってきたと言えるだろう。

政治権力の暴走を阻止するもの

しかしここでまた考えるべきなのは、だからこそ人類は政治の仕組みを少しずつ改良してきたという事実である。近代民主主義の形成以降に限定しても、多数派の人々の指導者選択に関する特定の判断の結果、大規模な社会的災厄が幾度となく人類を襲ってきた。選ばれた権力者たちによって引き起こされる災厄である。権力者同士の対立による戦乱や内乱、権力の恣意的な行使による社会的混乱、権力者の無能さによる経済的混乱と飢餓など、まさに悲劇の連続である。人々はそうした「痛い目」に何度も遭いつつ、制度を作りなおしてきた。

たとえば特定の権力者が暴走したとしても、それを他のレベルで押しとどめようとする制度を作り出してきたのである。重要なことは、現在の状況から判断して有意性があると判断される諸改革は、政治権力者たちが多用しがちな「最終的解決」や「全面的改革」などという表現をとらず、非効率に見えても少しずつ漸進的に進められてきたという点である。

そうした改革のなかには、三権分立のように権力を際限なく細分化していくことによって社会的安定を維持しようとするものなども含まれる。非効率という批判が生じても、その非効率性によって権力の暴走を阻止し、社会の混乱を防止するのである。こうしてある国の行政権を掌握した者が反民主主義的公約を実行しようとしても、それを立法権力や司法権力が防ぎうる。

三権分立だけではなく、そうした改善を権力の永続的な分化と考えれば、三権のそれぞれの組織の機能的分化もそれらの一環として考えられる。さらには権力の地理的分散の一部としての地方自治も重要な権力の暴走の防止策のひとつである。地方政府への分権的措置によって中央政治を統制しようとする政治社会は現在では一般的だろう。

しかしさらなる問題は、三権分立のような制度も含めて批判し、たとえば行政権の専制化、巨大化、特権化を主張して有権者の支持を得ようとする者が行政権力を掌握する可能性である。そのような事態はどのようにすれば防止できるのか。そうした事態において私たちの存在はどのような意味をもち、そうした事態を防ぐために私たちはどのように行動すべきなのか。

「リベラル」のみが市民なのか

その問題を考えるためには、逆説的かもしれないが、民主主義的と人々が判断する公約を掲げた政治家を人々が支持する状況について考えてみることが有益だと思われる。それは最終的には「市民社会」という領域の政治化、あるいは脱政治化に関連する問題である。

選挙公約として人種政策やエネルギー政策などにおいて「民主主義的」で「リベラル」な立場を表明することによって支持を得ようとする候補者は一般に見られるとおりである。そのような場合、「民主主義的」で「リベラル」を自称する彼らを支持することが、「市民的」有権者であるかのように表現されることも一般的だと言ってよいだろう。

しかし、どのような主張をしたとしても、また与党議員、野党議員どちらにしても政治家という権力者であって、その意味において人々から見れば同質である。ところがそのなかの特定の権力者（とその予備軍としての候補者）を応援する者だけが「市民」を自称する。

そのような社会においては「保守支持派」はまるで「市民」ではないかのようだ。そのような「市民政治」においては、その政治家たちがリベラルだという事実の政治的意味はあるとしても、「市民」と自称したとしても人々は権力者を生むための材料になりさがる。

またそれらが「新しい政治」という装いをまとうこともまた一般的だろう。それらがどのようなものであれ、自分たちの政治は「新しい」政治で、自分たちの意見と異なる政治勢力の意見は「古い」と批判しつつ、人々が自発的に権力者に従うという事態である。しかしこうした光景は有史以来、私たちの眼前に現れ続けている。

個人的な政治的判断からすればそうした状態を肯定する意見も認められるべきかもしれない。各種の政策レベルにおいて、支持すべき政治家が存在するのも当然である。支持する政策の実現のためには、そのような判断も政治的には許容されてよいのだろうか。選挙において勝利するためにはそのような用語法も必要だという論理である。

しかしそのような市民に関連する用語法の許容、またそうした政治活動自体は、本来あるべき市民の政治を危機的状態におく可能性を指摘しておきたい。これは、ある特定の政治家の活動を支持することを市民運動と呼べるのか、という問題などに矮小化するべきものではない。この危機的状態とは、市民の側がエンパワーメントを要求しつつ、選挙などの現実政治と親和性を高めることで、かえって市民の活動領域そのものが無力化されるという事態である。それは市民の側が、プロによる政治に対する距離感を失いつつ、政治の道具と化していくということでもある。

ある特定の政治家や政党を、自分の政治的判断に近似だからといって支持し、それを市民活動として政治の現場において支援することが、実はいかに危険なことか。さらには自分が支持する政治家を批判する他者を「非市民」として非難することが、政治的にはいかに危険な事態を招くのか。

どのようにリベラルな主張をする政治家であれ、特定の政治家への尊敬を表明したり、熱狂的支持者となることは政治家批判をタブー化することにも繋がる。「立派な政治家もいる」「あの人なら大丈夫」といった発言に見られる政治家への批判性の喪失は、社会を崩壊の危機に導く。こうして政治家と自称市民の共犯関係が構築されていく。また自分が支持する政治家や候補者を批判する人々を市民的でないと批判することも、広く見られるとおりである。こうした状態は市民自身が市民社会を分断するという事態でもある。権力者、政治家の側は常に社会の境界を顕在化させ、そのことによって社会を分断し、その分断を利用して権力を維持しようとする。ところが市民自身の一部が自分たちのみを「市民」と称し、他の人々は市民的でないかのように表現する。こうした市民自身による社会の分断は、分断を利用して権力を維持する者にとっては政治的幸運以上のものを意味するだろう。

たしかに市民活動による成果の低さや、その日常的な非効率性に直面し、そうした運動の限界を指摘し、否定することもありうるかもしれない。しかしそうした視点にこそ政治主義がひそむ。あらゆる社会的問題の解決を「高度の政治性」から判断すると称しながら、その「高度」については各自が勝手に措定しつつ対応するのである。そうした状態では社会内の共通ルールや最低限の約束事さえ、「高度の政治性」の名のもとに消滅する危険さえある。そして、より効果的な手法、より分かりやすい政治の極点には、けっきょく自分が政治権力を掌握しなければ社会は変革できない、という政治社会像が提示されるだけだろう。

市民の脱政治化のために

社会をより良くしようという意思をもちながらも、こうした政治化の方向をとるという事態はなぜ生じるのか。政治と政治家に依拠することの方が、自らが身を置く社会での活動よりは「効果的」に見えるのも確かかもしれない。しかしこのような専門政治家への接近と自らの政治化によって社会を変更しようとする社会変革論によって利益を得るのは誰なのか。

あらゆる政治的判断によって生じた責任は市民に押しつけられるのであって、政治家は責任をとらない。正確にいえばとりようがない。戦争や内戦、あるいは原子力発電所の爆発などといった巨大な災厄という事例を考えてみれば簡単に分かることである。

このような事態を考えれば、「より良い政治家を選択することによって社会を改善する」という構想は、政治家によって永続的に拡散され続けてきたレトリックだと言ってよいだろう。そうした一種の幻想が現実的な機能を政治において果たしてきたからこそ現在の政治があるとさえいえる。これこそ市民の運動が政治化した帰結である。

こうした事態を避けるためには、社会的領域、つまりは市民の日常的領域を民主化することによって、政治領域への批判性を維持し、結果的にはそれによって政治家や官僚による政治活動を民主化することが期待されるべきだと考える。人種差別、貧困、環境などに関する問題の解決のためには、誰を権力者とするのか、ということ以外に市民がとるべき方法はあるはずだろう。

そうした方法を見つけなければ、市民が政治権力者たちの「下請け」として権力者と親和的に活動することが、権力者による統治をさらに容易にしていく。あるいはそうした親和性さえ持てない社会層が暴力的なナショナリズムに身を委ねることさえ、現代世界では例外的ではない。

この市民の自立という問題を軽視しなかったからこそ戦後日本の社会科学における民主主義と市民社会に関する議論は複雑な外観をとるようになったといえる。憲法論にしても日米安全保障体制の議論にしても、特定の政治家や政党の全面的支持になりようがないのである。同様なことは東西冷戦崩壊後の東欧諸国、またラテンアメリカや他地域の民主化状況において市民社会を論じる場合にも指摘しうる。

市民文化

民主主義は、より民主主義的な人物を選ぶための制度ではない。ましてや「より善き人」を選ぶための制度でもない。どのような者を権力者として選択しても、社会内に大きな災厄が起きないような制度のはずである。だからこそ政治家と市民の関係、というよりは距離の維持の仕方こそが依然として重要な問題なのである。先述したようにあらゆる政治的責任は市民に押しつけられるのであって、政治家は責任をとらない。政治によるネガティブな結果は社会的災厄として市民全体が受け入れるしかないのである。

有権者として一票を投じる、あるいは棄権するだけの存在としての市民と、政治化された市民という両極の間に、なんらかの領域は存在しないのか。その領域こそ、本来は「文化」と呼ぶべきものだったのではないか。そのような文化こそが文化の本質主義や政治の絶対主義から私たちが距離をとる前提となるはずである。したがってそうした文化によって示されるものは理想像、モデルではなく、自己批判の根拠とならざるをえない。

社会の分断を防ぎ、なおかつ民主主義を否定する政治家を市民が選択したとしてもその結果生じる社会的災厄を低下させ、できればそのような政治家を選択する可能性をも低下させるような社会的領域の存在。そのような社会的災厄を避けるための安全装置のように駆動する領域を「市民社会」と呼ぶべきだろうし、その領域を日常世界において維持する方法を「市民文化」と呼びたい。以上が本書の基本的関心である。

第Ⅰ部　政治の文化

第1章　政治文化

——政治を文化として語ること——

1　日常と政治

日常の「文化」

政治学における他の専門用語と同じく「政治文化」という用語は日常的にも使用される。そこで使用される「政治文化」は多義的で曖昧である。用いられる状況や、使用者の政治姿勢、政治的利害によってまったく異なった意味内容を付与される。日常生活のなかで政治について語られる状況、いわゆる「床屋政談」的な議論の大部分が「政治文化」をめぐってなされているとも言えるほどである。

また、日本においては「文化」について語る場合、議論の当初からそれぞれの文化の価値を判定し、それらを序列化する傾向が強い。そうした姿勢は「文化程度」などの表現にも投影されている。さらに政治文化の場合は、それが「政治意識」と同義だと理解されることも多く、日常会話においては「政治意識の高低」という表現も多く使用される。そこでの高低の尺度が何であるかは発話主体によってまったく異なる。本来、文化も意識も、それぞれ自律的なものである。他のものと比較されて優劣をつけられるようなものではない。そのような文化や意識が序列化されることは、なんらかの価値の基準や尺度が存在することが前提となる。文化を序列化するということは、そうした価値基準を発話する個人が内包していることを意味する。ただし、そうした価値基準を常に本人が意識して文化の序列について語っているというわけではない。

学術の「文化」

そのような日常の政治文化についての議論と異なり、第二次世界大戦後にアメリカを中心として発展した政治理論、とくに比較政治理論においては「政治文化」という概念が精緻に定式化されてきた。その意味において、政治文化概念も専門科学としての政治学において使用される場合には、厳密な定義と注意深い使用法が要求されている。そこで本章で考えたいのは、現在までの政治文化概念の代表的な使用のされ方と、その概念使用がもつ意味についてである。それは政治文化を語ることが、結果的にもたざるをえない政治性について考えることでもある。そのような論点から政治理論において用いられてきた政治文化概念について再検討したい。政治文化をめぐる議論は政治における何を問題にしてきたのか。それによって何を明らかにしようとしてきたのか。また、何を問題にしてこなかったのか。あるいは、その概念が厳密に用いられてきたのであれば、その厳密さは結果的に何を意味していたのか。以上のような点について考えるために、まず政治文化概念が成立した文脈を概括することから始めたい。

2　人間性研究から政治文化論へ

政治における人間性

政治の研究において、純粋に外部から観察可能な行動だけを対象としていては研究は成立しない。それは、人間の行動の基本的な動機づけが外部からは観察できないからであり、またその動機づけに基づく行動が、合理的なものだけではないからである。人間は環境に対して同一の行動をとるわけではない。そこには複雑な内面での処理が行われ、その結果として政治行動が決定されるからである。その内面の処理には各個人の歴史的経緯や社会の価値観などが影響を与える。

このような理解から、政治行動における人間の内面性は政治学の対象として常に重要視されてきた。プラトンやマキャヴェリをもちだすまでもなく、古典的な政治研究はすべて人間性に対する独自の視点をそれぞれ持っている。それらの研究の多くが、人間の政治行動が一般的に合意された社会的価値を伴いながら習慣的に繰り返され成立する政治制度を研究対象としながらも、その行為を繰り返す人間の内面心理を対象とするのは、以上のような理由からすれば当然のことなのである。

しかし、政治学においてそのような人間性の研究が重要になったのは、政治社会に参加する人々が量的に拡大した市民革命以降のことであり、とくに大量の人間の非合理的行為の政治的帰結が重要視されるようになった、いわゆる大衆社会状況の出現以降のことである。たとえば、大衆社会状況が最も早い段階で現れたイギリスにおいては、それまでのモンテスキューなどの影響下で進展した政治制度研究とは異なる政治研究がなされるようになった。イギリスにおける従来の政治研究が、三権分立による権力均衡論や、貴族政体と民主政体による権力均衡論によってイギリス政治を説明していたのに対して、バジョットが『イギリス憲政論』において政治における人間心理を問題対象としたのは、そのような社会変化に対応したものだと言えよう(1)。

選挙法改正によって政治社会に参入する市民が増大する状況に危惧を覚えたバジョットは、そうした初期段階の大衆社会における政治集団の機能に着目し、その分析に自然科学的方法を応用しようとした。また、大衆社会においては人々の行動が理性によってではなく慣習や本能などによって規定されているのだと指摘し、その状態を重視していたという点もバジョットの政治理解の特質である。そのような視点によってバジョットは、イギリスの憲法制度を「威厳をもった部分（dignified parts）」と「機能する部分（efficient parts）」に分けて論じたのである。このような政治制度の分析は、バジョットの指導者分析が政治家の象徴的機能について言及している点ともあわせて、後のエリート論や象徴機能分析に先行するものだったと言えるだろう。

こうした政治における人間性の研究は、各政治社会の産業化の進展に伴う大衆社会化の進行によって、その重要性を増すことになった。ウォーラスによる研究が二〇世紀初頭のものとしては代表的であるが、その後の二度の世界大戦の経験やファシズム国家の出現は、政治における人間性、とくにその不合理な側面に関する研究の必要性を増大させた。メリアムやフロム、ラスウェルらの研究に代表されるような膨大な数の大衆社会論やファシズム研究が第二次世界大戦終結以前から生み出され、政治における人間性の研究は新たな局面を迎えることになったのである(2)。

第二次世界大戦後、アメリカを中心とした政治理論の展開において、政治行動における人間内部の心理的側面の研究が飛躍的に発展した背景には以上のような変化があったと言える。いわゆる「行動論革命」は一般的には制度研究から過程研究への変化でもあった。それはまた静態的研究から動態的研究への変化でもある。制度や行政組織、あるいは実定法などの研究だけでは実際の政治的現実を正当には理解できず、政治主体の行動を規定する多くの要因を問題対象とするべきだという考え方を再確認したのであり、人間の主観的で心理的な側面を研究対象とするようになったのである。

以上のような変化に即応するなかで、政治制度を機能させるための補完的存在として個々人の内的心理の集積を問題対象とする視角が生じてきたと言えよう。それぞれの政治社会において従来は「国民性」や「政治意識」などと呼ばれていたものを「政治文化」と概念化し直し、それを比較検討することによって、政治社会における政治制度の現実的機能を比較しようとする試みである。それはミクロ政治とマクロ政治の連結環であるとも言える。その意味において、先に挙げたバジョットなどの研究とも同様な視点には立つ。しかし、第二次世界大戦後に発展した政治文化研究がバジョット流の研究と大きく異なる点は、数量化による科学性の追求である。測定可能な指標を作成し、大量のデータに基づいてそれらを数量的に分析することによって、それまで研究者の印象論でしか語られていなかった政治社会における文化の機能を論証可能な見地のもとにおいたのである。

そのような動きの中心としてアーモンドとヴァーバが一九六三年に『現代市民の政治文化』を刊行し、政治文化概念を初めて厳密に定式化して以降、政治文化概念は今日に至るまで多様な変種を生み出しながらも、依然として政治理論のなかで重要な位置を占めている。そこで以下の部分ではそのアーモンドの理論枠組みについて概括したうえで、その後の政治文化研究の方法論一般について検討してみたい。

アーモンドによる政治文化論

アーモンドは、ヴェーバーやパレートの影響を受けたパーソンズとシルズによって提起された行為の照準枠組みを援用し、政治的指向を政治文化と置きかえていく(3)。アーモンドは当初、政治文化は「政治行為への指向」のことであるとしていた(4)。これが後にヴァーバとの共著のなかでは「国民の中で特殊に配分されている政治的対象に対する指向のパターン」と展開される(5)。そしてアーモンドは、これらの政治的指向の諸様式とその政治的対象の諸分類によって政治文化を類型化しようとするのである。

まず、政治的指向は、認知的（cognitive）、感情的（affective）、評価的（evaluational）の三類型に分けられる。ここでの認知的指向とは対象への知識と信条であり、評価的指向とは判断と意見である。これらの政治的指向の対象として挙げられるのが、一般的政治システム、インプット対象、アウトプット対象、対象としての自己の四点である。そして指向と対象をそれぞれ縦と横の指標として三×四のマトリクスによって政治的指向の分類表が作られる。

さらにアーモンドらは政治文化を政治対象への指向の頻度の違いによって、未分化型政治文化（parochial political culture）、臣民型政治文化（subject political culture）、参加型政治文化（participant political culture）の三種に類型化する。先に挙げた四種のすべての政治対象への指向の頻度がゼロに近い場合、その政治文化は未分化型とされる。また、一般的政治システムとアウトプット対象のみに対する指向が高いものが臣民型である。すべての対象に指向の頻度が高いものが参加型とされる。

さらにそれらの政治文化が政治システムの構造と一致するかどうかという点にもアーモンドたちは着目する。その相違によって、忠誠型、無関心型、疎外型という三種の類型化も行っている。そして、以上のような分類表に基づいて彼らは、アメリカ、イギリス、西ドイツ、イタリア、メキシコで面接調査を行い、その結果を統計的に分析して各国の政治文化を比較したのである。

アーモンドらはこれらの政治文化概念を使用する理由として、次の二点を挙げている。第一に、政治文化は政治的な指向に関連したものであり、「一連の特定の社会対象や過程に向かう指向の集合体」であるという点である(6)。つまり彼らにとって政治文化は他の文化とは画然とした差をもっているのであって、それ自体を研究の対象として独立して把握しうるという点が重視されている。

政治文化概念を使用する第二の理由は、「この文化という言葉によって、人類学、社会学、そして心理学の諸アプローチや概念枠組を使えるようになる」という点である。ただ、アーモンドは人類学者の用いる「文化」概念の曖昧さも指摘し、その曖昧さを政治学にもちこむことを拒否する。アーモンドは文化を「社会的対象への心理的指向」だけを意味するものとして厳密に使用しようとする。そうすることによって、「文化的エートスといった人類学的用語の散漫さや、その概念が暗にもっている同質性の仮説」を回避しようとしたのである(7)。

このアーモンドらによる研究は、一般理論としては政治制度と人間の指向性の関連についての研究と言えるが、その目的は民主主義制度の成立条件を確定しようとするものであった。彼らは「イギリスおよびアメリカに、安定的な民主主義の手続きを支えている政治的態度のパターンと一連の基礎的な社会的態度が存在すること」を明らかにしようとしていたのである[8]。したがって、「政治制度や社会状況から民主的文化の属性をひきだすのではなく、むしろ民主的文化の内容を特定化すること」を試みようとしていたのであり、そのため「現に機能している多数の民主的システムについて、そこにおける諸態度を検討」しようとしたのである[9]。つまり、そこには民主主義を機能させるための「市民的文化」は西欧社会以外にも存在するのかというアーモンドたちの関心があり、彼らの研究には観念的なものではなく実現可能なものを提示しようとする指向があったと言える。

ただし、このような政治理論の展開については、第二次世界大戦後の特殊な世界状況についても考慮しておく必要がある。当時の第三世界諸国の国際社会への参加と、社会主義諸国の勃興、冷戦構造の発生などによる世界政治の再編に対応しようとして、西側諸国、とくにアメリカにおいては、あらゆる政治制度を比較する視点をもつ必要性が認識されたことは指摘されなければならない。

レイティンが回顧的に述べているように、『現代市民の政治文化』は「文化的変数と民主主義的結果との関連を説明しようとした初めての体系的試み」である[10]。その意味での理論的功績は大きかったと言えるだろう。アーモンドとヴァーバ以降、とくに西側世界の民主主義研究においては、彼らの方法論に依拠しつつ、政治システムを機能させるものとして政治文化に関する研究は常に進展している。たとえばレイティンがそのような文脈の代表的なものとして挙げているのが、コーンバーグとクラークの研究である。

一九八〇年代のカナダにおける調査によってコーンバーグらが分析しようとしたのは、人々が民主主義システムを支持する条件である。その調査結果の分析から彼らが提示したのは、支持の対象領域によって人々の支持のレベルは異なっているという態様だった。民主主義システム内の多様な領域によって人々は支持の度合いを変化させている。システム全体を包括的に支持しているのではなく、議会、裁判所、行政組織など、個々の分野ごとに支持する程度が異なっているのであり、その意味で人々の民主主義システムへの支持は「多面的」なのだと彼らは主張している。(11)

また、エルキンスはカナダのブリティッシュ・コロンビア州での聞き取り調査によって民主主義システム支持の実際を明らかにしようとしている。政治文化に関して彼は第六章「政治的争点、政治文化、イデオロギー」において述べているが、その方法論はアーモンド、ヴァーバとはいくぶん異なっている。エルキンスは政治文化を類型化しない。彼の主張によれば、類型化されうるような特定の政治文化をもつ場合にのみ民主主義は安定するのではないのである。エルキンスがブリティッシュ・コロンビアの事例から明らかにしようとしているのは、政治的意見の不一致を生じさせるような争点は何かということについて、階級や地域を越えた合意があれば民主主義体制は安定するということである。(12)

以上のような、政治制度と政治文化の関連、とくに民主主義制度が機能するための条件を作るものとしての政治文化の研究において、パットナムの研究は重要である。ロベルト・レオナルディとラファエラ・ナネッティの協力によってなされた『哲学する民主主義――伝統と改革の市民的構造』においてパットナムは、アーモンド以降の政治文化研究の方法論を総合的に使用して、イタリアの二〇の地域政府において民主主義制度が機能している程度の偏差を確定しようとする。(13)

パットナムは、地方政府の機能に関してイタリアの南北の地域間には巨大な格差があり、南北それぞれの地域内にも格差が存在することを調査結果の統計的処理から明らかにする。そして彼はそれらの理由として経済的発展の格差を主要因とはしない。この点が、従来のイタリアにおける民主主義の一般的研究と異なる点である。パットナムは、南北間にのみ民主主義制度の機能の格差が見られるのなら経済格差が原因と特定できるが、その論理だと南北のそれぞれの地域内に存在する民主主義制度の機能の格差の存在が正当には説明できないと問題提起するのである。そうした各地域内の格差の主要な原因を探求するためにパットナムは「市民的共同体（civic community）」の存在に着目する。市民による自発的な行為によって形成される領域をパットナムは市民的共同体と呼ぶ。パットナムによれば、この市民的共同体の存在が経済発展だけでなく民主主義制度の機能の程度も決定するのである(14)。

そしてパットナムはその市民的共同体の形成の原因をイタリアの歴史的経緯のなかに探ろうとし、一二世紀のイタリアにまでその根源を求める。彼が論ずるところによれば、当時の封建制下での混乱を解決しようとして、どのような方法で対処したかによって当該地域に市民的共同体が形成されたかどうかが決定されるというのである。君主制的な方法で対処した地域においては市民的共同体の伝統は生じることなく、共和制的な方法で対処した地域では市民的共同体の伝統が生じたのだとパットナムは述べている(15)。

しかし、以上のように進展してきたアーモンド以降の政治文化研究をめぐる状況も、東西冷戦の終焉によって多大な影響を受けるようになった。つまり、旧共産圏地域における共産主義体制から民主主義体制への移行のなかで、民主主義の安定の要因を各政治社会の政治文化との関連で模索する研究が要求されてきたのである。体制変動のなかで民主主義はどのように形成・維持されるのか。そのような変化に応じて、東欧をはじめとする旧共産圏における「民主化」の研究が急速に発展した。それらの研究の展開は他地域に関する研究にも波及し、東南アジア、南欧、南米などにおける権威主義国家や全体主義国家からの脱却に関する従来の研究にも影響を与えている(16)。

以上のようなアーモンド以降の政治文化論の方法論を概観して、第一に指摘しなければならないのは、その政治文化論においては文化の概念が非常に狭く考えられているということである。アーモンド以降の政治文化研究においては、その文化概念を精緻化することは、そのまま定義の内容を狭く限定していくことを意味していたと言えるのではないだろうか。政治文化に関する実証研究に共通しているのは、政治文化を単に人間の内面的指向性の表現だと限定していることである。そうすることによって、たしかに国民性研究などに見られる粗雑な議論は払拭することができた。また、アーモンドらが政治文化を政治的指向の問題に限定したのも、民主主義の安定の条件を確定するという目的に対応させるためだったと言えるだろう。彼らは議論の目的に即して方法論的に用語法を厳密に限定しているのであって、無原則に多くの定義のなかから恣意的に定義を限定しているのではないのは当然である。しかし、それらの限定自体が意味する点についてはまた異なる問題として考慮される必要があるだろう。そこで以下の部分では、アーモンド以降の政治文化研究に共通してみられる特徴と問題点をまとめ、それらの問題点に対する理論的応答について考えてみたい。

3　政治文化論の政治性

文化変容

アーモンド以降の政治文化論における文化の概念の限定に関して、第一に問題対象としたいのは、時間的経緯についての問題が議論の対象から除外されているという点である。アーモンド的な政治文化論においては、時間の経緯が考慮されにくい傾向があるという問題である。たとえば『現代市民の政治文化』において、アーモンドらは政治文化の変化に興味を示してはいるが、彼らの分析が特定の時点のデータに基づいていたために、政治文化の時系列的な変化を対象としていない。そのため、政治文化の変容についての言及はほとんどなされていないのである。

アーモンドらの研究においては、政治文化に地域間の差はあっても、特定の政治社会においてそれは時系列に即して安定しており、急激には変化しないものとして考えられている。その意味で政治文化概念は政治意識の劇的変動を予期していないと言ってよい。本来、政治文化概念は政治制度の機能を共時的に補完するものとして考えられていたのであって、その根底には、日常生活における政治的指向は経済的変動などの様々な状況の変化にもかかわらず持続性をもつということ、つまり政治指向の各政治社会内での変動は低いのだということが暗黙の前提となっていると言えるだろう。

また、このような研究視角の特質が生じた背景には、政治文化研究の方法の問題も指摘されるだろう。つまり、政治文化の時系列変化を研究するには、長い年月にわたって複数の政治社会を継続的に調査し、それぞれの変化を比較検討するという複合的な時系列的分析が必要なのであるが、そうした研究のためのデータベースが完備され始めたのは、西側諸国に限ったものでさえ一九七〇年代以降のことである。

そうしたなかで文化の変容に関心を示し、政治文化と政治制度の関連について研究しているのがイングルハートである。彼は時系列に沿った調査を基礎として、高度産業社会における政治文化の変化が政治制度に与える影響を論じている。その基本的な設問は、「現代民主主義あるいは大衆を基礎とする民主主義の出現になぜ経済発展が役立つのか、しかし経済が発展すれば必ずその出現をもたらすとは限らないのはなぜなのか」というものである。人間の行為は経済的要因などに対する機械的な反応に過ぎないわけではなく、この問題を時間の推移に沿って検討するためには、経済と人間行為の間の媒介変数としての態度、価値、知識の体系の変化を確定する必要があるのだとイングルハートは述べている。(17) この態度などの変化を政治文化の変化として分析するのである。イングルハートは経済的要因によって人間の政治行動を説明する合理的選択理論の限界を克服しようとしているのであって、経済と政治の間の媒介変数として政治文化を理解している。それによって経済的な発展と民主主義の成立の関連を考えようとしており、合理的選択理論と政治文化を相補的に使用して民主主義成立の条件を確定しようとしているのである。

政治文化の変容について論じる際に重要なのは、総体としての政治文化が変容する場合であっても、特定の政治文化が政治社会内で世代から世代へと伝達されるという点である。総体的な文化変容の過程においては、その変化に対する世代間の対応能力の差が生じるはずであり、その結果として世代間に政治文化の相違が存在するのである。ただし、エクスタインが指摘しているように、この点に関する研究は重要であるにもかかわらず数的にはいまだに少ないままである(18)。

ただし、特定の世代が年齢を経るに従ってどのように自分たちの政治的指向を変化させているかという点については政治的社会化の問題との関連で論じられてきている。先に述べたように、政治文化論は文化の持続的な機能を重視しており、そのような文化的な指向性の獲得の機会を問題としているからである。児童の社会化と共通文化の獲得については、それを政治文化の学習と受容と捉えた研究が多い。たとえば、「社会科」を含めた公的な教育における共通文化の受容についてはメリアムの先行研究がある。メリアムはアメリカにおける公的な概念の児童による受容を対象とし、とくに政治権力からの意図的な教育の内実を問題としていた(19)。メリアムが制度的な公教育による社会化を重視し、とくに幼年期における政治的知識の獲得を問題としていたのに対して、イーストンらは政治的社会化を、教育の場だけに限定せず一般的に理解し、広範な政治的指向の形成と把握し、幼少期における政治意識の形成について実証研究を行っている(20)。

下位文化、国民国家、多文化主義

世代によって政治的指向に差異が生じるという問題と関連して論じなければならない重要な点は、政治文化を論じる際の単位の問題である。世代間格差にみられるように、特定の社会内にはなんらかの細分化がある以上、常に対象となっている政治社会の一体性は批判的に検討される必要があるだろう。にもかかわらず、政治文化の分析においては、その研究対象は既存の国民国家という枠組みによって規定されることが多い。

歴史的にみても地理的にみても、人間が集団を作る方法は一つではないにもかかわらず、主として政治文化論は国民国家を対象としてきた。それは、政治文化論が単に人間社会の一般的な統合を問題にしているのではなく、人間集団が民主主義によって統合されるための方法を構築し、民主主義制度と政治文化の関連を明確にすることを目的としていたからである。その目的のためには、一元的権力が存在し、それによって包含される人間社会である既存の国民国家を人間集団の単位として議論の対象とする必要があったのである(21)。

しかし、人々は様々な属性をもつ。国籍、民族、人種、職業、ジェンダー、地位など、そのどれからも逃れられない。さらに、それらのなかの単一の特性のみに規定されるような個人も存在しない。にもかかわらず政治文化論は民主主義が論理的に要求する市民の「同一性」に対応するかたちでしか集団を特定できないのである。そこで問題となってくるのが政治文化論における「下位文化」という問題である。

政治文化論において国民国家を単位とする政治文化について語る場合、各個人の具体的な政治的指向は捨象されている。数量的な処理がなされた総体的なものを論じているのである。実際には各政治主体は日常生活を送るが、それぞれの状況で彼らがどのように行動するかは計算外におかれているのである。つまり、そのような政治文化の分析の前提にあるのは、ユーローが述べるように「さまざまな集団――国家・部族・党・家族あるいはそれ以外の決定作成を行う集合体――には、文化的に制約されており、したがって、それらが根ざしている特定の文化的脈絡内ではじめて完全に理解が可能になる、政治的な行動類型・信条ないし規範の差異がありうる、ということ」なのである(22)。

政治文化論においては、以上のような決定作成を行う集合体のなかでも、国家単位の文化的制約のみが重視される。実際は、多様な下位集団によって政治社会は分断され、それらは社会階層、宗教的信条、世代、政党支持など様々な下位文化によって規定される。しかし、その各々の政治的指向は、全体の政治社会を崩壊させるほど偏差の大きいものとは考えられていないのである。むしろ、下位文化の存在によって上位の統合が予期されるような理論構成になっている。

アーモンドとヴァーバは合意と分裂との間の均衡について、「社会になんらかの有意義に構造づけられた亀裂がないかぎり、民主的な政治の作用は見たくとも見られない」と述べている[23]。また、カヴァナーも下位文化について、「地域、宗教、社会階層、言語、世代、職業などは、多くの人々にとって基本的な準拠集団（reference-groups）」となるのであり、それらは「政治システムの中の諸々の裂け目を補充する」のだと論じている[24]。

たしかに、意見の相違、価値の差異の存在しないところにはそれらの分裂を前提とする合意や統合は形成されない。そのような社会は絶対的に存在しないし、そのような状態では政治指導者も不要であろう。しかし、それらの社会の分化はアーモンドらにとっては深い亀裂に至るものとは考えられていないのである。社会的合意の形成のための必要条件にはなるが、社会の深刻な分裂は生じさせないような社会内の差異、つまりパーソンズが「一定限度の分極化」と定義したものにアーモンドは依拠しているのである[25]。

しかし現実に政治的統合が成立している場合にはこのような論拠は成立するだろうが、政治的統合が様々な異議申立てを受けるような状況では、政治文化論は下位集団の文化を対象にすることが困難になるのではないだろうか。ウィーナーが述べているように「政治統合とは文化的・社会的に分離した諸集団を一個の地域単位にまとめる過程、そして国民的な一体意識を確立する」過程だとすれば、まさに文化的指向の偏差によってこの過程が逆転する可能性が生じるのである[26]。

現在、先進資本主義諸国で生起している多文化主義（Multiculturalism）の問題は、このような下位集団の政治的指向性が既存の政治統合を必ずしも前提としていない状況を指し示していると言えるだろう。たとえば、アメリカ合衆国においては一九六〇年代の公民権運動以降、文化的な多元性を主張することは、エスニック集団の発言権の拡大を背景として、それまでのＷＡＳＰを中心とした白人集団の社会的優位を否定し、すべてのエスニック集団による平等社会の主張へと結び付いていた。初期の段階では、そこで述べられる文化は人種によって分断化されたものが中心であったが、後になると性的指向性や、宗教的信条なども含まれるようになる。そのような事態のなかで、各エスニック集団による過度の平等性の主張が、それぞれの集団の民族性のみを尊重する自民族中心主義（Ethno-centrism）に転化する危険性もあると指摘されるほどになったのである。こうした危険性の指摘そのものが、少数者集団の文化的自立性を疎外し、主流派による文化支配を正当化する機能を果たすこともあるのは当然であるが、より重要なのは、このように各エスニック集団の文化的主張が自民族中心主義に転化するような状態においては、政治文化研究において政治社会の単位を確定する行為そのものが、下位集団の文化的自立性を阻害する可能性をもつということである。「アメリカ合衆国における政治文化」の存在を前提とすることによって、その政治社会の内的な指向性の差異を二次的な次元に位置させること自体が問題とされるのである。

たしかに、これまでのアメリカ合衆国における多文化主義をめぐる議論自体は、アメリカ合衆国における政治統合の歴史だけでなく、その価値観をめぐる問題領域を形成してきた。その議論のなかで平等や人権などに関する理念的な理解が深化してきたのは事実であろう。その点からすれば、このようなアメリカにおける多文化主義を、エスニシティを根拠とした下位集団という観点のみから論じるのも一面的ではある。しかし、そうしたエスニック集団による政治的自立性の主張が、従来は安定した民主主義国家であるとされていたカナダ、アメリカ合衆国、オーストラリアなどにおいてなされているという事実は、これまでの政治文化論によっては捉えきれない民主主義の変動が当該諸国で起きていることを示しているのではないだろうか。

現存する政治制度を機能させている条件を明らかにしようとして、その政治制度が依拠している国民国家という枠組みのなかで平均的な政治的指向性を確定するという政治文化論の作業は、その制度のなかで自らの文化的特性を根拠として、教育制度なども含めた一連の制度変革を要求するような下位集団の立場からすれば、各々の文化的自立性を単に政治的指向の偏差に還元し、上位の決定に同意することを当然の前提とすることと同義である。「民族文化」や「国民文化」について語る場合、政治統合の問題を捨象してそれらを非政治的に語ることは不可能なのである。それらを語ることは、民族や国民国家という単位を想定したうえで、その単位に合致した文化の枠を意識的に設定することを意味する。国民文化をあたかも実在するもののように語ることは、眼前にある国民国家の存在を所与のものとしていることに繋がる。自賛的な国民文化論だけではなく、どのような国民文化論であれ、その国民国家という枠組みを疑うことに結び付けるのは困難である。その意味で、カーニーによる政治文化論に対する批判は重要である。彼は次のように述べている。

分析手段としての政治文化に対する批判は多いが、特に有意義なものは次の二点である。第一は、それが物象化された一般概念の一種である「国民文化」という従来の観念に依拠しようとしているという批判である。第二は、それが強調する文化構造が、支配的な集団、階級、国家による文化的ヘゲモニーに対する象徴的あるいは実質的「抵抗」を具現化するようなものではなく、その文化的ヘゲモニーに迎合するようなものだという批判である。(27)

実際、これまで述べたように、政治文化論は、多文化主義の議論に見られるように先進資本主義国の国内的な文化的ヘゲモニーをめぐる問題に直面しているのであるが、それは同時に国民国家という枠組みの外からの批判にもさらされている。政治文化論の方法論が西欧的価値、とくにアングロ・サクソン的価値の優位性を前提としているという、これまで多く指摘されてきた問題も、その文脈のなかで考える必要がある。

アーモンドらは自分たちの研究が「アメリカおよびイギリスの民主主義に対する自己満足に陥らないこと」が必

要だと自戒してはいる[28]。しかし、クリックも指摘するように、アーモンドとヴァーバの研究で取り上げられている「標本」のなかには比較可能かどうか疑わしいものもある。さらには、「議論の対象となっているキーワードが、さまざまな文化においてさまざまな意味合いを持つばかりでなく、世論調査それ自体をすんなり受け入れるか、頑なに抵抗するかの態度が、国によって大きく違っている」という点さえ考慮に入れる必要があるのだとクリックは述べている[29]。

また、カヴァナーも指摘するように、アーモンドらによる政治文化論においては、政治的安定を示す指標として正当性、効率性、持続性などが使用されているものの、当該の政府がどれほど民主的であるかについては明確にはされていないままなのである[30]。たとえば、民主主義の安定性についてアーモンドらが述べる場合にも、彼らは秩序維持を価値前提としたうえで、イギリスとアメリカにおける政治的指向のパターンが同一であり、それがイギリスとアメリカの民主主義を安定させているということを指摘しているのであるが、それらの安定がどのような民主主義的内実を伴うのかは問題とされていない[31]。ある政治体制が安定しているからといって、その体制がすべて民主主義的であるとは限らない。たとえば、ある種の宗教国家などのようにイデオロギーの完全な一体性が前提となっている場合には、イデオロギー自体が争点の対象にならないために非常に安定した政治社会となる可能性が高いだろうが、そうした状況が直接的に民主主義制度を生じさせるとは限らないのである。つまり、文化としての政治指向と政治制度の連関は依然として正確には確定されないままなのである。

制度、文化、価値

ここで制度と文化の相互連関の問題について考え直す必要があるだろう。イングルハートが述べているように、アーモンド的な政治文化論の前提は「自律的でかなり持続的な文化間の違いというものが存在し、その違いが政治的に重要な結果をもたらす」ということである。[32] その持続的な文化の差異を政治的指向性という側面から比較検討することによって、政治的結果の差異を確定しようというものであった。そのような企図は既述したように、制度と文化の相互連関を確定し、それらの根拠として、研究者の直観による印象論を否定し経験的証拠による科学的検証を提示する必要性から生まれたのである。しかし、アーモンドらによる政治文化概念は本来、文化と政治制度を結び付けるものとして構想されていながら、その両者を結び付ける正確な一般的メカニズムは依然として確定しがたいままである。[33] その両者が相互に影響を与えていることは明らかにできても、その関連の一般的法則性を提起することは不可能なままなのである。

その点に関してクリックは、文化と制度の連関性ではなく、制度化の過程と制度自体の継続性とを重視する。制度が「公式および非公式な規則の集合」として歴史的に形成されてきた経緯から、制度を「時代の産物」であり「歴史的実体」として把握しているのである。[34] クリックの理解においては、制度は社会内の多様な変化に対応しながらも、社会の基底的な価値の範囲内で成立するのであって、制度と価値が相互連関しているものとは考えられていない。ところが、戦後アメリカにおける政治理論の分野においては制度をそのような理解とは異なるかたちで解釈し直す動きが「政治文化論的アプローチ」として登場したのだとクリックは述べている。その政治文化論的アプローチにおいては、「制度を法的実体としてではなく、政策と『文化』――人類学者が使う意味でのある社会全体の持つ、習慣、信念、社会構造――を結びつける過程として考えようとした」のであり、「社会における政治の働きや、政治に対する社会の働きを具体的に説明するよりも、仮説的モデルのほうがずっと一般的なものになった」のである。[35] また、クリックによれば「制度と過程を分離することなどできない」のであって、「それらは、専門的で高度の研究をする目的で、ただ実際上分離されうるにすぎない」という事実の意味を考えるべきだと彼は述べている。[36]

アーモンド以降の政治文化論は政治文化を政治的指向の数的計量によって確定しようとしたが、それは「その問題が重要だから研究するのではなく、測定可能だから」こそ、研究の対象となったのだとクリックは指摘する。政治理論は計測できるものだけを対象としてよいのか、という問題意識が彼にはあり、政治文化論における計量重視の研究者を「教条主義的経験至上主義者（the dogmatic empiricist）」と彼は呼んで、方法論的な有効性に関する警告を発している(37)。

以上のような種類の実証主義が政治文化論において発展した一因としては、既述したように当時のアメリカ社会のおかれた状況も考える必要があるだろう。アメリカは国家目標としての「近代化」という論理を世界大に拡大することによって、経済の発展段階説を共産主義に対抗するための補助的論理へと結び付けたのであり、その論理構成のために文化人類学や心理学、社会学といった当時の新しい学問を動員したのである。ここで指摘しておくべきことは、その論理の背後には、自分たちのものと異なる規範や信条で生活している人々に対する内在的理解の放棄があるということである。共感不可能な規範や理解不可能な政治的指向を持っている人々の内面的な価値意識を理解するためには、彼らの行動様式を計量化する必要があったのである。つまりそこには、各人の行動を観察すれば、その当人たちの価値意識が分かるという逆転した方法論的前提があると言えるのではないだろうか。

これまで述べてきたように、アーモンド的な政治文化論においては政治制度を機能させる条件として政治文化を概念化してきた。しかし、その概念化も本来は、政治制度が機能する根源的な理由が分からないまま、政治制度以外の社会的諸条件を仮定的に「政治文化」と称しただけであって、その意味において政治文化という概念は、政治社会における制度以外の残余類型のようなものであると考えるべきである。たしかにその残余物のうちのいくつかの領域は政治的指向として計量化できるものとして現れるかもしれない。しかし、その領域だけが政治制度を機能させているわけではないのである。民主主義制度という特定の制度が機能しているという事実は定義によって確定可能であっても、それが生起した理由を特定することは常に困難なのである。特定の政治的指向が認められる場合に民主主義が成立したとしても、その政治的指向が生じた理由は確定できない。

さらには、個人の政治的指向と政治的行為の連関の指摘についてはより慎重でなければならない。特定の政治指向は常に一定の政治行為に結び付くわけではない。また、特定の行為がその行為をとった人間の政治的指向や価値を単純に表しているわけでもない。たとえば「支配と服従」という人間関係を考えてみても、その人間関係を成立させている政治意識が形成・維持されてきた経緯は不明確なままなのである。

象徴と正当性

個人の政治的指向が全体の政治制度とどのように関わっているのか、そのメカニズムの解明が不可能であるならば、政治文化論の対象が、その議論の前提となっていた各個人の政治的指向を決定するもの自体を解明しようとすること、つまり、個人的意識の生成の分析に向かうのは当然であった。先に文化変容の箇所で触れたような「政治的社会化」の研究も、そのような文脈で考えるべきものである。特定の政治的指向が同世代内で共有され、またそれらが各世代間でどのように共有されるか、同一意識の共有としての政治的社会化が問題とされたのである。

しかし、そのような研究はあくまでも個人的な意識や指向の問題であって、それらがどのように各人の政治行動と結び付くのかは議論の対象となりえない。政治に関して個人がもつ姿勢を「政治文化」だと理解していても、政治に直接は向けられてはいないが結果的には政治性をもつような個人の姿勢を問題対象にはできないのである。したがって、個人の自覚的な姿勢そのものではなく、その姿勢の結果になんらかの政治的な事態が含まれるようなものをすべて「政治文化」として理解するしかない。概念としての政治文化がどうしても残余類型的なものでしかありえないのは、そのような事情にもよる。つまり、政治文化について考えることは、政治に影響を与える「非政治的なもの」について考えることにほかならない。そこで、政治がなんらかの非政治的な社会的条件によって規制されている状態を理解するために政治文化論が依拠しているのが象徴作用の問題である。それによってどのように政治的な正当性が同一社会内で形成されているのかを分析する必要が生じてくるのである。

政治における象徴の機能については、先に触れたようにバジョットもそれを問題にしていたと考えられるし、メリアムによる「ミランダ」と「クレデンダ」の概念も政治社会における象徴の機能を問題にしていたと考えることができる[38]。しかし、メリアム自身の他の研究がアメリカにおける行動科学に強い影響を与えたにもかかわらず、ミランダなどに関する考え方は発展継承されなかった。むしろ、政治社会における象徴の問題は主としてシュナイダーやギアーツなどによって文化人類学の領域において議論され発展してきたのである。彼らの基本的な考え方は象徴と意味の体系によって文化が構成されているのだとするものである。したがって、彼らにとって重要なのは社会行動の法則性の発見ではなく、社会内で成立している意味の体系の発見であり、その意味の解釈なのである[39]。

かつて、政治学の領域においてはこのような象徴作用に関心をもつ者は少数であった。レイティンも指摘しているように、アーモンドが文化を単に指向の問題であるとしたことから始まった従来の政治文化論は、結局、ギアーツ的な文化概念を取り入れることができなかったのである[40]。たとえば、それぞれの人間類型を比較してみても、行動論政治学における人間類型は、経済的利益や政治的資源の拡大などを追求しようとして行動するような人間類型であって、文化の象徴理論における人間像とはまったく異なっていたのである。

象徴理論における人間類型では、人間の主体性の問題は一時的に議論の対象外におかれることになる。なぜならば、人間の行動は象徴の網の目によって決定されているからである。彼らは単に共通の「意味のコード」に従っているだけなのだ。このような人間理解の差異が、アーモンド的な政治文化論と象徴理論を乖離させた最も大きな理由であると考えられる。しかし、ギアーツのような象徴理論による文化の分析は、政治文化に関心をもつ政治学者の多くに大きな影響を与えてきた(41)。文化は象徴のセット、あるいはその象徴を含んだ儀式であるとするような文化理解が政治分析においても多く見られるようになったのである(42)。

しかし、象徴の作用によって政治社会を分析するには、個人の内部において象徴がどのように形成され位置づけられていくのか、また、社会全体で象徴の体系がどのように形成されていくのか、その二点について明確にする必要がある。前者を明らかにするためには、個人的な政治的指向を越えた象徴体系の内面化の実態を論証しなければならず、そのためには膨大な数の意識調査を時系列に従って継続し、その結果を分析することが必要となるだろう。また、後者の問題を解決するために社会内での象徴体系の形成過程を論じようとすれば、どうしても印象論的な性格を払拭することは困難だという問題は残らざるをえない。そこで最終節においては、政治文化論に付随する以上のような課題と困難を踏まえたうえで、政治文化論自体の存在意義と目的について考えてみたい。

4　政治文化論の目的

文化を比較すること

これまでの政治文化論は、政治における不確定な人間性の問題を、政治制度を機能させる補完的条件として政治文化概念を構築することで処理しようとしてきた。その点に関しては、アーモンド的な政治文化論であれ、象徴理論であれ変わりはない。認識しやすく、言語によって表現するのが容易なものとしての制度が眼前にあるのに対して、制度が機能する条件や理由は認識されにくい。そのような分かりにくいものを特定の定義で指示するために文化という概念が使用されたと考えられる。その意味では、既述したように政治文化という概念はあくまでも残余物的なものである。そして、そのような残余物として文化概念を用いることの意味は、政治社会を比較するという行為と関連づけて考えることによって明らかになるものである。

政治文化を論じるには、他の集団の政治文化と比較しなければ論じることができない。それぞれの社会がもつ文化の特性は、それ単体では論じることができないからである。あらゆる文化的指標は、他の文化の存在を前提とすることによってのみ指標としての機能を果たすことができる。その点に関してユーローは次のように述べている。「政治行動を文化によって分析することの難しさは、それ自体が文化の産物なのだが、われわれの言語および文化に関連をもった思考様式がそこに立ちはだかっている、ということである」。そしてユーローは、文化が人間の行動や活動から理論的に演繹された精神的な構築物であるにもかかわらず、ある特定の文化について語ることが可能なのは、その文化以外の文化の存在を確認することができる場合だけなのだと指摘している。(43)

したがって政治文化の分析は、たとえ意図的に比較がなされないにしても、必ず比較的な分析にならざるをえないのであって、何かを比較する際にはその比較の基準が必要となる。それをユーローは「仮説上の第三要素（tertium comparationis）」と呼んだ。(44)そこで問題となるのは、この「第三要素」がどのようなものでありうるのかということである。単に西欧の民主主義を基準にするものであるならば、政治文化を論じること自体が「普遍的」とされる政治制度とそれぞれの政治制度の偏差を確定し、そのうえで両者を比較することでしかない。つまり、その「第三要素」をどこまで開かれたものにするかが、政治文化論の意味や政治性を決定づけるのである。

たとえば、人間の行動の予測できない側面を「非合理な人間性」と理解し、そのダイナミズムを計量化して予想するような視座を政治文化論がもちえたとしても、それは大衆を操作するための材料を政府に提供する以上のことを意味しないかもしれない。あるいは、イングルハートのように特定の経済的要因が政治文化によって民主主義制度を成立させるものだと考え、その連接環としての政治文化を確定できたとしても、それは結果的には特定の経済政策を正当化する根拠となる可能性も否定できないだろう。しかし、政治文化の研究の目的は、そのような計量化によって発見された「一般法則」を比較の「第三要素」とすることでもないはずである。

自己批判のために

政治文化論は人間の特定の政治行動が生起する理由として経済的条件以外の様々な条件も考察の対象としている。そこに見出される偶発的なものも含めて、あらゆる行動のなかに政治的意味を見出すことによって、残余物である態度や指向のなかに各個人の政治性を読み取り、それらを政治的意味の次元に引き戻そうとする。一見、政治的でないような態度の裏にも人々の政治的な情念を読み取らなければならないのである。だとすれば、政治文化論は既存の政治制度の正当性を問い直すための材料として、各政治社会の残余的な条件を提示できると考えるべきではないだろうか。政治文化を研究する目的は、各政治社会に属する人々に対して、自分たちの政治的指向がどのような政治的制度に結び付き、どのような政治的帰結に至るのか、その連関のメカニズムを提示することだと考えるべきなのである。

したがって、民主主義を機能させる普遍的な政治的指向を確定し、それにより唯一の政治制度を作り上げようとするようなことは政治文化研究の目的とはならない。政治文化論が制度と他の条件の連関のメカニズムを示すことにより、その政治社会に属する人々の自己認識が深化し、そのことによって政治社会の変革の可能性が高まることのほうが重要なのである。人々が意識的、無意識的に前提としている様々な価値を、各人が拘束されている現実的な政治的条件の一部として認識し、それらの機能を正確に理解することによって、それぞれが自己変革のための条件を確定することが可能となる。そうすることによって、政治主体としての人々の自己確認が促されるべきであり、その自己確認を前提として各政治社会に適したデモクラシーの個々の形態が探求されるべきなのである。

以上のような作業は、政治システムの再編プログラムを構想することであり、既存のシステム安定を一義的に目的とするようなものではない。その作業は現行の政治生活のなかの何を問題とし、その問題が生起する原因をどのようなものとして理解するかという点に関わってくる。そのように考えれば、政治社会における制度以外の部分を確定しようとする政治文化論の意味するところは、各人による自己規制や自己統制の根源となっている強固な政治的価値の体系を問い直すという、いわば日常的な「文化革命」である。そしてそのような問い直しこそが、最終的には日常世界において新しい共同性を作り上げるための新たなエートスの形成へと連関するはずである。

第2章　なぜ市民社会は少数者を必要とするのか
——出生と移動の再理論化——

1　「市民とは誰か」を決めてきたのは誰か

市民と非市民

日本に「市民」は存在するのか。あるいは日本は「市民社会」と言えるのか。こうした問いが常に議論され続けてきた。過去の特定の時代に特定の場所で営まれた人々の生活の総体を市民社会だと実証することは不可能だし、実体として明確に市民だと同定しうる人々が現在の地球上に存在しているとも主張できない。したがって、前記のような問いに対しては論者独自の市民観、あるいは市民社会観が投影される。そのうえで、われわれは現実の世界を批判する。ある人々を指して彼らのことを市民ではないと言い、ある社会の実情を批判してこれは市民社会ではないと言う。批判するべき現実を各自の理想とする市民社会と対比し、その距離によって現実を批判する。

こうした議論がなされる限り、市民社会論はどのような政治的立場によっても展開されうる。歴代の日本政府がこれまで市民という言葉を用いることがほとんどなかったという事実は別にして、原理的には日本政府が自らの政策を正当化するために市民や市民社会という言葉を用いることも可能なのである。

市民概念のそうした恣意性は市民革命期にまで遡って指摘しうる。フランス革命期の女性運動家オランプ・ドゥ・グージュが同時代的に批判したように、その革命における市民概念は少数の限定された男性市民だけを意味していた(1)。フランス革命期の人権宣言「人間と市民の権利宣言」は、フランス語で表記すれば「人間」にしても「市民」にしても男性名詞によって指示されており、その市民資格の対象から女性を排除したうえで、男性についてもさらに限定されることが予定されていた。

以上のような市民革命期の人権宣言は、市民に包含される人々を極度に限定することで憲法規程の対象となる市民資格を明確にし、その限定が市民による公的権利の獲得を実質的に可能にしてきたということも事実である。しかし市民資格の制限による権利の維持は、そのまま「非市民資格」の明確化も促したと言える。革命期の混乱状態では革命勢力による市民資格のそうした自己限定が反革命勢力の伸張を抑制することもあっただろう。では、その反革命の阻止という名のもとでの市民概念の限定はいつまで必要だったのか。その限定を必要だとする状況は現在において終息しているのか。

現実的には市民革命期以降、多くの政治社会において市民資格が適用される人々は拡大してきた。かつては除外されていた都市労働者や農業従事者も市民に含まれるようになり、二〇世紀に入ってからは多くの国々で女性にも市民資格は与えられるようになった。人種の差異を根拠とした市民資格制限も徐々にではあるが解除されてきている。

また、国民国家という枠組みが世界規模に拡大し、現時点での市民資格の対象者は一九世紀に比べれば数的にはめざましく拡大している。それらの市民資格が狭義な「国民」資格として限定、変換がなされているものであっても、市民資格対象者の拡大と国民国家という枠組みの拡大は無縁ではない。

市民による自己決定

しかし、以上のような市民資格の拡大の歴史も、それは他面から見れば市民が非市民を排除するために市民資格の制限に執着してきた歴史でもある。つまり、市民資格を決定する主体となる者だけが、自らのことを市民として認めてきたのである。市民とは「誰が市民なのか」を決定してきた者のことである。

ただし、どのような時代であれ主権を保持する者は自らの資格を自己規定してきたとも指摘可能である。王が自らのことを主権者だと主張する状況を想定してもよい。しかし、この王による政治資格の自己規定と市民による市民資格の自己規定には明確な差異が存在する。それは、主権者が自らを主権者だと規定する場合の自律性である。王は主権者としての機能を果たす場合には他者による承認を必要とする。たとえば絶対神などの上位概念からの託宣や、封建諸侯からの承認などを必要とする。しかし主権者としての市民はそうした他者からの承認を必要としていない。市民資格の宣言は市民によってのみなされる。そうした自律性は市民資格の特質と言えるだろう。つまり、他者の存在を考慮することなく「誰が市民なのか」を決定できる者が市民なのである。

この自律性を維持するには、その目的に合致した政治制度の確立が必要となる。そこで近代国民国家においては市民革命以降、様々な政治制度が開発され、市民資格決定における自律性を市民は維持してきた。こうして自律的に市民資格を決定する権力を手にした人々が、自らのことを市民と呼んできた。

しかし、それでもなお彼らは政治社会の全構成員に市民資格を付与しているわけではない。他者を考慮せず、自律的に市民資格を決定できるはずの市民がいまだに特定の人々を市民として認めていない。その意味において市民資格の歴史はいまだに、持てる者が持たざる者を抑圧・排除してきた歴史でもある。この排除の論理から市民あるいは市民社会という概念の特異性や問題点を考えることはできないだろうか。

以上の点に関して同時代的に重要なのは、その抑圧・排除の方法が過去との連続のうえにあるのか、それとも特殊現代的なものかという問題である。現代社会においても革命期以降の市民資格の制限は依然として同じ論理で維持されているのか。それともそうした制限の方法自体が現代的変質を経ているのか。その差異を明らかにすることが市民および市民社会概念の現代的意義を再考することになるだろう。そこで本章の以下の部分では、現代社会における少数者の排除の構造を問うことによって、市民資格の制限の現在性について考えたい。

2　非市民と国民国家

枠の設定

少数者排除の前提となるのは、排除という状況を作り出す全体の枠である。特定の人々が排除されるのであれば、その人々を「特別」だとする上位の母集団が存在する。ところが、その母集団をどのように規定するかは研究者自身の政治性に関わる。地域共同体の存在を前提とし、そこからの排除を問題にする場合もあれば、国民国家を前提とし、その統治機構としての中央政府による法的庇護からの排除を問題とする場合もある。

中央政府の法的庇護からは排除されていても、地縁共同体においては他の構成員と平等に扱われているという事例もあるだろう。また、特定の共同体のみが特定住民を国籍や人種によって排除する事例なども考えられる。この場合には、中央政府によって市民と認められた個人が地域の共同体においては市民と認められない可能性もあるだろう。

つまり、その枠の設定によって排除の問題も論じ方が異なってくる。本章においてはその全体の枠として国民国家を想定して市民社会の排除の問題を論じたい。それは既述したように、国民国家の成立と市民概念の拡大が同時進行的に展開されたために、市民社会概念を再検討するためには国民国家におけるその態様を考えなければならないからである。

また、国民国家においては、既述したように市民の同質性が仮構されているために、その仮構によって覆い隠されている問題についても考慮する必要がある。それは暴力と国民国家の関連である。国民国家において仮構されている同質性が個々の人間に強要される場合には、身体への直接的な強制力が発動されるのであって、その暴力の行使の正当な主体としては国家のみが考えられるからである。その意味においても排除の問題は国民国家という枠と分離しては考えられない。

さらに、その国民国家において市民から排除されることは個々人にとって何を意味するのかということも問う必要がある。市民から排除されるとは、どのような資格を欠くことなのか。それは法的な庇護の欠如だけを意味するのか。国民国家に市民として統合されるにも様々な位相がある。それは市民資格の法的完備以外のことを意味することもある。市民であることを強要されることが個人に社会的な損失を与えることもあるだろう。

たとえば、戦後日本の社会的特質を列挙し、それらを積極的に評価することで市民社会としての日本の「成熟」が説かれる場合を考えてみてもよい。「日本社会の効率性」や「産業社会における勤勉性」、「労使間協調」などが評価すべき点として取り上げられることもあるが、それらはそのまま日本における「労働組合の低組織率」や「低賃金」、「長時間労働の強制」を示しているとも言えるだろう。「過労死するまで働く人々」こそが市民だと規定することは、企業社会のなかに存在する個人にとって何を意味するのか。こうした状況を考えれば、市民であることが政治的にも社会的にも常に利益の享受を意味するわけではないとも指摘されうる。

排除と包含

しかし、本章での目的はそうした市民概念を契機とする統合の意味ではなく、その統合から排除される意味を問うことであり、排除の構造自体の問題について考えることである。現在、多くの政治社会において統治機構としての中央政府は、社会的成功のための機会の平等ではなく、実質的な結果の平等を実現するために、多様な措置を講じている。それらは多くの先進資本主義国において現在見られているような種類の社会民主主義的措置へと行きついている。

だが、そうした社会民主主義的な措置を講じる際に問題となるのは、その対象である。つまり、どの人々を救済するかが決定されなくてはならない。それは市民資格の明確化の問題でもある。第二次世界大戦以降、この市民資格の明確化と社会民主主義的な措置を特異な方法で処理してきた国民国家がアメリカ合衆国である。国民国家運営のために膨大な移民流入を必要とする一方で、均質的な政治性をもった市民による自己統治を多層的なレベルで必要としてきたアメリカ合衆国においては、こうした市民資格の明確化は国家運営上の最大の争点になってきた。

多文化主義（Multiculturalism）の議論がほぼあらゆる政治問題に関連するといってよいアメリカ合衆国の状況は、一九六〇年代以降の社会変革、とくに公民権法と六五年移民法の成立による社会構造の人為的な改革を経たものであるだけに、少数者の社会的地位を考える際の重要な例となっている。しかし本章では、そのアメリカ合衆国における現在の問題群から導き出されうる具体的論点そのものには言及せず、それらの問題を考える際のより広く一般的な準拠枠に対して考察を加えておきたい(2)。それは、国民国家における少数者の現在的位相そのものについてである。そこで問題となるのは、アメリカの多文化主義において議論されている文化の多元性が、アメリカにおいて市民と規定されている個人のどのような属性と結び付いているのかということである。また、社会民主主義的な措置の対象となる人々はどのように決定されるのか。いったい少数者とは誰のことなのか。それを決定する属性はどのようなものか。以上のような問題に答えるために、市民から排除される人々の自己認識について考え、一人称としての少数者について論じてみたい。

3　少数者の自己認識という陥穽

ネガとポジの反転

市民であることから排除されている人々の自己認識は、非常に複雑なものとなる。それは「自分は少数者である」という認識の自己言及的特質とも言えるだろう。自分が少数者だと認識するには、その少数者であるという存在をいったん対象化したうえで、その対象化された少数者へと自らを投影しなければならない。ところが、そうした少数者であるという自己認識自体が、少数者が少数者であることを補強していく。この自己言及的構造は、少数者が差別される場合を考えればいっそう明確になる。差別される者は自分が差別されることを認識することによって、さらなる差別を受ける。

とくにこの問題は、エスニシティを根拠とする差別とは異なり、身体的能力を根拠になされる差別の場合にはいっそう複雑なものとなる。たとえば、在日朝鮮人であるということを理由に差別される場合には、その在日性が差別の根拠としては無効であることを認識することによって、その差別そのものを問い返すことが可能だろう。自らが属する朝鮮人という民族の文化や伝統の価値、それはより正確に言えばそうしたものだと一般的に解釈されているものの価値であるが、それらを積極的に評価し直すことによって、差別そのものを否定することが可能である。たとえば朝鮮人というエスニシティであることを理由に差別を受けたとしても、自らが属するエスニシティ文化を「誇り高い朝鮮文化」と認識し、文化的には他のエスニシティとまったく同価値であるということを確認することによって、その差別の根拠を拒否することが論理的には可能となる。当然、日常生活での差別がそうした問い返しのみで解消されるわけではない。しかし、少なくとも認識のレベルにおいては差別の否定、解消の糸口にはなりうる。

また、性差あるいは性的指向性の差異を根拠とした差別にしても、そのような姿勢はとりうるだろう。「女性であるということはどういうことか」という問いに答えようとすれば、それが母性の強制や男性への従属、あるいは「こまやかな心配り」の強制といった認識がまとわりつく。自分が女性であるということを認識することが、そのまま男性への従属を強制するような構造がすでに男性を中心とした社会によって完成されているのである。運動のためのアイデンティティの確立が、そのまま差別される少数者の差別の構造化に繋がる危険性である。とはいえ、それらを否定し、自らの「女性」性に対する肯定的評価を主張し、そのようなアイデンティティの確立によって政治運動そのものを進展させるという方途である。これらは性的指向性に関する議論でも有効である。ＬＧＢＴであるということの確認が差別を固定化することを危惧しながらも、それらを回避しつつ、自らの性的志向性を肯定することによって解放運動を継続することが可能なのである。

ところが、身体障害者にとって、そうした自己認識による差別の無根拠化は困難である。なぜならば、身体障害者であることの自己認識は必然的に身体障害者に対して社会から付与されたネガティブな意味が含まれるからである。たとえば、障害者であるということが社会的に積極的価値の付与されるものだと認識することは困難だろう。身体に障害があることを誇りと思うことが困難なのであって、障害をネガティブなものと考える社会の認識の構造を総体的に変更するのも困難である。ただし、身体に障害があるにもかかわらず社会的に認められることはありうる。たとえば、障害者でも他の能力が評価されれば社会は受け入れるだろう。しかし、障害者であるからという理由だけで積極的評価を社会から受けることは一般的には低いといわざるをえない。こうした問題の複雑性は、在日朝鮮人二世の作家、金鶴泳が小説「凍える口」において、在日であることによる差別と吃音者であることによる差別の関係として提示した通りである。(3)

差異の固定化

ところが、エスニシティを根拠とする排除の論理に対しては、排除されたエスニシティの側から地理的な分離による解決を提示することもありうる。つまり、民族の独立を目指すのである。現実的にはそれが不可能な場合であっても、理念的に分離主義を検討することは、自らの置かれた状況を再確認し、現実的手段を模索することに寄与しうるだろう。エスニック問題にのみ、こうした「分離独立」という問題解決の可能性が存在する。このエスニシティをめぐる排除の問題は、エスニシティ文化と支配的文化の齟齬として把握することが可能だからである。だからこそ、少数者としてのエスニシティ問題には社会民主主義的な解決方法の可能性を認めることができる(4)。そのようなものとして多言語教育も挙げられる。一般的に言えば複数言語による国民国家の形成には多くの困難が伴うが、複数言語を公用語あるいは国家語とする国民国家が存在するのも事実である。

つまり、エスニシティや性差、性的指向性を根拠とする差別に対しては、自らのエスニシティを根拠に対抗しうるが、身体的能力を根拠にしてなされる差別に対しては、そうした対抗が困難である。身体障害者は、「差別」の構造を単に「差異」の構造へと還元しようとする社会的な動きと常に相対しなければならない。これは社会の中心が常に周縁を排除しようとする力学と関連している。この力学の始まりについてレイ・チョウは次のように述べている(5)。

「人種」、「階級」、「性差」といったカテゴリーが名付けられたのは、もとはと言えば、主流をしめていた範疇からとり残されていたものを指摘し、いまだに名称を与えられず、見られることも聞かれることもないものに注目することが目的だった。つまりこうした「差異」の「名称」は、周縁化されたものがなんらかのかたちで中心に接近を計るための方策だったのである。

ところが、こうした差異のカテゴリーも、結局は「文化的多様性」を固定化するという機能を果たしてしまっている。多様性という名のもとで差別の構造が作られている。したがって重要なのは、そうした構造が作られてきた経緯を明らかにすることであり、それらのカテゴリー間の関係を明らかにすることだろう。

国民国家において特定の人々を少数者だと認識するための属性として、一般には人種、エスニシティ、使用言語、性、性的指向性、身体的能力、年齢、宗教、階級などが挙げられる。ただし、これらの属性には、個人が後天的かつ主体的に手にしたものと、個人の意図とは無関係に先天的に付与されているものがある。そして複数の属性が各個人のなかで同時に存在する。「人種」を問う際に「性差」を無視してないか。「エスニシティ」を問いながら「年齢」による排除を無視していないか。

そこで重要になるのは、以上のような議論において「市民」という概念が果たす機能である。既述したように国民国家においては、市民に関わる多くの属性を「国民」という枠に限定することで、国籍保有者だけを対象として市民的権利を認めてきた。それは市民権を付与するかわりに、国民としての行動を人々に強要するものでもあった。したがって次に検討しなければならないのは、こうした国籍による排除がどのような状況で行われ、その被害を受ける人々は誰か、そして彼らのことをどのように理解すべきか、という問題である。

4　国境を越える人々、越えない人々

ディアスポラとサン・パピエ

人々は市民権を得ようとして、国家によって国民であることを強制される。したがって国民でない人々の市民権を剥奪するためにも国民概念は使用される。こうした市民権をめぐる排除の論理は、国民国家において特定の人々

を常に社会的少数者とする力学を内包する。そのような状況で最初に問題となるのは国境を越えて移動する人々である。

国境を越えるという行為の意味を問うときに、その国境を成立させている国家の共同性を問題にしているのがポール・ギルロイである。(6) ギルロイは近代世界の人々の共同性が国民国家によってのみ表出される状況の特異性を問題対象としながら、政治社会の地理的な境界を越えて移動してきた人々の歴史的意義を考える。近代西欧社会のあらゆる共同体がナショナリズムに結び付けられようとする言説の意味を考え、そうした言説を否定するものとしてギルロイは近代世界において移動し続けてきた黒人の歴史的経験の意味を考えようとしている。

ヨーロッパ列強によって近代世界が開かれて以降、黒人たちは主体的な意思を完全に無視されたまま、大西洋世界を移動することを要求され続けてきた。その移動をギルロイは「ディアスポラ」と呼ぶ。ギルロイによれば、黒人は「ディアスポラ」であることによって、一つの文化圏を作り上げてきたことになる。この文化圏を彼は「黒人大西洋世界（Black Atlantic World）」と呼ぶ。ギルロイによれば、この「黒人大西洋世界」は、これまでのナショナリズム全体の論理構成を否定するものであり、西欧近代の文化思想の特徴であったナショナルな考え方を否定する「カウンター・カルチュア」としての新たな公共圏である。

そして大西洋を越える黒人以外にも、多くの国境を越える人々のディアスポラ性が議論されている。インドであれ、中国であれ、近代世界の多くの国民国家の周囲にディアスポラは多様な形をとりつつ出現している。他にも多くのディアスポラが自称され、また研究対象になりつつ、国民国家の排除のメカニズムを明らかにしようとしている。ディアスポラという用語のユダヤ的出自にもかかわらず、パレスチナの人々の状況を考えるのにもディアスポラは使用されている。

こうしたディアスポラ性を持つ人々の歴史的経緯とその文化的特性、つまりその「カウンター・カルチュア」的である事態を現在の国民国家をめぐる政治状況において考えれば、移民問題という形をとって鮮明に現れている。サスキア・サッセンが経済のグローバル化のなかでの国民主権と移民の関係を問題にしているのも同様な文脈であると言える。(7) また、エティエンヌ・バリバールが「不法」移民によってフランスの政治社会の欺瞞性を明らかにしようとするのも、このような文脈で理解しうる。

バリバールは「サン・パピエ（sans papier）（書類を持たない）」という表現で、書類の不備によって「不法」滞在とされる人々の意義を考える。バリバールがそうした「不法」滞在している移民の政治的意味を考えるのは、アンガージュマンという「メシア的人物たちへの郷愁」からでもなければ「失われたプロレタリアートの滑稽な代用品」を求めてでもない。また、フランスの国民戦線のような右翼政党が主張する排外主義を「外国人自体への愛」で論駁しようという無責任さからでもない。バリバールがサン・パピエについて論じるのは、「移民たちの主張の正当さに加えて――交通権と生存権の承認や、入国と滞在に課される治安上の制限に対する移民たちの優先性が、国籍原理そのものの公正な使用と措置のための試金石となるという確信によってである(8)」。バリバールによれば、「不法」移民の存在が示しているのは、市民権が制度や地位ではなく集団的実践だということである。そしてその問題を議論することによってのみ、フランス社会のなかでの市民権の概念の再構築が可能になるのだと述べている。

個人がある国家を離れて他の国家に逃れる場合、それが政治的な理由であれ、経済的な理由であれ、人が国境を越えること自体に差異はない。ところが、自国内において迫害されている、あるいはその迫害の恐れがある場合には、国境を越える人々は一般に「難民」と呼ばれる。さらにはそれらの人々のなかで、彼らの政治的信条や宗教的信仰心などが迫害の理由と認められる場合、一般的に彼らは「亡命者」と呼ばれる。ところが、受け入れる側の国家がそうした種類の迫害の可能性を認めない場合、それらの人々は「不法入国者」あるいは「密入国者」と呼ばれる。

つまり、こうした人々の移動の意義を判断するのは、受け入れる側の国家に委ねられている事項なのである。自国を去る人々はその国家内での状況の変化から、個人の判断によって国境を越える。ところが、その退去の理由を他の国家がまた判断し、他の国家内での市民資格の根拠として判定する。既述したように「難民」と「亡命者」は政治的信条や宗教的信仰心が迫害の原因となっていることによって区別されるが、個人が国境を越える場合の原因を単純に限定すること自体が不可能である。さらに、受け入れた国家が権力の行使として、国境を越えた人々の政治的信条を恣意的に判断できる状況にも問題がある。

「生まれ」の虚構性

こうした国民国家において、市民概念のイデオロギー化はいっそう進展していると言えるだろう。たしかに大衆社会化によって政治社会全体が変質し、実体としての市民の存在を主張できなくなったことは事実である。また資本主義社会の進展による統治制度の福祉国家化はかつての自律的な市民概念をほぼ無効化しているとも言えるだろう。そのような状況で、国境を越える人々に国家が市民資格を付与しないという判断の根拠にしているものは、まず一義的に「生まれ」である。「彼らはわれわれの国で生まれたのではない」という理由によって、彼らは市民資格を与えられず、場合によっては「不法入国者」と認定される。国境を越える人々と越えない人々の間に、市民的能力に関して何か異なる点があるだろうか。単一の政治社会を形成する際に、なぜこれほどまでに「生まれ」が問われなければならないのか。

この「生まれ」という問題について考えるためにジョルジョ・アガンベンによる論考を参考にしてみたい。アガンベンによれば、国民国家とは「生まれないし誕生を自らの主権の基礎としている国家」だという。そして国民国家において人権が意味しているのは「国民国家の法的―政治的次元に剝き出しの自然な生を記入することの原初的形象」なのである。したがって、「神聖にして不可侵の人権なるものは、まさしくそれがもはや一国家の市民権とみなすことができなくなった途端、なんの後ろ盾ももたないことが露呈される」ということになる(9)。

アガンベンが指摘するのは、市民であることが人間であることの前提となっている状況である。そのうえで「一七八九年から今日にいたるあらゆる権利の宣言を、立法者を権利の尊重に従わせることを目標とするメタ法的な永遠の価値の布告として読むことをやめ、これを、近代国家におけるその現実の機能にそって考察」すべきだと主張する。そしてこのような状況下においてこそ、難民や亡命者は、人間と市民の同一性、生まれと国籍の同一性を切断し、そのことによって「主権の原初的虚構性」を明らかにする存在となりうるのである。アガンベンにとって難民とは「あらゆる権利を失いながら、新たな国民的同一性にぜひとも同化したいとはもはや望まず、自らの条件を明晰に考えることによって、あからさまな不評と引き換えに、測り知れない利点」を提示しうる存在なのであって、この利点とは将来の政治的共同性の形式や限界をわれわれに提示することなのである(10)。

こうしてアガンベンは「難民」の存在から政治主体の基礎概念を再検討し、新たな政治哲学の樹立を主張しようとする。アガンベンが理想的な国家統合だと想定している政治社会をここで既述するのは困難である。しかし、ありうべき統合の方向性について考えることは可能だろう。アガンベンが期待するのは「市民ではない定住民からなる大衆」という集団である。このアガンベンの考え方はトマス・ハンマーに依拠しているが、ハンマーはそうした人々を「デニズン（denizen）」と呼んでいる(11)。

デニズンとは、ある地域に安定的に居住しながら市民資格をもたない非市民集団のことである。デニズンに対応する訳語としては、永住市民、居留民、定住外国人、外国籍居住者、二級市民など多くのものが考えられる。こうした訳語の不確定という事態こそが、国民国家における市民資格と移民の複雑な関係を表しているとも言えるが、より重要なのは、デニズンたちは現在居住している地域の国籍を取得することも、また本国に送還されることも望んでいないということである。

また、アガンベンがデニズンと同様に重視しているのは、先進資本主義国において政治参加を拒否している市民の存在である。アガンベンは、現在多くの政治社会において、この両者が接近し同質化しているのだと述べ、その同一化の可能性さえ模索する。こうしたアガンベンにとって理想郷とされるのがエルサレムである。これは逆説ではない。不確定で威嚇的な境界によって分離されている国民国家のかわりに、同一地域に固執していても、お互いに流出しあう状況にある二つの政治共同体としてエルサレムを考えようというのがアガンベンの主張である(12)。

5　少数者の必然性

緊急状態の永続

アガンベンの「エルサレム構想」は実現可能だろうか。たしかに、これまでも突発的に亡命者や難民が多く生み出される状況は、政治社会の組織原理の改変期でもあった。一六世紀から一七世紀にかけてフランスから逃れたユグノーや、一七世紀にイギリスからアメリカ大陸に移住したピルグリム・ファーザーズ、あるいはフランス革命期の亡命貴族などが出現した際の、彼らを取り巻く社会が生み出してきた新たな組織原理の政治史的意義を想起してもよいだろう。今世紀においては、ロシア革命後のソビエト体制に反対して国外に逃れたいわゆる白系ロシア人や、ナチス・ドイツの迫害を逃れようとしたユダヤ人の存在も国家という組織原理の不完全性を体現してきたと言えるだろう。

現在においても、大量の亡命者や難民は世界の至るところで生み出されている。しかし現代の先進資本主義国家の移民に対する対応はかつてのようなものと同様なのだろうか。この問題を考えるには、かつて排除された人々と現代国家の関係を考えるとよいだろう。たとえば、そこで想起できるのは、アメリカ合衆国建国二百周年のパレードに参加するプエルトリコ系移民や、フランス革命二百周年のパレードに参加する海外県在住者、あるいはシドニー・オリンピックに協力するアボリジニの姿である。かつて国民国家の周辺において生起した排除の構造の主体と客体の間の「交歓」はいったい何を意味するのか。このポスト植民地主義的な「歴史的和解」によって、かつて差別されていた人々は「実質的な平等」を手にしたとも言えるだろう。しかし、この「実質的な平等」とは何なのか。これは新たな支配関係の確立ではないと断言できるのか。

たとえば、これまで国民国家が「生まれの異なる者」を受け入れ、彼らに市民資格を付与してきたのはどのような場合なのか。そうした「生まれの異なる者」の市民資格の獲得の方法をめぐる現代国家における特性を考慮する必要があるだろう。それは、国家にとっての「有用性」を基準として個々人の社会的地位が確定される傾向が強くなってきたということである。そうした傾向は二〇世紀における「総力戦」という状況と無関係ではない。

第一次世界大戦以降、人類は総力戦の時代を迎えた。二〇世紀に入ってからのあらゆる近代戦争において重要な意味をもったのは、専門的な訓練を受けた職業軍人の最前線における戦術や戦略の優劣ではなく、国民全体の生産力だった。労働組合と資本家の対立や、農業労働者と都市労働者の対立は、二〇世紀の近代戦争という状況下で瞬時に霧消した。そうしたなかで市民資格の獲得が兵役という軍隊への参加義務とセットになっていった。かつては「外国人」や「二級市民」とされていた者たちが、瞬時に「生まれ」を無視されたまま「国民化」され兵役に就いていった。第一次世界大戦期に、植民地における被支配民族さえもが宗主国側の軍隊として戦争に協力していった経緯を考える必要があるだろう。彼らが戦後の自治や、なんらかの自由との引き換えに戦争に協力したという意識をもっていたとしても、それはやはり列強の国民国家体制への動員である。

第二次世界大戦期のアメリカ合衆国における日系アメリカ人部隊もこうした文脈で議論されうる。ベトナム戦争期においても、アフリカ系アメリカ人に対する多くの差別が軍隊内であったとはいえ、彼らの軍隊内での行動が軍隊外でのアフリカ系アメリカ人の市民権獲得と無縁でなかったことも想起する必要がある[13]。

以上のことから考えられるのは、亡命者や難民がそのままデニズンとして存在し続けることの困難は非常に大きいということである。現代国家は常に外部からの他者の移入を必要としてはいるが、そうした他者の国民国家内における位置は常に不安定であることが運命づけられている。ここで重要なのは、国家はそうした不安定な状況を緊急状態の名のもとに放置し、恒常化しようとするということである。アガンベンも述べるように、権力は緊急状態以外の統治形態をもっていない。権力は統治行為の当初から「継続的に緊急状態」に訴えようとするし、その次には「緊急状態の生産」を目指し始める[14]。この段階において国家は秩序の希少性を根拠に新たな支配を開始しようとする。

国家から離れた共同性

では、このような支配構造もまた否定しうるのか。こうした状況下で移民にとって目標となるのは、国民国家による社会的価値の分配の一定程度の平等性が維持されることなのか。それとも、国民国家による分配そのものを根底から疑うことなのか。こうした二者択一を迫られているデニズンにとって、アガンベンが積極的に評価しようとする「治外法権、あるいは無法権」という逆説的な状況も単なる無秩序を意味するだけではないのか。

こうした秩序の希少性に起因する政治的力学の影響を最も強く受けるのがデニズンであることは明らかである。その秩序を維持している既存の国家による統治そのものを全否定することが何をもたらすか。政治社会においてなんらかの秩序が形成されていることは、実は非常に希少なことであるとも考えられるのである。この秩序の希少性を無視するような、純朴な「政治の否定」や「平和主義」を媒介として、どこかに「真に平和な社会」を夢想させることが、これまで人類にどのような災厄をもたらしてきたか。現在の国民国家という単位を否定するのも問題の解決にはならないだろう。より上位の世界国家が想定されたとしても、その世界国家において「世界市民」と「世界非市民」が分離される可能性は否定しえるだろうか。

問題にしなくてはならないのは国家による統治の独占である。したがってその国家の権力性を対象化し批判するための新たな共同性の構築が必要となるだろう。しかしその共同性を維持させるための社会構成を形成しようとしてわれわれは「人権」という概念も作用させてきたのではなかったか。現在、多くの歴史的偶然の結果、その人権が国家によってのみ担われているのなら、その国家による独占を可能にしている条件を問い、その国家が存在の根拠としている秩序の希少性を無化するような共同性を獲得することが必要になるだろう。

国家は、一方で「他者」を措定して「国民」の同質化を図り、他方で「少数者」を国家内にとりこみながら国民統合を図る。その際、国家は共同性を獲得しようとして容易にナショナリズムという「血の同一性」をも利用するだろう。レイ・チョウも述べているように、ナショナリズムは中身が空疎なだけに絶対的な服従を人々に要求するのであり、「こうした血族神話への服従は、共同体の運営における主体性の放棄を意味する」のである。(15)

こうした国家の力学に対抗するために、人々はどこまでその力学に介入できるのか。その介入を正当化する論理の確立はどのようにすれば可能なのか。国家の統治は必然であると述べ、また微細な統治を人間関係のなかに探ることで統治の遍在性を主張することは可能である。しかしそれらを「介入」と呼ぶとしても、文化の政治性を指摘し、その政治のなかの権力性を描写することが、そのまま権力を批判することに繋がるわけではない。

特定の人々を非市民として排除することによって国民国家が成立し、その非市民のわずかな一部だけを継続的に国民化し続けることで国民国家が維持されるのであれば、その非市民の包摂によって新たな共同性を確立することが、国民国家による共同性の独占を防ぐことにならないだろうか。少数者によって市民社会を救うというこの逆説を可能にするためには、現在の社会のなかの少数者の孤立を避けなければならない。それは少数者による集団化の際の価値観が他の集団によってどの程度共有できるかという問題でもある。そうした複数の価値観の共有によって、政治社会の構成を多層化し、それぞれを開かれた集団へと転化していく必要がある。その試みに失敗すれば、依然として国家のみが共同性を主張することになるだろう。

第3章　ナショナリズムと自己批判性

1　リベラル・デモクラシーが利用するもの

支配の正当性の根拠

あらゆる政治社会において統治権力はその政治的支配の正当性への信頼を喚起しようとする。西欧近代社会においてその正当性獲得の主体は絶対主義王政の王自身から、市民革命を経て市民集団としてのネーションへと移行する。ネーションのための統治という観念によって権力の正当性が確保されてきた。

市民革命後の初期段階においては、こうした正当性の根拠は宗教や伝統的規範、戒律といったナショナルな、あるいはエスニックな集団性に求められていた。各政治社会で共有された価値によって正当性が確保されていたのである。同時に、西欧近代社会はその正当性の根拠を市民的権利として確立し、そこに普遍性を付加することで正当性の根拠をより強固なものにしようとした。しかし、既存の社会から集団的文化や宗教の機能を排除することは不可能である。そのため、政治統合の正当性の根拠を確定するために、社会そのものを分化可能なものとして議論するようになった。公／私の区分であり、聖／俗の区分である。抽象的、理念的に社会を分離することにより現前の政治構造を普遍的なものと位置づけることを可能にしたのである。

こうした過程を経て、西欧近代社会においては現実の社会統合は個々の具体的で特殊な文化を超越したリベラル・デモクラシーの理念によって正当化されるようになった。その結果、公／私区分という理念においては、市民としての公的行動を確定したうえで、それ以外の人間的領域を私的な日常的空間として政治の枠外に置くことになった。

文化と宗教

この私的領域から演繹される私的利害と公的領域における権力形成のルールを調整する方法の差異が各政治社会の制度的差異となった。それは主権をどのように形成するかという点では直接民主主義から代表制といった幅があり、個人の属性をどのように政治統合に反映させるかという点ではフランス的共和制からアメリカ的な多文化主義による統合といった幅が存在する。とはいえそれらに共通するのは、政治権力は共同体としての市民集団が担うと同時に、あらゆる市民が私的領域を確保するという二重性である。したがって、市民の側には参加義務とそれに伴う政治的責任が生じるとともに、権力の側には社会的に合意された規則という制約が課せられ、そのことによって権力自体にさらなる正当性が付与されることになった。

こうした権力の正当性の向上によって、リベラル・デモクラシーは各社会の類型にかかわらず成立可能であると認識されるようになった。具体的には西欧近代においてはどのような文化類型、宗教組織とも同時に存立可能なものとして、あらゆる政治社会がリベラル・デモクラシーを追求することになった。

しかしそれはリベラル・デモクラシーが常に文化と宗教との関係における二面性をもつことを意味した。文化、宗教を利用してリベラル・デモクラシーが正当化される一方で、それらによってリベラル・デモクラシーの実質的機能が阻害される危険性も内包したのである。そこで以下の部分では、文化、宗教的位相とリベラル・デモクラシーの二面的関係について検討するために、ナショナルなものと統治機構としての国家との関係を取り上げて考察したい。

2　ナショナリズムを擁護する理由

国民化

近代西欧におけるナショナリズムの成立期をどのような歴史的段階に想定したとしても、その社会が完全に均質で一元的な文化構成をもつことはありえない。どのような時空間であれ、社会の質的多元性は存在する。程度の差異はそれぞれであっても、とくに近代以降の社会構成は例外なくその多元性を向上させてきたといってよい。

そうした多元性を所与のものとするからこそ、ナショナリズムの基調となる主張はそのネーションの規模と同一の国家構成を求めるものとなった。ゲルナーやケドゥーリーのようなナショナリズム論の代表的論者においても、両者の主張はナショナリズム成立の時期やその政治機能に関する対立があるとしても、このナショナリズムの基本的構成、つまり政治機構としての国家の単位とネーションの単位を一致させようという点こそがナショナリズムを成立させるという理解は共通していると言える(1)。

こうした状況におけるナショナリズムの特性について宮島喬は、「内なる『一体性』や民族文化的『個性』と結びつけて優越性を強調するナショナリズムは、内に対しても、外に対しても、危険な賭け」だと欧米諸国では感じられていると指摘したうえで、「言語的マイノリティや移民など、エスニックグループの諸権利を無視することの許されないこれら先進国では、ネーションの再定義が迫られており、この点では、程度の差はあれ多元主義の方向をとらざるをえない」と述べている(2)。

つまり政治社会内の文化的多元性を否定することなく、ナショナルな領域を確保、拡充し、そのことによってナショナル・アイデンティティを社会的に機能させ、さらにそうした状況によって相互信頼、連帯意識を人々の間に醸成させることで彼らを「国民化」することがあらゆる政治社会に要求されるようになったのである。

国際化と外国人恐怖

こうした状況の原型とも言えるものについて丸山眞男がマイネッケを援用しつつ指摘したのは、一九世紀後半からの西欧における政治社会の変化だった[3]。それは大衆社会の出現と、軍事組織の巨大化および自己運動の開始によって、明晰な「国家の必要（Staatsnotwendigkeit）」の度合いが低減し、それに反比例しつつ模糊とした「国民の必要（Volksnotwendigkeit）」の度合いが上昇するという「国家理性（Staatsräson）の危機」という状況だった。

このように既存の政治的統合を正当化するためにはナショナルなものの延命を目指す必要が常に生じる。そこで各政治社会においてはナショナリズムの正当性を構成員に対して主張できる根拠を模索し続けることになったのである。そしてそのための根拠は論者によってどのようなものでも交換可能であり、それらは実際の政治社会から大きな影響を受け、それらの政治的事件と相互連関しながら、学術的分野においても学問の外装をもったナショナリズムが定期的に出現することになる。

たとえば、グレン・フックとマイケル・ウェイナーが述べるように、「国際化」という戦後日本において広く共有されたように見える観念でさえ、ナショナリズム形成に使用され、そうした「使用目的」に適した学術的成果が生産され続けてきたのである[4]。フックとウェイナーが指摘したのは、日本のグローバリゼーションによってアジア近隣諸国との様々な対立が定期的に発生する状況と、それらを処理する過程で国内に「日本文化論」が定期的に隆盛し、それらによって社会内に外国人恐怖（xenophobia）とエスノセントリズムが残存し続ける構造である。そこで以下の部分では現在議論されているリベラル・ナショナリズムをそうしたものの一形態と考え、それらがナショナリズムの正当化のために何を利用しているのかということについて考察したい。

3　リベラル・ナショナリズムとその限界

文化政治のトゥリアーデ

デイヴィッド・ミラーはリベラル・ナショナリズムにおけるナショナリティ理解について以下の三点の特徴をもつとしている。[5] 第一に、ナショナリティは各個人のアイデンティティの一部を形成しており、その意味においてネーションは実在的である。第二に、ナショナリティは境界内の人々の利益を重視する倫理的な共同体であり、各ネーション間を遮断する明確な差異の観念によって「われわれ」と「彼ら」の間に生じる差異は倫理的なものである。第三に、ナショナリティは政治的自己決定への要求をもつ。

こうしたナショナリティの捉え方を前提として、リベラル・ナショナリズムは一般にそのナショナリティを肯定的に評価し、その進展によってリベラル・デモクラシーをより十全に機能させようとする。ミラーはナショナリティによって人々は自分を他の人間と結び付けている紐帯に気づくのだと主張する。そのためミラーはナショナル・アイデンティティを獲得する契機を重視する。[6] その契機において各個人は自分自身の幸福がナショナリティの安寧と不可分であることを認識するのだという。

ミラーは文化的および政治的な抑圧を発生しない方法でナショナル・アイデンティティを進展させ、それを構成員間で共有することによって相互信頼と連帯意識を確保しようとする。これは他のリベラル・ナショナリストの多くと共通する主張である。この論理の立証のため、ミラーは政治社会内の文化構成を、公共的文化（public culture）と私的文化（private culture）という二次元に分類する。[7]

ここで留意する必要があるのは、この公／私の分類がミラーの場合、独特なものになっている点である。ミラーは「公共」という観念を先述したような公／私区分として広く考えられている「公共」、つまりデモクラシーや法的正当性に関する原理を表現するものとしてのみ使用しているわけではない。そうした公共圏も含まれはするが、ミラーがこの用語で表現しようとしているのは主として国家単位のナショナルなものに関連した文化のことである。また「私的」という観念もミラーはナショナルなものに対して小規模なエスニック集団に関わる文化をこのように規定する。個人的な嗜好や対人的な親密圏において構成される文化的存在が議論されているわけではない。このミラーの公共／私的という分類においては、国家大のナショナリティに関わるものが公共的文化と呼ばれ、国家内のエスニックなマイノリティの単位が私的文化とされている。

このように定義したうえでミラーは「開かれた議論や討論から生じるナショナル・アイデンティティ」と「抑圧や強化によって権威主義的に押しつけられたアイデンティティ」という二つのタイプのナショナル・アイデンティティに分類し、前者によって後者を常に修正することによって、公共的文化の公正さが維持できると主張する(8)。ナショナル・アイデンティティの形成過程で、共同体のあらゆる部門から異論が唱えられ、実りある開かれた議論が行われて、様々な要素が付加されていく程度が大きいほど、ナショナル・アイデンティティは変容を伴いながらも真正なアイデンティティとして正しく認識されていくとミラーは述べる。そしてその結果、公共的文化が紡ぎ出されていく。ミラーにとってこの公共文化こそがナショナル・アイデンティティの基盤となるものなのである。

先述したようにミラーの定義において公共的文化は社会規範の共有による秩序維持の志向性なども包含するために、私的文化に属する集団の存続を保障するものだとされる。しかしこのミラーの公共的文化はそうした法的手続きを重視しているものの、その中心的機能は実質的にはほぼナショナリズムと同義である。したがってこのように公共的文化と私的文化を定義すること自体、下位集団であるエスニックなマイノリティを抑圧しないナショナリズムは存立可能であるという主張を展開することを目的としていると指摘しうる。

しかし、実際の歴史的経験から考えて、「エスニックなマイノリティの文化を尊重するナショナリズム」や「デモクラシーを尊重するナショナリズム」などが存在したと指摘することは可能だろうか。ミラーはこうしたものは「形容矛盾の造語」ではなく、「リベラル・ナショナリストというのは、他の種類のナショナリストと同様に、実際に存在しうる」と述べている(9)。

ミラーは前記の定義を使用することによって「ナショナリティの自覚的な擁護」を目指す。その自覚的なナショナル・アイデンティティは「特殊な文化価値から独立したナショナル・アイデンティティ」であって、「はっきりと自覚されないままに人々の行動に広範に影響を与える」無自覚的なアイデンティティの一部としてのナショナリティを自覚的に抽出することによって、他のエスニックなアイデンティティへの脅威とならないものへと変質させることを目的としている(10)。

こうしたリベラル・ナショナリズムにおいては、ネーション内の多元性を維持しながら政治統合を目指す多文化主義が積極的に評価されるので、各エスニシティの主流社会への同化統合は否定される。井上達夫によれば、この意味においてリベラル・ナショナリズムは従来のアファーマティブ・アクションを中心とした積極的差別是正策による政治統合を目指すものではない。それは「被差別集団の主流派社会への同化統合のために暫定的に優先的取扱を容認する従来の積極的差別是正措置の枠を超えている」のである(11)。

マイノリティ文化が危機に陥るのはそれが主流文化へと統合される局面においてであった。それを多文化主義は回避しようとしてきたのである。ところがリベラル・ナショナリズムはマイノリティの同化を否定したうえで、そのマイノリティの文化を保存しようとする。こうした状況を井上達夫はリベラリズム、ナショナリズム、多文化主義が補強、協力しあいながら政治統合を正当化する状態として「文化政治のトゥリアーデ」と呼んだ(12)。井上によれば、リベラリズム、ナショナリズム、多文化主義はそれぞれのアイデンティティの基礎を個人性、ナショナリティ、エスニシティに置いているという。

ミラーにとって、そのようなトゥリアーデによって形成されたナショナル・アイデンティティは共通文化を形成し、それによって「人々がそれを背景にしてどんな人生を送るかについて、いっそう踏み込んだ個人的決断をくだすことができる」。またそれは、社会正義の観念を「共通財」として追究する環境を提供すると同時に、「民主的なシチズンシップを可能にする相互理解と信頼を涵養する」ものとして考えられている。(13)

「良いナショナリズム」と「悪いナショナリズム」

こうしたミラーの主張に対して、ナショナリティの虚構性を根拠にその論旨を批判することは不可能である。当然のことであるが、地縁共同体、家族、信仰集団などが、どのような形態をもち、どのような機能を果たすものであっても、およそ共同体たるものはすべて想像上の存在である。しかしネーションが他の想像上の共同体と異なるのは、それが想像的な存在でありながら、その想像性、想像力によって、他の共同体とはまったく異なる位相において現実的な機能を発揮するからである。ミラーはその点について、「もしネーションがたんに想像でないとすれば、ネーションは私たちにどのような実際的な要求をおこなうのか」と述べている。(14)

何かを要求するからその主体は想像的産物でないと主張することの妥当性は問うべきだと思われるが、ここで重要なのは、そうした要求そのもの、つまり現実的機能の存在である。ナショナリズムは想像上の虚構であっても、実質的に政治的機能を遂行できる。より正確には想像上の虚構だからこそ強力な要求をする主体となりうるのである。したがって、そうした力学が成立する具体的な状況が考察の重要な対象となる。

開かれた議論から公共的文化が生まれ、そこに新たな参入者が織り込まれ、ネーションは人々の積極的な解釈的実践によって更新され、アイデンティティを保ちつつも徐々に変容を遂げていく。こうしたミラーのネーション観は決して伝統や民族性といったものを権威主義的に絶対視するものではない。

しかしこうしたものであっても、あるいはこうしたものだからこそ、ナショナル・アイデンティティの神話性こそが多様なマイノリティの存続と包摂を両立させながらも、最終的には政治統合の正当性を担保していると言えるだろう。その観点からリベラル・ナショナリズムがもつ問題点について考えたい。ミラーが述べるような「他の文化的なマイノリティを否定しないナショナリズム」、あるいは「他のナショナリティを尊重するナショナリズム」が現実的に成立するのかという問題である。それはまた、実際に機能しているナショナリズムに「民主的な制約」をかけ、デモクラティックな機能の担い手にするというミラーの構想の実現可能性に関わる問題でもある。

エリック・フェルテンがG・K・チェスタトンやジョサイア・ロイスに言及しながら述べているように、真の忠誠が試されるのは非常時においてであって、外部や他者との関係が緊張感をもたない主体にとってはナショナリズムも緊張感のないものとなる(15)。逆に言えば、他者との関係が緊張した時にこそナショナリズムの政治的機能が生じる。こうしたことはサッカーのワールドカップ戦から領土問題、果ては戦争までを想起すれば容易に認めうることである。したがって「他者を尊重するナショナリズム」は実際には形容矛盾であり、観念としてのファンタジーでしかない。

そうした言説によって、自分が帰属する集団によるナショナリズムこそが、他のナショナリズムより上位に存在する「より良いナショナリズム」であって、他集団のナショナリズムを「偏狭」で「偏狂」なものであると批判する。こうした主張こそがエスノセントリズムを構成するのであり、ナショナリズムには共通して一般的なものとして見受けられる。主張する主体がそれをリベラル・ナショナリズムと命名したところで、その政治的機能は他のナショナリズムと変わりはないし、その実質的な機能とはまったく関係なく、というよりもその非民主的でエスノセントリックな機能を隠蔽、あるいは正当化するという点においてリベラリズムの対極に位置するものである。

ジョン・トムリンソンによれば、いまや近代社会における「公的」な領域は、「大部分の人にとって主として通勤、仕事、買物などの習慣に基づく日常的行動の領域」である。[16]しかもこのコンテクストは「何か意味のある文化的アイデンティティが形成されるような種類のもの」ではなく、むしろ「私的」な分野、もしくは「大衆的儀式」という本質的に表象的な分野に備わっている意味の「周辺的」領域に発生するものである。したがってトムリンソンは「近代の日常生活が、意味のある直接の公的な文化的アイデンティティの枯渇した生活」であると指摘する。そして「ほとんどの人にとって、国家的アイデンティティが生活体験の前面に出てくることなどめったにない」のだとしている。

また、ロバート・ブース・ファウラーは、直接参加に基礎を置く民主主義が極端なインターナショナリズムなどのように抽象度の高い政治的価値に安易に結び付く場合、それは「ほとんど燃え尽きたような無関心」に基づく民主主義へ結び付くか、正当性の危機へと至るかのどちらかであると指摘している。[17]

公／私領域の分離に関する以上のような指摘はミラーによるリベラル・ナショナリズム論における公共的文化と私的文化の「幸福な共存」に比べてリアリティがあるように思われる。既述したようにこうした問題に対するミラーの解決は簡明で、その議論を公共圏におくというものだった。しかしその際、「市民同士でデモクラティックに相談した結果、他民族を侵略することが決定される」というような状況をミラーは想定していない。「集団的な決定を正しいものとするために利用される『討議』」という観念の問題性は指摘されるべきである。

デモクラティックな手続きによって到達した結論であってもそれが問題をはらむことは多く例示しうる。とくに現代の国家間戦争という状態においては、総動員体制が常態化しているために、広範な、つまりデモクラティックな支持がない戦争は現実的に不可能である。その意味で戦争は民主化、近代化のメルクマールでさえあると言える。[18]

さらにここで問題となるのは、開かれた議論や討論の結果つくられた（と自称する）ナショナル・アイデンティティであっても、それが権威主義的に押しつけられる事態をミラーが議論の対象としていないことである。

こうした齟齬が生じるのは、ナショナリティ概念やリベラリズムの問題というよりも、そうした概念の語り方自体の問題があるように思われる。つまりここには「良いナショナリズム」と「悪いナショナリズム」が並存するのではなく、ナショナリティそのものに内在する問題点を無視しようとするナショナリズム論と、それを問題視しようとするナショナリズム論が並存しているのだと言えよう。そこで以降の部分では、すべての議論の位相をメタレベルに置く危険性を極力避けながらも、ナショナリティに関する言説がもつ政治的力学について考察したい。

4　もう一つの集団的想像力

サイードの「人文主義」

すでに検討したようなナショナリズムの基礎となる集団的想像力を否定し、ナショナリズムという「魔法」を解くための別種の想像力こそが重要だと述べるのはガヤトリ・スピヴァクである。スピヴァクによって批判されている集団的想像力はベネディクト・アンダーソンの『想像の共同体』において展開されているナショナリティ構築のための共同体的想像力を想起させる。スピヴァクはそうした想像力とは異なる、何か他の「想像力」を発見し評価しようとする。

スピヴァクがエリック・ホブズボウムを援用しながら述べるように、「ナショナリズム以前にネーションは存在しない」[19]。ホブズボウム本人はナショナルな「伝統」の恣意的な選択によってナショナリズムが形成されるプロセスについて、以下のように述べている[20]。「知識の基礎あるいはネーション、国家、ないし運動のイデオロギーの一部となった歴史は、実際に民衆の記憶に貯えられたものではなく、その役割を担った人々によって選択され、書かれ、描かれ、そして制度化されたものだ」。

この点についてはスピヴァクも「ナショナリズムは、記憶を蘇らせることによって構成された集団的想像力の産物」だと述べている。[21]そのうえで、そうした集団的想像力としてのナショナリズムが統治機構の機能を歪曲させる状況を批判する。したがって必然的にスピヴァクは、統治機構としての国家と文化的へゲモニーをもったナショナリズムを完全に分離することを主張する。スピヴァクにとって「国家の抽象的で合理的な民主的構造に、文化ナショナリズムという重荷を背負わせないようにすること」が重要なのである。[22]そしてその国民国家からネーションを引き離すためには、ナショナリズムを脱・超越論化する必要が生じており、それを可能にする「特異な（singular）想像力」を鍛えるという課題を担うのがスピヴァクにとっては「比較文学」なのである。[23]

比較文学は「（複数の）言語を用いることによって鍛えられた想像力」であり、それは「ナショナルなアイデンティティがみずからを真理だとする主張を解体する」可能性をもち、「国家の働きを覆い隠す文化的ナショナリズムと（中略）私たちとの結びつきを解いてくれるかもしれない」とスピヴァクは述べる。[24]そのうえで、スピヴァクによれば「国家とは別の道だけを、あるいは政府を経由しない道だけを進むのではなく、市民が支える国家の構造をナショナリズムと愛国主義から遠ざけておくこと、国家の再配分機能の優先性を高めること、地域の連携を確立すること」が重要なのである。[25]

このようにスピヴァクは国家機構そのものを分離独立させておくことによって、よりよい再配分装置として機能する国家に期待している。しかしここで問題となるのは、文化装置としてのナショナリズムと国家をそれほど単純に分離できるのかということである。スピヴァクは「比較文学」の使命によってこの分離を維持すると表現するにとどめているが、その可能性や実効性については不明なままである。

こうしたスピヴァクの視点を共有しながら、ナショナリズムの政治的機能について考察し、スピヴァクの「比較文学」に類似した「人文主義（humanism）」の観念を提示し、文学研究と社会科学の連携の可能性について考察したのがエドワード・サイードである。

サイードにとって人文主義とは「最終的に二律背反的で対抗的な分析を提供するためにわたしたちのもっている手段と意識」である[26]。この観念を利用してサイードは、ネーションという一体性そのものを否定したうえで、個々人の存在がその全体性に収斂されないような方法を追求する。つまり「部分と全体のあいだの緊張を生きたままにしておくこと」が重要なのであり、人間の生活は「国旗やその時点での国家間の戦争によってあたえられるのではないアイデンティティの実践」だということになる。

つまり、国民という理念型や文化という理念型さえサイードは疑い、それらの「普遍概念」が「あるひとつの支配的な文化がおよそすべての文化を作り上げている不純で雑種的なものを根絶してきた」帝国主義の遺産を表現しているのであれば、その「分かちがたく結びついているものを分離」することが必要であるとサイードは主張している[27]。

その分断をサイードはどのような方法で行おうとしているのか。サイードが依拠するのはグラムシの市民社会／政治社会という二分法である。サイードはディスクールとしてのナショナリズムの現実的強靭さを理解しているからこそ、その強靭さの根源をグラムシに依拠して明確にしようとする。グラムシの「市民社会／政治社会」の二分法において、市民社会とは学校、家族、組合などの自由意思による理性的で非強制的な結社のことであり、政治社会とは軍隊、警察、中央官僚制などの支配装置のことだった。また、グラムシが彼自身の用語法での市民社会には文化的主導権をもつ社会形態が存在すると指摘し、それをヘゲモニーと呼んだのは周知の通りである。

サイードは「支配的な文化」を否定するための対抗的なエクリチュールを作り出し、ヘゲモニーを握っている全体への部分による抵抗を可能にする状況を作り出す必要を認識している。[28] こうしたヘゲモニーはエスノセントリズムを強化し、「より自律的に、より懐疑的に物事を考えようとする人物が異なる見解をとる可能性を踏みにじってしまう」点をサイードは批判しているからである。

文化的ヘゲモニー

この「支配的文化」のヘゲモニーの構造についてサイードは、「グラムシが言う意味での政治社会は、研究機関のような市民社会の領域にも影響を与え、政治社会が直接関心をもつ問題を市民社会の領域に浸透させる」と指摘し、学術的成果の政治性について批判している。[29] そのうえでサイードは、ナショナリティのような浸透性のあるヘゲモニー的システムの耐久力と持続性をよりよく理解するためには、「このシステム内部の統制力が、ただ抑止的なだけでなく生産的でもあるということ」を認識しなければならないと指摘する。[30] 自己の正当化に少しでも有用なものがあれば、それらすべてに「生産的」という表象を与えることによって活用しようとするのがヘゲモニーなのである。

当然のことだが、ナショナリズム論においてこのような「生産性」は、内容的にはリベラル・ナショナリズムが主張していたような「国民統合に有用である」、「近代民主主義の確立にとって有用である」といった言説において主張される「生産性」と同義である。

こうした文化的ヘゲモニーの政治的機能を明らかにしようとしたグラムシを評価しながらも、サイードはその不十分さを認めている。それは文化的ヘゲモニーが発揮する作用に対するものである。その点に関してサイードが強く主張したのは、「すべてのナショナリズムは近代において作られた虚偽である」ということを学術的に証明したとしても、ナショナリズムはその証明とは関係なく機能し続けるということである。

サイードは文化的ヘゲモニーとしてのオリエンタリズムを考える際の限定条件（qualification）の一つとして以下のことを強調している[31]。「オリエンタリズムは虚偽と神話からできあがったものにすぎず、もしこの真実が語られうるならば、虚偽と神話は一挙に吹き飛んでしまうなどと、絶対に考えてはならない」。つまり文化的ヘゲモニーとしてのオリエンタリズムの「正当性」はそれが正しいから社会的機能を発揮するのではなく、さらにはそれが虚偽だと示されたとしても機能し続けるという点をサイードは強調している。同様なことはナショナリズムにおいても指摘しうる。「それは単なる作り話の寄せ集めであるよりはもっと手強いものであるに違いない」のであって、「種明かし」をしてもナショナリズムは機能し続けるのである。

5　多声法と自己批判性

痕跡の否定

こうした現実に対してどのような回答がありうるだろうか。ナショナリズムを生み出す「集団的想像力」に対して、そのナショナリズムを無化し、解除するための他の種類の「想像力」は可能なのかという問題の一環である。サイードがいうように「大事なのは、何と、どのように結びつくべきなのか、あるいは結びつくべきではないのか、ということである[32]」。そこでこの問題の回答への糸口として、ナショナリティ形成の基礎となる歴史的自意識について考えたい。

サイードは歴史的に形成されている個人的次元の意識と、それらを共同性のもとに集団化させる歴史的過程の関連について、前者を「財産目録（inventory）」、後者を「痕跡（traces）」という印象的な対比で説明している[33]。財産目録とは「人は現実には何であるかということについての意識」であるのに対して、歴史過程によって「無限に多くの痕跡」が各人のうちに残され集合的なものとして表象されるのである。

痕跡の集合体として語られるナショナリティのみが歴史として認識され、個人の自意識やアイデンティティが「個々のもの」として意味を付与されない。サイードによればこうした状態こそが批判されるべきなのである。サイード本人はその痕跡と財産目録との関係について具体的に詳論してはいない。しかしハリー・ハルトゥーニアンが指摘するように、その関係はグラムシの述べるヘゲモニーによる強制的諸勢力の間の Conjunctural な闘争、つまり「種々の出来事が同時発生的に結びついてできあがる」ような日々の闘争のなかで構築されているのである。[34]

サイードのことをフランツ・ファノンや竹内好などと同質の存在であるとして国際主義的民族主義者（internationalist nationalists）と呼んでいるハルトゥーニアンは、個々の痕跡が残るそれぞれの状況が生起する政治性を重視することによって、ナショナルなものを問題にしながら、その問題をインターナショナルな問題構成のもとに置くことが可能になる条件について考察している。[35]したがってサイードやハルトゥーニアンにとって、歴史について語ることはそれぞれの経験を同時発生的に語ることでしかない。サイードは「起源にまで、純粋なものにまで遡っていくことを（中略）まったく評価」していないのである。[36]

多声法による社会変革

また、起源や純粋なものに遡ることを否定するサイードが取る手法は「多数からなるアイデンティティ、多くの声が和解の必要もないままに互いに対立しあいながらいっしょになっている多声法」となる。[37]だからこそ「変容のプロセス」が重視されるのである。[38]こうしたサイード独自の手法についてホミ・バーバは、「多声法と対位法というのは、サイードが文献学的な受容と抵抗の手続きを描写するのにつねづね用いている詩的および政治的なメタファーである」と指摘している。[39]そのうえで、そのサイードのフーガ的手法をバーバ自身が借用しながら、サイードの「文献学的な実践」は「民主主義的な実践に似たもの」であると評している。[40]

以上のような多声法によってこそ、自らの歴史的痕跡にとどまらず、財産目録が作成される。その目録によって、自己の過去に言及しようとするのがサイードの方法だと言えるだろう。そうした自己言及によって、文化的共同体の真正性（authenticity）を否定し、文化の多様性を根拠に政治権力の自己正当化を否定していくことが目標とされているのである。こうして文化が権力によらずに絶対化から相対化に移行することが可能になる。それこそがサイードがレイモンド・ウィリアムズに依拠しながら主張した自己批判的な社会変革の方法、つまり人々が「固有の支配様式（inherent dominative mode）」を捨て去るための方途なのである。[41]

第Ⅱ部　文化の政治

第4章 「他者」理解の政治学
——多文化主義への政治理論的対応——

1 政治統合と「他者」

虚構としてのネーション

福田歓一によれば、ネーション・ステート（nation state）は「三重の意味でフィクション」である。第一に、それが「歴史のある時代に形成された人間の作為」であるということ。第二に、「one nation, one language, one state」というモデルが虚構のイデオロギーであるということ。そして第三に、「オスナブリュック条約以来の主権平等の擬制」が、国家の規模や勢力に圧倒的な差異が存在する現代世界においても通用しているということ。それらの三点においてネーション・ステートという概念は虚構なのである。また、「元来権力機構を意味していたステイト」にネーションが政治社会としての共同体性を与えたことによって、ステートが人的団体としての姿を装うことが可能になり、初めてヨーロッパ近代の国際体制が安定したことも福田は指摘している(1)。

そのネーション・ステートによる国際体制の安定と、その後のヨーロッパ列強による海外進出は、そのネーション・ステートという単位をヨーロッパ以外の地域にも発生させることになった。第二次世界大戦後の世界政治を見ると、そのネーション・ステートによって作られた枠組みは、ほぼ地球大に拡大したと言えるだろう。ところが、安定した体制であっても、その擬制を成立させている条件が変化した場合には、その安定性は容易に失われる。

たとえば、ベルリンの壁の崩壊後のヨーロッパにおいて、単一のネーションによる統合を否定するグループが「他者」としてネーション内部に発生したことによって、それまでステートに付与されていた人的団体のイメージは急速に消失したと言えるだろう。そうなれば少数者集団に属する人間にとって、ステートは単に自分たちを抑圧する権力機構でしかない場合もありうる。一九九〇年代における旧ユーゴスラビア諸国における政治対立も以上のような論脈で理解することができる。エスニシティという単位による政治的主張がネーションという単位の虚構性を示したのである。

異質なものによる統合

では、そのネーションの虚構性が示されることによって低下した政治的安定を回復させるためにはどうするべきか。もう一度、人的共同体に合致するように統治機構としてのステートの単位を再構成し、「他者」も自らの権力機構を作り上げるしかないのだろうか。ユーゴスラビア的な状態を解決するには、各エスニシティ単位でそれぞれが一元的な権力機構を作り上げるべきなのだろうか。人類の政治単位の将来は、かつて安定しているかに見えたネーション・ステートの枠組みから、今後細分化し続けるしかないのだろうか。たしかに、ＥＵのようにステートの連合を組み上げることも今後の新たな方向の一つではある。しかし、ステートの上位に新たな組織を構成したとしても依然としてステート内部の「他者」による政治的分裂の問題は残る。その意味において、ＥＵ統合の将来とヨーロッパにおけるステート内部の闘争は原理的には無関係だと言えるだろう。現在のステートにおける「他者」の問題はあくまでそれらを統治機構の内在的な問題として考える必要がある。

同様な問題はユーゴスラビアなどの旧共産圏諸国に限定して起こっているのではない。アメリカ合衆国やイギリスなどの先進資本主義諸国においても、一元的な政治権力の構造は安定的に維持されているものの、ステート内には多様な集団が存在し、それぞれの「文化」を根拠として、従来の政治統合に異議を申し立てている。現在、主に英語圏諸国で議論されている「多文化主義（multiculturalism）」も、以上のような運動に対応していると考えられる。それらの多文化主義の問題は常に現実の公共政策をめぐる論争、場合によっては暴力の行使を含む政治闘争の場へと引き戻される。その意味において、多文化主義は理念的なものではなく、「他者」をめぐる現実政治の場で具体化されるべきものである。しかし、この議論は従来のネーションとステートの結合によって作られた枠組みを所与のものとしていない点ですぐれて現在的であり、その枠組みを全面的に再考させる契機となりうるだろう。

そこで本章では、以上のような理解に基づいて多文化主義に関する議論を検討する。そうすることで、異質なものによって構成される政治統合の理念的な将来を考えたい。ただし、それらの議論は公共政策に関する議論という枠を越えるだろう。他者を理解し、異質な者によって共同の社会を構成しようとすることは、これまでそれを不可能にしてきた歴史性と、そのなかでの自己理解を対象とせざるをえないからである。多文化主義の周辺にある問題領域をそのように拡大することは、政治社会における「他者」の意義を考え直すことにも繋がるだろう。それは少数者の自律性を尊重するようなステートの政治理論を素描することでもある。

2　多文化主義における国家観の問題

「共通文化」はありうるか

多文化主義という用語をステートに関わる公共政策の理念として最初に用いたのはカナダである。[2] 建国時よりケベックという異質な存在を包含していたカナダにおいては、文化の多元性を維持しながら政治的な統合を確立する必要があり、そのために多文化主義的な政策を必要としていたのである。そうした経緯のなかで一九七一年、トルドー首相が初めてカナダの公共政策の基本的指針として多文化主義を採用して以来、現在までカナダにおいては少なくとも中央政府のレベルにおいて多文化主義は常に政策の中心として機能している。

アメリカ合衆国において多文化主義は一九八〇年代後半から議論されるようになったが、その議論の広がりもあって、その言葉の意味内容自体が非常に多義的になっている。しかし一般的には多文化主義を、単一のネーション・ステートのなかに文化を異にした複数の集団の存在を認め、それらの諸文化を公共政策上に反映させようとする考え方だとすることができるだろう。そこで問題となるのはこの反映の方法と程度である。そこで、その方法と程度を決定するものについて検討するために、多文化主義の議論において共通に見られる前提について考えることから始めたい。

第一に、多文化主義について語られる場合、個人の法的な平等を保障することだけを議論の目的としているのではないという共通の前提がある。個人を平等に扱うだけでは維持されえないような上位の集団の文化が問題にされているのである。その上位の集団がどのようなものであるかは議論の目的によって多様である。人種、性差、性的指向性、身体的障害など様々な基準によって集団は形成されるが、それらに共通しているのは、各個人の基本的人権の保障とは異なる次元で、それらの集団の文化的価値を公的な領域において維持する方法が重要視されているということである。

第二に、多文化主義という枠のなかでの議論であれば、どのような立場の論者であれ、政治社会の最終的な分断を主張することはないという共通点をもつ。また同様に、その政治社会に属する少数者の文化的価値を一方的に消し去ろうともしないのである。それどころか、多くの論者が社会の分断を嘆き、強制的な同化政策による文化破壊を忌避するのである。各論者の主張を詳細に検討していけば、結果的に分離主義あるいは同化主義に限りなく近づくようなものがあるとしても、彼らの直接的な主張においては社会の分離も特定集団による一元的な文化支配という状態も理想とはされていないのである。つまり、完全な同化と完全な分離という対抗軸が存在する社会ではなく、政治的統合と文化的多様性の並存によって形成される社会が構想されているのであって、複数の文化の存在によっても崩壊しないような一元的な政治統合が所与のものとされているのである。

第二の前提に関連して次に指摘できるのは、多文化主義が分離でも同化でもない状態を指向している以上、そこでは各集団間の不均衡が当然であるとされているということである。このことが意味するのは、各集団が現実社会において政治的・経済的に不平等な状態におかれていることを認めるということであり、さらにはその各集団の間で「中心」と「周縁」、あるいは「主流」と「非主流」という二項対立が生じる可能性を否定しないということでもある。したがって、多文化主義が現実社会での運動という形態をとる場合、その運動が意味するのは周縁の中心に対する自己主張だと言えるだろうが、それは同時に、中心が周縁を統合するための功利的な施策であるとも言えるのである。

以上のような前提を共有しているが、それぞれの議論において問題にされていることは多様である。そこで多文化主義の対立軸を明らかにするために、雑誌 *American Scholar* で行われた教育カリキュラムをめぐるダイアン・ラヴィッチとモレフィ・キート・アサンテの論争を取り上げたい(3)。この論争においては、ラヴィッチが表面上は多文化主義に同調しているだけに、両者の間の意見の相違は多文化主義に内在する大きな問題を明らかにすると考えられるからである(4)。

ラヴィッチは多文化主義を「多元的多文化主義（pluralistic multiculturarism）」と「個別的多文化主義（particularistic multiculturaism）」の二種に分類することによって多文化主義の問題を考えようとする。多元的多文化主義は各民族集団の文化を尊重しながらも、アメリカの「共通文化」を形成しようとするものである。それに対して個別的多文化主義は各民族集団の価値だけを追求しようとする「自民族中心主義」であり、既存の政治統合を危機的状況にするものだとしている。(5) ラヴィッチが支持するのは前者である。ラヴィッチは、アメリカには明確に共通文化と呼べるものがあり、それが多文化的なのだと主張する。

アサンテが批判するのは、そのラヴィッチの共通文化という考え方である。アメリカには共通の文化があると主張することは、ヨーロッパ系アメリカ人が好むヨーロッパ的な文化のみを共通文化と称して、社会全体に強制することになるとアサンテは主張する。アサンテによれば、ラヴィッチの多元的多文化主義と個別的多文化主義という二分法も、ほとんど言葉遊び同然の撞着語法であり、意味をなしていないことになる。ラヴィッチの言う多元的多文化主義は、共通文化という名のもとに白人の文化の優位性を主張しようとしているもので、文化領域における白人のヘゲモニーを隠蔽しようとしているだけだとアサンテは批判する。

この「共通文化」という概念を認めるかどうかが、多文化主義について考える場合、非常に大きな意味をもつ。そのような共通文化は存在せず、各集団の文化が並列的に存在しているだけだとアサンテは主張するが、そのアサンテも分離主義に立っているわけではない。各民族集団の文化を尊重することがアメリカの発展と政治統合に寄与するのだと主張しているのである。ラヴィッチも共通文化が存在することこそがアメリカを一つにまとめ、独自な国家としての発展に役立ってきたのだと述べているのであって、国家の発展と政治統合を一義的にしているという点において両者の指向性は共通している。

アメリカにおける国家観

しかしアサンテ、ラヴィッチともに国家としてのアメリカの政治統合の意味については論じられていない。したがって、ここで問題となるのは多文化主義とネーション・ステートの統合の関連だろう。アメリカの近代史のなかで政治的に統合されてきたネーション・ステートとしてのアメリカと多文化主義の関連について考察する必要があり、そのためにはアメリカにおける国家観の問題を対象としなければならない。

シェルドン・ウォリンはアメリカにおける国家観の変遷について述べた論文で、アメリカにおいては国家の「自己正統化」が常に行われているのであって、そこには本来の国家観は欠落しているのだと主張している。(6) そうした状態が生じた原因をウォリンは建国期まで遡って考察する。まずウォリンは、建国期のアメリカにおいてフェデラリストによる「見えすいた正統性の理論」が作られたと述べている。(7) それは、人民の承認を正統性の根拠にするが、体制に組み入れる人民はできるだけ限定しようとするものであった。つまり、フェデラリストたちは多数によって支配されるかもしれない強力な国家よりも、もろもろの憲法上の制約によって束縛されている弱い国家の方を選択したのである。(8)

ウォリンによれば、そのような正統性の理論は二〇世紀に入ってからいっそうの変化を遂げる。二〇世紀初頭のアーサー・ベントレー的な多元主義についてウォリンは、組織化された「集団」がそれぞれの「利益」を促進し擁護して行動するという現象を彼らが「政治」だとしたことの意味を考える。ウォリンによれば、それは単なる事実によって国家を正統化していることに過ぎず、こうした理論によってアメリカ合衆国において人民という観念は、抹消され、国家の行為は「人民の意志」を反映したものであるという正統化を免除されることになったのである。(9) 同様なことは第二次世界大戦後のロバート・ダールによる集団理論にも言えるとウォリンは述べ、それは単に民主政を減少させる新しい型の利益集団政治の擁護でしかないと批判する。(10)

こうしたウォリンの視点は現在の福祉国家化したアメリカの現状にも向けられる。ウォリンによれば、社会福祉とは、経済的に上層の人々にとっては統制機能に奉仕することでしかなく、下層の人々にとっては福祉国家に依存することを意味している。そして、こうした依存こそが真の危機であり、それは脱精神化（demoralized）された機械的人間を作り出し、そうした人間によって国家は依然として正統性の根拠を問われないままだということになるのだとウォリンは主張する[11]。

こうして国家についての新しい観念がアメリカにおいては形成されてきたとウォリンは主張する。つまり、国家は形式的な正統化のみを求め、市民は矮小化され、参加、平等、政治的徳性、正義といった政治理論上の重大な論点が問題にされないような状況がアメリカには生じたのである。社会を管理運営する国家の正統性は実質的には問題とされなくなっているのである。

さらにアメリカにおいては、国家が自由主義というイデオロギーを独占することで、いっそう国家の正統性の根拠は問われなくなっていると言えるだろう。アメリカにおける政治思想研究の古典である『アメリカ自由主義の伝統』でルイス・ハーツが述べているように、アメリカにおける自由主義には実質的に対抗イデオロギーが存在しないため、その自由主義が原理的に批判・検討されることがなく、それ自体が「教義化」していると言える。つまり合理的であるはずの「自由主義」が非常に「非合理的に」信奉されているのであり、これをハーツは「アメリカ主義」とも呼べるものだと指摘した[12]。

国家権力の増大に抗して

しかし、以上のようなアメリカにおける国家観に、近年の多文化主義の議論は新たな影響を与え始め、これまでのアメリカにおける伝統的な国家観に大きな変化がみられ始めているのである。その点について国家権力の多元性についての指摘と多文化主義の関連を歴史的経緯のなかで考察しているのがカースティ・マックルアである[13]。

ウォリンと同様にマックルアも、ベントレーやメアリー・P・フォレットらの政治的多元論者を第一世代として批判している。彼らは二〇世紀初頭における大衆社会の出現と国家機能の増大という現象を前にして、国家主権は複数の集団によって維持されているものだと主張した。そうすることによって国家権力の一元的な増大を批判する視座を提供したのである。マックルアが第二世代として批判するのも、ダールとトルーマンなどによる「経験論的な民主主義理論」である。彼らは第二次世界大戦後のアメリカにおいて主張されるようになった「パワーエリート」論を否定したのである。第二次世界大戦後のアメリカ政治においては強固な権力をもった一元的なエリート集団が存在しているという仮説に対して、ダールたちは実証的に政治権力の複合的な構造を解明しようとしたのである。(14)

マックルアによれば、これら二種類の政治的多元主義は、それぞれが政治権力の複合性を追求しているという点で共通しているが、実際の社会的、政治的な闘争の多元性がどのように構成されているかという点において二者は、それぞれ異なっているとマックルアは指摘する。マックルアの要約によると、第一世代は政治権力の源泉を「見直す」作業であり、第二世代は「表現し直す」作業であった。しかし、この両者とも単に国家の権力構造を解釈し直すだけであり、その国家権力の源泉をどのように作り上げるべきなのかという点については判断を停止していたとマックルアは述べている。(15)

ところが、マックルアによれば、政治権力の源泉の「再配分」の方法をめぐる規範理論が登場してきたのであり、それらはアメリカにおける政治的多元主義の第三世代なのである。そして、その第三世代は多文化主義の議論のなかから出現したのだとマックルアは指摘している。(16)そしてこの第三世代は、政治的闘争のなかでアイデンティティを追求し、政治主体になろうとすること自体が、国家構造を強化することになるというメカニズムを追求しているのだとマックルアは評価する。(17)そこで以下の部分ではそのような論者たちの主張について考えてみたい。

3　集団的アイデンティティの承認

移民の子孫の「責任」

マックルアが第三世代として挙げているのは、マイケル・ウォルツァーなどによる多文化主義の議論である[18]。ウォルツァーたちが多文化主義に関連して議論の対象にしているのは、多元的な社会における国家の機能そのものについてである。現代社会において単一の民族集団によって政治社会が構成されることはありえない。そうした前提からアメリカなどの自由民主主義体制において、国家は特定の民族集団の利益のために行動するべきかという問いをめぐって議論はなされている。つまり、多文化主義を維持するために国家が特定の民族集団の文化的伝統を守るような公共政策を展開するべきかどうかという問題である。

チャールズ・テイラーはこのような多文化主義の問題に関して、国家はそのような公共政策をなしうる存在だと主張する。テイラーは、カナダのケベック州におけるフランス的な文化的アイデンティティの維持の是非について、ロナルド・ドゥウォーキンの「自由主義」に関する道徳的コミットメントの議論に依拠しつつ、州政府がどのような公共政策を取りうるかを考える。

テイラーによれば、道徳的コミットメントには二種類あり、第一は「お互いを公正で平等に扱うということ」についてのコミットメントであり、第二は「自己や他の人々が追求すべき生の目標について、すなわち「善き生活」を構成するものについての見解」についてのコミットメントだとしている[19]。テイラーによれば、第一のコミットメントは「手続き的（procedural）」であり、第二のものは「実質的（substantive）」である。そしてテイラーは、特定の民族の文化の存続のために国家は第二のコミットメントをすべきだと主張している。そのような集団的なアイデンティティを社会は擁護してよいとテイラーは述べている。

そこで問題になるのは、そのような「善き生活」をめぐる集団的アイデンティティから排除された人々である。しかしその点についてテイラーは「社会が善き生活についての一定の定義を中心に組織されたとしても、これは、この定義を共有しない人々を蔑視するものと見なされるわけではない」と述べている。[20] 少数者の基本的人権に対する脅威を与えることなく、社会のなかの集団的アイデンティティは維持可能だとテイラーは考えているのである。

以上のようなテイラーの主張に対してユルゲン・ハーバーマスは、国家の機能は「手続き的」なものに限定されるべきだと反論している。ハーバーマスによれば、法の中立性、つまり法制定の民主主義的な過程の中立性を国家は厳格に遵守するべきなのである。したがって、テイラーが支持するような国家による特定の文化価値へのコミットメントは、そうした法の倫理的中立性を侵害するものだとしてハーバーマスは否定する。国家は人々の基本的権利を保障するための機能だけに限定されるべきだとハーバーマスは主張しているのである。[21]

また、テイラーの主張に対して別の視角から反論しているのがマイケル・ウォルツァーである。テイラーが述べる二種類の道徳的コミットメントに対応する自由主義をウォルツァーは「自由主義Ⅰ」と「自由主義Ⅱ」に分ける。ウォルツァーによれば、「自由主義Ⅰ」は第一のコミットメントによって維持されるもので「個人的な権利を支持する」ものであり、厳格に国家の中立性を維持し、国家の文化的な企てを否定するものである。それに対して第二のコミットメントによって維持される「自由主義Ⅱ」は「異なる帰属意識を持つ市民の、あるいはそうした帰属意識をまったく持たない市民の基本的権利が守られている限りにおいて」、「特定の民族、文化、宗教あるいは（限られた）一連の民族、文化、宗教の存続や繁栄を支持する国家を許容する」ものである。[22]

ところが、ウォルツァーによれば、この「自由主義Ⅱ」は自由な判断の余地を認めているものであって、その意味で選択的なものであり、その選択肢のなかには「自由主義Ⅰ」も含まれるのである。そしてウォルツァーが問題にするのは、「自由主義Ⅱ」が社会のなかの多数派と少数派の間の緊張関係を包含するような場合なのである。つまり、テイラーが支持するような「善き社会」を形成するための多数派の集団的アイデンティティの追求が、少数者の基本的権利を侵害するような「社会的緊張」や「公然たる衝突」が生じるような状況を問題にしているのである。[23]

以上のような問題に関してウォルツァーは「手続き的」国家、つまり「自由主義Ⅰ」を選択する。[24] 少数派も多数派も法的に平等に扱うという前提のもとで、それぞれの集団の文化の維持形成に努めるべきだというのがウォルツァーの意見である。そうした「自由主義Ⅰ」を支持することは結果的に諸文化間の対立を生じさせ、特定の文化が衰退することにもなるだろうが、それが「現実の生の選択」によって形成される現実の文化闘争だとウォルツァーは述べるのである。

そしてそうした社会の文化闘争を受容する責任がアメリカやカナダなどに住む人間にはあることになる。なぜならば、彼らは移民、あるいは移民の子孫だからである。ウォルツァーによれば「彼らはここに来たとき文化的なリスクを引き受けたり、自分たちの過去の生の様式の確実性を放棄するつもりでいた（そして今もそのつもりである）し、またそうする覚悟ができていた（そして今も覚悟している）」のである。[25] さらに、彼らは彼らの属する政治社会を自由主義的な個人の権利という理念によって意義深く形成してきたのだとウォルツァーは解釈している。[26]

絶対的少数者

しかし、以上のようなウォルツァーの指摘も、差別されてきた黒人やネイティブ・アメリカンにとっては、移民たちが時間をかけて不平等な社会を作ってきたという事実を指摘されるということでしかないとも言える。このようなウォルツァーの主張は、人種差別は「アメリカの実験の最大の失敗」であると認めながら、「非白人系アメリカ人は国民的自己同一性の意識の形成に貢献した」と評価するアーサー・シュレジンガーの論理と類似している。[27]しかしこのシュレジンガーの指摘にしても、非白人系アメリカ人がアメリカ的自己同一性の意識の形成に関わってきたということの根拠は示されていない。そのようにシュレジンガーが評価したいという姿勢を表明しているだけであり、歴史的経緯から考えれば、非白人系アメリカ人を排除することがアメリカの集団的アイデンティティを形成してきたとも言えるだろう。あるいはまた、非白人系をどのように「処理」するかという問題がアメリカの集団的アイデンティティを形成してきたとも理解できるのである。

そこで問題となるのは、この集団的アイデンティティの形成のメカニズムである。シュレジンガーのように、黒人は差別されてきたがアメリカの集団的アイデンティティの形成に「有用であった」と述べることは、何のために有用なのか、誰のために有用なのかという視点が欠落している。また、どのような集団であれ、有用でなければアメリカの集合的アイデンティティとは無縁であるということも含意することにならないだろうか。したがって重要なのは、集団的アイデンティティは誰がどのように承認するのかということである。

既述したように、多文化主義の議論において前提とされているのは、完全な同化と完全な分離の対立という社会像ではなく、政治的統合と文化的多様性の並存による社会である。アサンテなどによる多文化主義も「共通文化」を否認するものではあっても、アメリカからの政治的分離を主張するものではない。したがって、集団的アイデンティティの形成をめぐって、下位集団同士の文化闘争が必然的に生じることになる。だとすれば、多文化主義の問題は、マックルアが政治権力の「再配分」と称した問題に収斂されていくのだろうか。[28]つまり、それは集合的アイデンティティを形成する際の権力関係の問題であり、単に社会内の諸集団間の権力の分布状況を反映したものだと理解されるべきなのだろうか。

多文化主義が単に権力分布の問題であれば、他の集団間の差異をこれまで人類は処理してきたように、この問題も解決可能だということになるだろう。たとえば、単一のネーション・ステート内の階級問題や地域間格差を解決してきたように、具体的な政治的作為によって解決ができるような問題だろうか。だとすると多文化主義による解決は、西欧政治社会に従来からみられる社会民主主義の一形態と同義なものだということになるのだろうか。

しかしここで考えなければならないのは、アメリカにおいて形成されてきた「アングロ・コンフォーミティ」の構造である。つまりこれまで、アメリカではＷＡＳＰ的な価値によって社会を統合してきたのであり、その結果生じた権力の不均衡が強固に社会には残っているという事実である。そうしたアングロ・コンフォーミティの構造においては、黒人は白人と異なるというだけで、それが「特殊」であるということを意味し、それによって白人社会が「普遍」や「共通」という語彙を独占し続けているのである。さらには、そのアングロ・コンフォーミティによって形成される文化を「共通文化」と呼ぶかどうかは別にして、アメリカにおける集合的アイデンティティの形成の問題では、普遍性を持った「正統」が「中心」に存在し、そのような普遍性を持たない「異端」が「周縁」に存在するという対立形式の特殊性について考えなければならない。

そうした構造のなかで、少数者の集団的アイデンティティは常に少数者としてのみ形成される。つまり、多数派になる可能性が絶対にないような少数者にとっての集団的アイデンティティを黒人は形成していくしかない。そのような「絶対的少数者」として存在してきたために、黒人は既存の多数派への関係を明確にすることが常に要請されてきた。これは「中心」に接近するべきかどうかという問題である。

しかし、その接近を肯定しようが否定しようが、それらはともに黒人から見れば権力の獲得のための「戦略」であって、まさにそのことが黒人の集団的アイデンティティの形成を阻害するものでしかなかったとクリストファー・ラッシュは指摘している。[29] ラッシュによれば、それらは戦略である以上、具体的な政治目的を持っており、それらの追求と黒人のアイデンティティの構築は本来無関係なのである。それどころか、これら二つの戦略が黒人のなかで長い年月にわたって不毛な対立をしてきたために、黒人は集団的アイデンティティを正当に形成してこなかったとラッシュは主張している。

さらにラッシュは、アメリカの黒人が自分たちをアフリカからの亡命者として考えるのか、それともアメリカの「共通文化」に同化している存在と考えるのか、その両者への忠誠心が分裂していること自体は不思議なことではないと述べたあとで、むしろ重要なのは、その黒人の集団的アイデンティティが分裂しているという事実からアメリカ文化の全体を考え直すべきだとしている(30)。

つまり、「絶対的少数者」としての集団的アイデンティティの形成を、権力分布の問題と置きかえること自体が、そのような差別の構造を再生産することに繋がってきたと考えるべきなのである。そこで問題となるのは、その差別を再生産してきたメカニズムであり、「絶対的少数者」を生み出し続ける社会的構造である。また、こうした問題について考えることは、社会内のマイノリティの意味を従来の問題構成とは違ったものとして考えることを要求する。アメリカにおいてそうした「絶対的少数者」の問題を考えることは、自分たちの意志で移民となってきたという歴史的事実にウォルツァーが意味を見出すということとは対照的に、強制的に移動させられてきた黒人たちの歴史的意味について新たな視点から捉え直すことでもある。

4　マイノリティ再考

ターナー「奴隷船」

WASP的な価値によってアメリカ社会においては「アングロ・コンフォーミティ」が作り上げられてきたのであるが、その「中心」には「正統」である白人社会があり、その「周縁」には「異端」である黒人社会が永久に存続するという、その構造自体が問題にされなければならない。こうした「絶対的少数者」としての黒人の集団的アイデンティティがつくられてきた歴史的経緯を、アメリカのナショナリズムとの関連で考察しているのがポール・ギルロイである。

まず、ギルロイはネーションとステートを歴史や言語によって結び付けようとする運動をナショナリズムだと規定したうえで、黒人の「移動」による共同体を構想し、その意味を考える。(31)ギルロイは近代西欧社会のあらゆる共同体がナショナリズムに結び付けられようとする言説を問題にしているのであって、ナショナリズムを否定することが可能な種類の共同体を黒人の移動のなかに見出そうとするのである。西欧諸国が近代の開始をネーション・ステートの成立に求めるのなら、黒人にとっての近代とは奴隷制でしかない。そこでギルロイはアフリカ系アメリカ人の祖先が奴隷として強制的に大西洋を越えて移動させられたことの歴史的意味を問う。

ギルロイによれば、アフリカ系アメリカ人は奴隷としてアメリカ社会の「周縁」としても存在できないのである。異端であり周縁的であることは、それぞれが存在する場が前提となるが、その前提さえアフリカ系アメリカ人は持たないという。ギルロイが提起しているのは、J・M・W・ターナーの絵画「奴隷船（a slave ship）」のイメージである。(32)

この有名な絵画の主題は嵐の海上で翻弄される小船である。その小船から、すでに死んだ黒人奴隷や死にかけている黒人奴隷が海に捨てられている。それに対して白人は小船を救うために黒人を海に投げ捨てる存在である。ギルロイは、この絵画は一八四〇年にロンドンで「奴隷制廃止世界大会」が開かれたそのときに、王室アカデミーに展示されたということや、美術批評家であり社会批評家でもあるジョン・ラスキンが当時この絵を評価したことも重視する。(33)そして、ラスキンの美意識と奴隷制度の連関を指摘しつつ、奴隷制度が西欧近代文明の構築に不可欠であったことを詳細に検討する。

また、この絵画の中にある「移動性」、つまり場を持たないということにギルロイは黒人であることの本質を見る。黒人は、ヨーロッパの近代以降、大西洋を移動し続けてきた。それをギルロイは「ディアスポラ」と呼ぶ。黒人はその「ディアスポラ」であることによって、ある文化圏のようなものを作り上げてきたのである。そして、このような文化圏を、ギルロイは「黒人大西洋世界（Black Atlantic World）」と呼ぶ。ギルロイによれば、この「ブラック・アトランティック」は、これまでのナショナリズム全体の論理構成を否定するものであり、西欧近代の文化思想の特徴であったナショナルな考え方に敵対する「カウンター・カルチュア」なのである[34]。

アフリカ大陸から他の地域に強制的に移動させられたことによって近代に組み込まれたのであれば、その歴史的事実は近代世界がそのような暴力性によって支えられていることを示すだけではない。「奴隷船」は正統と異端、あるいは中心と周縁という対立軸そのものを否定する存在となる。したがってギルロイにとって重要なのは、ナショナリズムとは異なる共同体の存在を再確認し、その姿を明らかにすることによって、現在の多文化主義に内在するナショナリズムの陥穽を否定することである。その意味でギルロイによればアサンテ的な多文化主義も「ネーションの絶対化」であり、そのようなステートとネーションを結び付けるような枠を越えた集団化の方法の再概念化が必要だとしている[35]。

ギルロイも、それぞれの黒人が現実に存在する場合は、彼はアメリカ人であり、同時に黒人であるということは問題にしている[36]。これはデュボイス以降、アメリカ黒人思想でも常に「二重の自己意識」として議論されてきていることである。しかし、ギルロイによれば、黒人の集合的アイデンティティをアメリカのナショナルなアイデンティティの一部に位置づけようとすること自体が不毛であって、そのことがまたナショナルなものを強化していると批判するのである。したがって、黒人はネーションとして完全であることを放棄し、集合的文化の単純化も否定するべきなのである。

このようにして、ギルロイはナショナルであるということと、ディアスポラであることの二項対立を越えようとする。この点に関しては、スチュアート・ホールも「文化的アイデンティティとディアスポラ」という論文で新たな視点を提供している。ホールは文化的アイデンティティについて考察するには二種類の方法があるとしている。一つは他者から強制された「真の自己」を中心とした集合的アイデンティティの考え方であり、もう一つは、これまでの「我々がこうなってきた」という経緯のなかの違いを細かく検証していこうという考え方である。[37]ホールによれば、これまで文化的アイデンティティを考える場合には第一の考え方に依拠していたが、これは不毛な二項対立という自己矛盾に至るという陥穽をもっていた。したがって重要なのは、文化的アイデンティティに関する第二の考え方であり、それによって将来形成されるべきものとしてアイデンティティを理解するべきだとホールは主張している。

語りえぬ人々

こうした少数者のアイデンティティの二重性の意味については、ホールのような「カルチュラル・スタディーズ」のグループによって議論されてきた。ガヤトリ・スピヴァクは、同様な問題をイギリスによって植民地化されたインドにおける女性の状況から考えようとする。彼女はインドにおける少数者のアイデンティティ形成の意味を問い直し、そこから人間が人間を支配するという行為の基本構造を解明しようとする。

スピヴァクによれば、インドの女性たちはイギリスという帝国主義に支配され、同時にインド人男性にも支配されるという二重の支配を受けている。この実態に接触すると、まず帝国主義の側の男性は、因習に縛られているインド人女性をインド人男性から解放しようとする。ここには「普遍性」という名の文化破壊が存在している。しかし一方で、「因習に縛られることのほうが、共同体内で生活する彼女たちにとっては幸福である」という主張がなされる。[38] この主張はインド人男性と、インド社会に「理解が深い」白人男性からなされる。ここには文化相対主義という野蛮が存在している。

スピヴァクによれば、因習から解放する意見であれ、因習を容認する意見であれ、この一見対立するように見える両者の見解から明らかになるのは、「有色人女性の救済を白人男性と有色人男性が競い合う」ということである。[39] そして、それは女性を主体として発話させる場所に置いていないということを意味する。こうした構造のなかで女性は、帝国主義的支配と男性による支配という二重の支配を受けている服従者「サバルタン（subaltern）」であり続けるのであって、その「サバルタン」は自ら語ることができないままなのである。[40]

そのようなスピヴァクの主張に対して、ポストコロニアル批評の代表的論者であるホミ・ババは、インド人女性の声だけを独立して聞く必要はなく、そうすることが逆に彼女たちの立場を理解不可能なものにすると指摘し、植民地的なテキストのなかの雑種性あるいは異種混交性（hybridity）こそが重要なのだと主張する。[41] ババによれば、植民者の語る言葉のなかにある雑種性はまさに「サバルタン」の声を反映しているのだということになる。

しかし、ババのその「雑種性」という概念が植民者の発話によってしか構成されていない点をレイ・チョウは問題にしている。帝国主義者によって作られた雑種性のなかに「サバルタン」の声が含まれるとババが主張することは、服従者の声は「植民地システム」に組み込まれているとみなすことであり、それは最終的には植民者の声を聞くことだけで服従者の問題にも対処しうるという立場を正当化することになるのではないかという疑問をチョウは提起している。つまりチョウによれば、ババの主張は結果的に植民地文化の均衡状態の継続を容認し、植民者側の帝国主義的な行為を看過することになる。[42] スピヴァクも、服従者に常に発話をさせないような恒常的な構造の存在を問題にしており、あるインタビューにおいて、「サバルタンの人たちが語ることができれば、ありがたいことに、サバルタンの人たちはもはやサバルタンではありません」と語っている。[43]

こうした絶対的少数者が発話できないという構造は、一九三〇年代のフランスにおけるネグリチュード（negri-tude）の問題とも呼応する。(44) エメ・セゼールなどのフランス領マルチニク出身の文学者にとって、大戦間のフランスによる植民地の同化政策は、黒人としての文化的アイデンティティの喪失を意味していた。ネグリチュードの回復こそが政治的権利の獲得に必要だと考えられたのである。

サルトルとファノンの間での有名な論争からも明らかなように、このネグリチュードという概念は、単に虐げられていた第三世界の知識人のアイデンティティ獲得のための道具というだけではなかった。(45) それはパリに住むフランス知識人に対しても、彼らが無意識的にもっている文化的帝国主義を認識させ、自己反省を要求するものであったと言えるだろう。したがって、問題となるのはこのように発話不可能なマイノリティを作り出す差別の構造の双方にいる人々である。ただし、こうした発話不可能性の問題は、どうしてもそれを聞く側の問題とならざるをえない。たとえば、インドの女性の例では、誰の不幸を誰が誰に嘆くのか、という問題である。

5　他者理解の組織化へ向けて

絶対的少数者が発話できないという構造を近代社会が作ってきたのだとすれば、第一に、そのような構造が作られていくコンテクスト自体を詳細に検討することから始めなければならないだろう。現在カルチュラル・スタディーズの研究対象となっているのはそのような領域である。しかし、この検討作業のなかにも問題はあるとレイ・チョウは述べる。チョウによれば、そのようなカルチュラル・スタディーズのなかに見られる「犠牲者」や「第三世界の人々」への安易な同調が、結果的に知識人自体のヘゲモニーを強化しているのである。(46)

また、そのような批判的視点は、ネーション・ステート内部へも向けられる。カルチュラル・スタディーズの研究対象はネーション・ステートの辺境にあるのだと主張することは、そのままカルチュラル・スタディーズが既存の「ナショナリズム」の下位文化を対象としているに過ぎないという誤解を与えることになるのだという批判もある[47]。しかし、絶対的少数者からの自発的な発言が不可能だと了解し、彼らの声と自分の声とは無関係だと開き直ったとしても問題は放置されたままである。したがって、太田好信が述べるように、こうした断絶を「ネゴシエーションの余地が残る二重性として捉え直」すことが重要になってくる[48]。

それはカルチュラル・スタディーズを単なる「研究」という枠から解放することでもある。絶対的少数者を生み出しているコンテクストが現在も再生産されているのならば、その過程のなかにある可能性と矛盾を明確にしなければならないが、その過程で研究者は、それを研究する自己とは異なる状況に生きる「他者」との間に、現在とは異なる関係を作り上げることも意味する。それは単に連帯するということだけではなく、常態的に相互批判を受け入れるような相互承認を必要とするだろう。

そしてその相互承認に基づく政治実践の延長に国家を構想するべきだろう。そうした視点から、政治社会を構想する必要がある。それは、他者に対する視線をどのように新たな国家観へと結び付けるかという問題であって、「他者」に接することによって自己の内面的価値を見つめ直し、自分たちの集団的アイデンティティを常に再解釈し直すことでもある。そうすることによって、文化相対主義を否定し、その相互連関から国境を越えた共通の価値を追求していくべきだろう。

そのような文化相対主義を否定するために海老坂武が条件として提示するのは、それぞれの文化の内部に「自己の文化的伝統を鋭く否定する個人が存在」することである[49]。なぜならば「文化の伝統はその文化の内部にいる者によってそのままの形で肯定され」ることこそがそうした文化相対主義を生むからである。そこで求められるのは、異文化体験の積み重ねによって共同体より上位の価値を追求しようとすることである。

しかしそこでは西欧近代型のデモクラシー的価値が予定されるべきではない。そのような「真正」な文化の存在を前提にする傾向を捨て、多様な文化の要素の混成によって、文化を再構築する無限のプロセスに耐える必要がある。[50]集合的アイデンティティの意味内容は、時間や状況の変化を通じて、常に解釈し直されるべきなのである。その意味において、あらゆる解釈が論争の対象になるだろう。そうすることによってネーション・ステートが作られてきた構造を「歴史化」していくことが可能になるだろう。ここでの「歴史化」は、ある対象の変化を「歴史として語る」ことを意味するのではなく、それがあくまで「構築されたもの」（虚構）であることを見抜き、別の可能性を同時に想像することを意味する。[51]こうして、これまでに作られてきたネーション・ステートの権力性を対象化し「のりこえる」という作業が可能になるだろう。それは、自分と同じステートにいる「他者」に対して「嫌な国だったら出て行け」と言うかわりに、自分の生活に根づいている論理を問い返すことである。

第5章　市民文化論の統合的機能
――現代政治理論の「自己正当化」について――

1　市民文化とテロリズム

市民と文化

冷戦の終焉以降、東欧の民主化や世界経済のグローバル化とともに市民社会概念が広く議論されるようになった。それは社会主義という対立概念を失った西欧型民主主義が自己変革し、政治生活を充実させる方法を模索するものにも見える。しかしそれはまた先進資本主義諸国の既存の政治制度を無批判に正当化する危険性もはらむ。本章はそれらの市民社会論の限界を指摘し、より広義なパースペクティブのもとで再構成することを目的としている。

たとえば市民社会論におけるメルクマールの一つとして議論されてきた市民の自発的政治運動も、現在ではそれら自体が利益集団化し「私化」し続けている点が指摘されうる。また多文化社会における「アイデンティティの政治」も各集団の利害闘争、文化戦争へと矮小化していると批判されてきた。こうした変化は政治の新たな理論化を必要としていると言えるだろう。政治社会における争点や行為主体の属性からだけでは、現実政治のあり方を市民的であるとは規定できない。したがって、社会の存続に必要だと想定されている社会資本や信頼の機能を明らかにする必要が生じるだろう。

さらに市民社会論において使用されてきた「市民」概念は価値中立的だったのか。それが担ってきた現状肯定的機能も考察されなければならない。そこで本章においては多文化社会としてのアメリカ合衆国における市民宗教概念と〈九・一一同時多発テロ〉以降の政治体制論を問題対象とすることによって先述の問いに答えたい。

アーモンドらによる『現代市民の政治文化』（一九六三年）以降、アメリカ政治理論において「文化」概念は精緻化され続けてきた。[1]それまで「国民性」や「政治意識」などと多義的に呼ばれていた人間的志向性が「政治文化」と概念化されることによって比較政治学は従来の西欧諸国を対象とした静態的な政治制度論を脱却し、第三世界諸国を含むあらゆる政治社会を対象とした動態的比較政治学を発展させてきた。しかしその文化概念を詳細に検討してみると、そこには先進資本主義国を政治的到達点とした単線的発展論や、政治システムの安定を最大価値とした共産主義革命批判という論理が指摘しうる。

とくにアメリカ合衆国における国民形成過程を分析する際にこれらの文化概念が用いられた場合、それは民主主義の普遍性を媒介としつつ既存のアメリカ社会とその政府を正当化する機能を果たしてきた。しかし一九六〇年代以降の人種闘争、女性解放などの大規模な政治運動はアメリカ政治社会の自画像を描き直す契機となった。さらに八〇年代以降のアメリカにおける多文化社会状況もこの正当化に疑問を提起していると言えよう。

九・一一

しかし二〇〇一年九月一一日に発生した「同時多発テロ」以降、アメリカ政治文化に関する議論は予想外の展開を見せた。テロ後の議論においては政府による国民統合が市民社会論を基礎として正当化されてきたと言える。さらに政府の権能の強権的拡大さえも民主主義や自由といった普遍的観念によって正当化されるという倒錯した状況が現れたのである。そこで以下の部分ではマイケル・ウォルツァーの言説、とくに市民宗教や寛容に関する彼の議論を検討することによって、現在の政治理論状況の問題点を明らかにしたい。その文脈においてウォルツァーが展開する「ハイフンつきのアイデンティティ」論は、たしかにリベラルな多文化社会を保障する側面はもつ。しかしそれがフランスなどのヨーロッパ諸国と対比されつつアメリカに適用される場合、どのような論理的帰結をもたらすだろうか。

この論点はウォルツァー自身も署名した共同声明 "What We're Fighting For" の分析によってさらに敷衍したい。アメリカによるアフガン攻撃を支持したこの声明のなかで人間的価値という普遍性と一国の単なる外交政策の正当化を結び付ける論理が展開されている。これを批判することで既存の市民文化論に伏在する問題点を指摘したい。

以上のように政治理論形成そのものを批判的に検討する作業は、より大きな枠で考えれば政治社会の主体が常に「国民化」せざるをえなかった、従来の政治構造としての国民国家と政治理論の関係を再検討することでもある。そうした主体による政治が国家による強権に依拠せずに「絶対化」から「相対化」に移行する可能性を追求するための予備的作業でもある。本章の基底にあるのはその「相対化」の行為主体を市民と考え、そのプロセスを市民政治として考える視点である。

2　ウォルツァーと市民宗教

排他的市民宗教

ウォルツァーにとって市民社会とは「非強制的な人間の共同社会（association）の空間の命名であって、家族、信仰、利害、イデオロギーのために形成され、この空間を満たす関係的なネットワークの命名」である。[2] この市民社会を構成する「市民文化」の一形態として近年のウォルツァーは「市民宗教」に頻繁に言及する。また近年のリチャード・ローティもアメリカニズムへの素朴な信奉を表明する際にこの用語を使用することが増えている。

ルソーやトクヴィルが使用した「市民宗教」概念をロバート・ベラーが現代的に再生したのは一九七〇年から八〇年代にかけてであった。(3) 公民権運動やベトナム反戦運動、女性解放運動の高揚によってそれまでのアメリカ的価値に疑問符がつきつけられ、まさに多文化的状況が生起し既存の国家統合に対する政治的正当性の根拠が疑われ始めていたのである。その時期にベラーはアメリカ的共和主義を擁護するためにこの概念を使用した。ベラー本人はこの概念を九〇年代以降、ほとんど使用していないにもかかわらず、他の論者は継続的に使用している。

ウォルツァーは『寛容について』において社会内の寛容と体制との関連を論じているが、それは市民宗教論を中心に展開されている。まずウォルツァーは「さまざまな市民宗教がたがいを寛容にあつかうことができるのは、国際社会においてだけであって、単一の国内体制においては不可能である」と述べ、主権国家の一元的な統合を補強するエートスとしての市民宗教を提起する。(4)

さらにウォルツァーにとって市民宗教の実体は不可視なものとして考えられている。「市民宗教は通常、神学をもたないから、差異を、宗教的な差異さえも、あるいは特に宗教的な差異を調整することもできる」のであって、「たいていの市民宗教は曖昧で、練り上げられておらず、教義・形式にとらわれない宗教性を、つまりあきらかな信仰や確固たる信仰にではなく、物語や祝日にかかわる事柄としての宗教性をなんとか賢く使いこなす」。だからこそ市民宗教としてのアメリカ共和主義は「当事者たちのあいだにおける別様の市民宗教の慣行とでも呼べるものとかなり具合よく共存することができる」ことになる。(5)

そして「市民宗教は部分的な差異を寛容に取りあつかう」のであるから、「多重のアイデンティティを調整することによって成功する」ことになり、アメリカにおける各集団の文化変容は「改宗ではなく政治的社会化」だということになる。こうした市民宗教が機能しているからこそ、「政党は権力をめぐって競合し、イデオロギーによって形成される行動計画を実行しようと闘争する。しかし勝利をおさめた党は、そのイデオロギーを一連の法律に変えることはできても、市民宗教の公式の信条へと転換することはできない」とウォルツァーは主張する。(6)

たとえばアメリカにおいてレイバー・デーは国民の祝日になっているが、メイ・デーは祝日となっていない。これは政府が「何ができて、何ができないか。何をすべきで、何をすべきでないか」を示す好例だということになる。だからこそウォルツァーは「公立学校はアメリカの市民宗教を教え、アメリカ市民を生み出すことをめざすべきである」と主張する。(7)アメリカ社会において国家システムに要求されることは「ハイフン付の市民」を生み出すことであり、ウォルツァーにとって望ましい国家とは「差異の再生産システム」なのである。(8)

さらにウォルツァーは市民宗教の危険性についても指摘している。「市民宗教は国境のこちら側での生活にたいするパロキアルな誇りを鼓舞し、向こう側での生活にたいする不信の念や不安をうながすことによって国際社会に不寛容をもたらすことがある」。しかしウォルツァーにとって基本的に市民宗教の「国内での効果は慈悲深いものであり、現実を見ても「狭量なアメリカニズムはありえたのにそうなってない」と主張している。歴史的に見てもマッカーシズムに典型的な「非アメリカ的活動への批判」は、現在は支配的にはなってないと彼は述べている。アメリカにおいて「反共右翼のような排他的な市民宗教はどれひとつとして支配的なものとはなっていない」と彼は考えている。(9)

ウォルツァーにとって「排他的な市民宗教」が短期的に展開することはあっても、政治の長期的な時間軸においてアメリカは良い社会に向かっているとされる。なぜならば被抑圧者の「黙従のレベル」が低くなっており、人々は「自分たちが抑圧されていることを以前に比べれば表現できるようになった」からである。こうしてウォルツァーにとっては市民宗教を中心としてアメリカ社会は「健全に発達している」ことになる。(10)

つまりウォルツァーは市民宗教の機能を事後回顧的に措定するのであり、その時間のなかではあらゆる人々が差異のために存在するかのように描かれる。たとえば「イタリアン―アメリカン」というハイフン付のアイデンティティについて述べる際、ウォルツァーは彼らイタリア系アメリカ人たちは自発的な努力と貢献によって自分たちの文化を維持してきたし、今後ともその義務を果たさなくてはならないと主張する。そしてこうした事情は「マイノリティにかぎらず、ありとあらゆる文化集団や宗教集団の場合でもかわらない」ことを示したうえで、アメリカ社会には「永劫不変のマジョリティは存在しない」と述べる(11)。

ここにウォルツァーの市民社会論に特有の問題点がある。たしかにマジョリティが時間を経てマイノリティに変化することもあるだろう。歴史とはその繰り返しかもしれない。このようにウォルツァーは有史以前の過去から未来永劫へと長く伸びた時間を想定し、その極端に長い時間軸の上で現前の不平等な社会における寛容を主張する。ウォルツァーにとって極論すれば「ネイティブ・アメリカンも北米大陸にやってきた移民」となり、あらゆる集団に対して同質の義務が課されている。イギリス系アメリカ人もアフリカ系アメリカ人も平等にその「移民性」を「尊重」されるべきだという論理である。

イスラエル

しかしその論理構成は現存の差別構造の是正を永劫に遅延させるという現状肯定の主張以外に何を意味するのだろうか。多くの差別構造は各政治社会内の権力構造によって常に「正当なもの」として容認されてきたという前史をもつ。とくに近代国家において差別が発生するとき、被差別者は国家が規定する法によって市民不適格者として「合法的に」排除されてきたのではなかったのか。後になってそれらの差別が解消されたとしても、それまでの時間、差別そのものは依然として存在する。その暫定的な時間における問題をウォルツァーは意図的に看過しているのではないか(12)。

またウォルツァーは国家がマイノリティに対して寛容であることよりも、集団相互に寛容が成立することを優先させるが、この視点がイスラエルに向けられれば、その主張はいっそう異形なものとなる。「移民（もしくはユダヤ人）の文脈のなかで相互の寛容が機能するようにさせる努力は、ユダヤ人国家をアラブ人マイノリティにたいして完全に寛容なものにする努力に優先する」と彼は述べるが、この相互の寛容が機能しないような条件をユダヤ人国家が作り出しているのではないだろうか。(13) ユダヤ人国家をイスラエルに打ち立てることになった主たる動因もユダヤとアラブの間に連合国家（二民族国家）を構成する合意が成立しなかったことにあるとウォルツァーは述べている。

こうした主張は彼のユダヤ人としての出自だけの問題ではなく、その論理構成の問題点だと考えられよう。アメリカなり、イスラエルなり、それらの国民国家内での議論としての市民社会論が複数の国家間関係において議論される場合、ウォルツァーの論理構成はどのような意味をもつのだろうか。この問題の現実態については後に論じるが、その前にウォルツァーの市民宗教論が市民資格についての議論ではなく、まさに宗教的理念の政治統合における機能に関する議論として成立している点について考えたい。そこで次節では現代アメリカのコミュニタリアンによる言説における市民的自由と宗教の関連について、その代表的論者であるエツィオーニの主張を事例として検証したい。

3　コミュニタリアンと政教分離

宗教と政治統合

一九六〇年代におけるアメリカ的価値への異議申立ては、そのドラスティックな運動のあり方だけでなく、思想レベルにおけるラディカルさにおいて特筆されるべきものである。それだけに思想的反動も大きく、七〇年代以降には「過度の個人主義」や「ゆきすぎた自由」がアメリカ社会に重大な「道徳的空白」をもたらしたと主張されることになった。(14)自由という概念に「ゆきすぎ」があるのかどうか、あるいは道徳的な空白がいったい何を具体的に意味するのかということが明確でないまま、七〇年代以降のアメリカ社会の変容に対する批判は、政治理論においてはジョン・ロールズのリベラリズムに対する批判として集中的になされたと指摘できる。

ロールズが『正義論』を発表したのは一九七一年である。ロールズは社会正義に関する原理を功利主義以外に求めることによって、いわゆる「行動論革命」以降の実証分析を中心としていたアメリカ政治学において規範理論を再生させた。しかしマイケル・サンデルはロールズが論じている人間は「負荷なき自我（unencumbered self）」しか持っていないと批判し、「共通善」による社会統合を構想した。ロバート・ベラー、チャールズ・テイラー、マイケル・ウォルツァー、フィリップ・セルズニック、アラスディア・マッキンタイアらもロールズ流のリベラリズム批判をサンデルに続いて発表し、こうした一連の批判者が「コミュニタリアン」と総称されることになった。(15)

自由という観念についてはエツィオーニもその過剰について懸念している。彼は「有り余る自由（excessive liberty）」について論じ、「個人の自由の拡大は、ある点に達すると、その行為者の負担を重くし、自由を究極的に支える社会秩序を掘り崩してしまう」と述べ、「放縦」の一人歩きが社会を危険な状態へ陥れると批判する。(16)エツィオーニの議論においては、その「有り余る自由」として「人を殺す自由」といったものが想定されているのだが、そもそもそういう自由が実体的に存在したことが近代社会においてあるのだろうか。(17)

「過度の自由」に対するコミュニタリアンの批判にはアメリカ史に対する読み直しも含まれる。エツィオーニはノエル・エプスタインがワシントンポスト紙に書いた短文を引用しながら、ピルグリム・ファーザーズがアメリカに移住したのは「イギリスの専制政治と国教会から逃れるためではなく、むしろ、オランダでのあまりの開放性から逃れるためだった」と述べている。[18] 過去の歴史を解釈する権利は誰にでもある。しかし長期にわたるピルグリム・ファーザーズの地理的移動のなかからオランダ脱出のみを恣意的に選択したうえで、その短期的状況を彼らの移動すべての根拠として提示し、そこに自由の希求ではなく自由の拒否のみを読み込むことは「歴史の占有」として批判されるべきではないだろうか。

また自由に関連して権利と義務に関する議論もエッツィオーニは展開しているが、それらに共通して表明されているのは、権利ばかりを主張する個人へのエッツィオーニ本人の嫌悪である。権利と義務がどのような関係にあるかを議論するのではなく、現在のアメリカ社会には「多すぎる権利と少なすぎる責任」というアンバランスが存在し、個人はより多くの責任を負うべきだと論じる。[19] しかもその際に個人が負うべき責任の内容も具体的には議論されず、ただアメリカ市民の無責任性のみが抽象的に批判されている。しかしミールクーポンなどを支給されなければ生活することさえできない貧困層に対して責任のみを過剰に要求することは、結果的には福祉対象の縮減以外にどのような帰結を生むのだろうか。

以上のように、「自由」についての疑念を表明しているエッツィオーニにとっては、社会問題を解決するプログラムも各市民の「過度の」自由を制限しつつ達成されるものとなる。そこでエッツィオーニが期待するのはコミュニティの機能ということになるのだが、とくにコミュニティと宗教を関連づけることによってアメリカに存在する問題を解決しようとする。

エッツィオーニにとって、信仰心によって形成された集団は「コミュニティーを構築する際に、特に反社会的行動を抑制し、社会サービスを提供するにあたって大きな役割を果たしている」と理解されている。[20] したがってエッツィオーニは「信仰に基づく集団への依存度を増やし、政府や民間部門への依存度を減らす」ことを主張するのである。[21] こうした宗教団体への期待はコミュニタリアンに共通するものであるが、この点においては宗教の統制的機能が期待されている。ウォルツァーも述べる通り「宗教は個人の行動を統制するために組織される」ことが重視されているのである。(22)

しかし彼らの文脈において問題なのはこうした統制的機能があらゆる宗教、宗派には期待されていない点である。たとえば『ネクスト』の巻頭頁にはカントの言葉と並んで以下の二つの言葉が紹介されている。

「自分自身を愛するように隣人を愛しなさい」
――レビ記19・18
「人にしてもらいたいと思うことは何でも、あなたがたも人にしなさい」
――マタイによる福音書7・12

ベラーやウォルツァーの市民宗教論にも共通することだが、こうした道徳による社会統合の論理は、個人間の価値観の同一性を前提としており、自分自身の欲求と他者の欲求が異なることを予期していない。本来は「人にしてもらいたい」ということは各自異なるはずである。にもかかわらずレビ記やマタイ伝における行動規範が提示されるとすれば、それは相互の価値観の一致を前提としたうえでの道徳の唱道であり、その道徳によって社会統合を達成しようという政治的スローガンとなる。とくに現代のアメリカのような多文化的状況が政治問題となっている状態では、このようなスローガンが強者によってなされたとき、それは単に相対的弱者に対して沈黙を要求するものとなる危険性が高い。

こうした宗教と秩序の関係はエツィオーニが宗教と政治を関連づける場合の問題点を軽視していることをうかがわせる。たとえば保守派の活動家ポール・ウェイリッチの「われわれはアメリカをキリスト教化することだけを主張しているのである。政治の世界に、ひたすら神の福音を宣布しようとしているだけである」という発言をエッツィオーニは「やや穏健な立場」と評価している。[23] たしかにエッツィオーニはキリスト教原理主義を批判はしているが、このウェイリッチの発言を「穏健」だと容認することは政治社会としてのアメリカにおいてキリスト教だけを優遇し、最終的にはその国教化を主張することに連関しないだろうか。それは宗教によって秩序を一元化しようとすることでしかない。こういう表現からエッツィオーニのキリスト教と国家の関係についての恣意的な理解が指摘されうる。

たとえばアメリカ政治においてGodという単語は頻繁に使用されるが、それはキリスト教に限定された「神」ではなく、より広義の抽象的概念としての神なのだから政教分離の原則を逸脱することにはならないという主張が一般に見られる。たとえば大統領就任式典においても大統領自身はキリストという単語は発しないからそれは政教分離原則を尊重していることになるという。しかし大統領は宣誓時に聖書に手を置くことになっている。無神論者が大統領になることなど想定されていないかのようだ。こうした事態においては原理的な政教分離を評価するよりも、暗黙のうちにキリスト教を想起させるという現実的な機能の政治性について議論するべきである。

ライシテ

近代社会において政教分離原則が無視されたことによる災厄は限りなく存在する。そうした問題点についてもエッツィオーニは選択的に指摘する。たとえばエッツィオーニはアジアにおける儒教と政治文化との関連について述べ、アジアの宗教は全体主義化には寄与するが民主化には寄与しないと指摘する。[24] したがってアジアのコミュニタリアニズムは全体主義化の危険性をもつのに対して、アメリカのコミュニタリアニズムはそうした危険性を免除されることになる。しかしこれはアジアとアメリカの間の宗教の機能、コミュニティ概念の差異だけの問題ではなく、他の多くの要因に関わることである。実際の社会状況の差異をある概念枠組みの差異に無根拠に関連づけているだけであって、それを論拠に各政治社会において宗教が果たす政治的機能を評価することは不可能である。

政教分離の原則について地球規模で見てみれば、それが厳格に守られている社会は多くない。この点においては視野をヨーロッパとアメリカ大陸に限定しても、アメリカ合衆国とフランスは制度的には政教分離が相対的に明確になっている政治社会と言える。この両国における政教分離原則の厳格さは、国教会をもちながらも他の宗教に対する寛容を制度化することによって信教の自由を実質的に確保しているイギリス、あるいは国家と教会が分離独立していながらも競合する事項に関しては協約を締結して合意を得るように慣例化しているドイツなどに比べると明確なものとなる。

したがってフランスにおける政教分離原則の論じる方法と比べてみると、いかにアメリカのコミュニタリアンがアメリカの現実政治を所与のものとして語っているかが明確になる。フランスにおける「ライシテ」の原則に関する議論はアメリカでの議論と対照的である。フランス語の laïque（英語では lay）という形容詞は聖職者に対する「俗人の、平信徒の」という意味をもつ。この名詞形が laïcité である。一般には「公共空間における非政治性の原則」などと訳される。

フランス革命期、一七八九年の人権宣言において国家はあくまでも「政治的団結」であることが確認され、その団結によって自然権を保護することが確認された。また教育へのカトリック教会の介入を排除することはフランスにおける共和制の確立と深い関係がある。こうした背景をもつライシテの原則はその後の一八八四年の憲法改正や一九〇五年の「教会国家分離法」、現行の第五共和国憲法（一九五八年制定）などにおいても確認され続けている。この原則が現在のグローバリゼーションのなかで問われ、象徴的にはイスラム系住民である女子学生の「スカーフ」が問題となった。その結果、フランス政府は二〇〇四年に教育法を改正し、公立学校における宗教色の強い服飾品の着用を禁止した。「服装の自由」という権利を制限してまでもライシテの原則を維持したのである。

このライシテの原則はフランス型の共和制の維持には必要不可欠である。この点において現在の多文化主義に立脚するアメリカ型民主主義とは異なるものだとコミュニタリアンは主張するかもしれないが、まさにイスラムのスカーフの問題に象徴される状況はアメリカでも同時進行的に生起している。

ではなぜ政教分離の原則がアメリカではフランスのように問題とならないのか。フランスは一種の国家介入型社会であり、国家が自覚的に私的領域に介入することにより共和制という公的利益を維持している。それに対して、以前からシェルドン・ウォリンやバーナード・クリックが批判してきたように、アメリカにおいては私的利害の調整のみが「公的なもの」であり、その方法こそが「民主主義」あるいは「政治」だとする多元主義国家論および市場志向型社会論の影響力が顕著であった。つまりアメリカとフランスの間には「公的なもの」自体の差異が存在すると言えるだろう。

フランスにおける公立学校でのスカーフ着用を禁止しようとする共和主義者は、アメリカ的「差異への権利」を主張する多文化主義を否定しようとする。そうしたマイノリティ集団の存在を公的空間において認めると、フランス共和制の存立そのものが崩壊するからである。この点においてフランス共和制主義者はアメリカよりも強権的に政治統合を達成しようとしているように見える。

しかしアメリカにおける同様な問題を不可視化したまま、暗黙のキリスト教的価値によって統合しようとするコミュニタリアンの「解決方法」は、それが特定の文化的強制となることを避けられない。政治社会を複数のマイノリティ集団の分割・並存によって理解しようとするコミュニタリアンは、実はその多文化主義という表層に反して、現行の「文化戦争」を「穏健なアメリカ主流文化」によって解決可能なものとして想定しているのである。その結果、キリスト教を中心としたアメリカの主流文化（アングロ・コンフォーミティ）に属する宗教のみが民主化に有用なものとして恣意的に肯定され、他の宗教は否定される。アジアにおける宗教とコミュニティの政治的機能へのエツィオーニによる評価方法を考えれば、こうした論理は「キリスト教の『神』だけを神としているわけではない」と主張しながら、実際は他の神、あるいは無神論者を排除しようとする主張に結び付き、また「ムスリムは敵ではない」と言いながら、実際は敵としかみなさない言説へと容易に結び付く傾向をもつと言えよう。次節においてはそうした不幸な事例として、また自己理解としての政治文化論が対外関係の文脈で議論される場合の問題点を考えるために〈九・一一〉以降の状況を取り上げてみたい。

4　〈一〇・七〉と市民社会

正戦と聖戦

二〇〇一年九月一一日の「同時多発テロ」以降、アルカイダ討伐とそれを支援していると言われたタリバーン政権攻撃を名目として、十分な調査もなされずまともな議論さえ欠いたまま、アフガニスタンへの軍事攻撃が計画された。それが実行されたのは同年一〇月七日だったが、この時点でアメリカの知識人、とくにそれまで「リベラル」と見られていた人物までが「世界の変化」を根拠に雪崩を打ったようにブッシュ政権の決定を支持し始めた。〈九・一一〉が世界のあり方を変貌させたのは事実かもしれない。しかしアメリカの国家構成に関する議論に対しては〈九・一一〉より、この〈一〇・七〉の方が大きな影響を与えたのではないだろうか。なぜならば、攻撃を受ける国家に理念は必要ないが、攻撃をしかける国家には自らを正当化する理念が必要だからである。その点においてネグリ＝ハート的に言えば〈一〇・七〉は無記名の「帝国」を固有名詞としての「帝国」へと変貌させたのである。

六〇名にも及ぶアメリカの知識人が“What We're Fighting For: A Letter from America”と題した書簡に署名し、それを公表したのは二〇〇二年二月一二日である[25]。The Institute for American Values によって援助されていたこの書簡に署名したのは以下のような人物だった。マイケル・ウォルツァー、ジーン・ベスキー・エルシュテイン、ロバート・パットナム、アミタイ・エツィオーニ、フランシス・フクヤマ、ウィリアム・ガルストン、サミュエル・ハンチントン、ダニエル・P・モイニハン、シーダ・スコチポル、ジェイムズ・Q・ウィルソンなどである。

この文章をここで取り上げるのは、アメリカによるアフガニスタン攻撃の政策としての妥当性を問うためではなく、アメリカの知識人が自国の政府を正当化しようとする論理の一例として示すためである。アメリカに比べて日本においての方がこの書簡について議論されているように見られるのは、知識人の政治参加の態様が日米で異なるためでもあろうが、やはりそこにウォルツァーやエツィオーニの名前があり、文章の内容がアフガニスタン攻撃という個別具体的な外交政策の肯定というよりは、政治体制としてのアメリカの全面肯定となっているためではないだろうか。

この書簡の第一部 What are American Values? はまず次のような自問から始まる。

九・一一以降、何百万人ものアメリカ人が自問し、お互いに質問していたのは次のような問題だった。なぜ、どうして私たちはこの憎むべき攻撃の標的になったのか。私たちを殺そうとした彼らは、なぜ私たちを殺したいと思ったのか。

このような自問が本当にアメリカ人の間でなされたかどうか疑問だが、この書簡全体の表現自体はこのように謙虚である。この文章に続く部分のみならず、多くの箇所でアメリカの傲慢さが繰り返し認められている。たとえば

「ここに署名した者のうちの多くもアメリカにおいて示される価値のなかには魅力もなく有害なものが多いと認めている」。ところが、それらの批判すべきアメリカ的価値として列挙されているものは、消費主義、過剰な自由主義、過剰な個人主義、結婚生活と家族生活の衰退などである（こうした列挙から本書簡のイデオロギー的位置は推測しうるが、その問題は本章の目的とは直接的には連関しない）。

そしてそれらの否定すべきアメリカ的価値とは異なり、肯定すべきアメリカ的価値として、人間の尊厳、普遍的な道徳的真理、理性的な議論の信奉、良心と宗教の自由という四点が独立宣言やワシントン大統領、リンカーン大統領、キング牧師の演説が例示されながら挙げられている。What about God? と題された第二部では宗教の問題が論じられ、アリストテレスなどが引用されつつ、アメリカにおいて信仰の自由がどのように自由主義政府と両立してきたのかが論じられる。

続く第三部の A Just War? では「戦争に直面して道徳的に沈黙することはそれ自体、ある道徳的立場ではある――しかしそれは理性の可能性を拒否し、国際問題における無規範性を受容し、シニシズムに降伏するものだ。戦争に対して客観的な道徳によって理性的考察を試みることは、市民社会の可能性と正義に基づく世界的共同体の可能性を擁護することである」と宣言される。そしてアウグスティヌスを援用しながら正戦論が展開される。俗世から暴力を消滅させるのは不可能であるから、それを無視するよりはそれをどのように統制し人類に寄与させるか。そうした論理によって武力行使が「倫理化」されていく。

この書簡によれば「正義の戦争は公共の秩序に対して責任を負う正統な権威のみによって遂行しうる」のであって、アメリカ合衆国にはその権利があるとされる。その一方、アメリカに敵対する暴力は「無制限の暴力、機会主義的な暴力、個人主義的な暴力」であって、それらは道徳的に許容できないものとなる。さらに、戦争においてはやむをえず非戦闘員が殺される場合があるが、それが許容される道徳的条件が示される。

結論部では、正しい戦争をする者は「人間の生命の聖性」と「人間の尊厳の平等性の原則」に立つ必要があるとされ、それを遵守しているアメリカは正しい戦争をしていると肯定される。そして、そのアメリカが「戦争状態にある国が陥りやすい有害な誘惑――特に傲慢さとジンゴイズム（arrogance and jingoism）――に陥らないためにあらゆることを私たちがおこなうことを誓約」してこの長文は終わる。

この文章には詳細な注もついている。たとえば"The basic subject of society is the human person"という表現についてはアリストテレスの『政治学』を参照するよう指示されている。また"Human beings naturally desire to seek the truth about life's purpose and ultimate ends"については、アリストテレスの『形而上学』に加えて、ヨハネ・パウロ2世の発言も参照するように注がつけられている。「社会は人間によって作られる」とか「人間は人生の目的や究極の目標についての真理を知りたがる」といった内容をこのような注で飾り、その他にもアメリカ独立宣言、国連世界人権宣言など西洋世界の「文化遺産」が膨大な注としてちりばめられている。

政治神学と戦争

この装飾過多な文章の特質について述べておきたい。第一に、この文章は基本的に九・一一の被害者は「私たち」だったという構成で書かれているにもかかわらず、その「私たち」が誰なのかは不明なままである。当然だが書いた本人たちは生きているわけだから、実際はテロリズムによって殺された人たちではない。その点をぼかしながら本文の多くの箇所でその「私たち」は、漠然とした「アメリカ」として提示される場合もあれば、知識人を指す場合もある。

この六〇人の知識人がいったい何の被害者として存在しているのかという問題は措いておくとしても、なぜ彼らが「アメリカ合衆国の政策が道徳的に正しいこと」を証明する必要があるのか。彼らの論理は「政府権力が被治者の合意に基づいているような私たちのデモクラシーにおいて、政府の政策は文化や社会全体の価値や選好に少なくとも部分的に根拠を置いている」以上、その文化や社会全体の価値、選好が正しいことを証明することができれば、その政府権力、そして政府の政策も肯定されるというものである。それが知識人としての義務だという認識なのかもしれないが、彼らが実際に行っているのは、アメリカ的価値を解釈する権利と能力を所有していると自称しているだけである。

第二の特徴としてこの文章の難解さが挙げられる。世間に対する公開書簡とは思えないほど内容の不明確な文章である。全体を貫く論理は、正邪、善悪、文明と野蛮など、極端な二元論であって、それは驚くほど簡明であり、その内容も個人的人権と道徳的尊厳に基礎を置くアメリカ的自由主義への信頼を示し、そうした社会において政府機能は国民を守る義務を負うという簡潔な宣言である。

ところが以上のような単純な内容が極端に複雑な文体で語られている。なるべく多くの署名者を集めるために、できるだけ合意の幅の広い文章にしようと修正を重ねた結果なのかもしれないが、曖昧な留保と多義性に満ちた表現となっている。しかしこの単純すぎる主張をスコラ的難解さで語ることにこそ、この文章の意義があると言えないだろうか。

なぜならこれは「政治神学」だからである。証拠もなくアフガニスタンを攻撃し、「副次的被害」として一般人も虐殺することを正当化する論理など通常ありえない。にもかかわらずその行為を正当化するには、その攻撃する主体となる体制を総体として正当化することが最も容易な方法である。そしてその体制の正当化が政治神学、体制神学として提示されているのである。その目的と表現の間に齟齬があればあるほど、それはさも難解な論理が展開されているかのように表面上は見えるだろう。

政治理論の回復

考えてみれば不思議なことだが、この文章はいったい誰に向けられて書かれたものなのだろうか。「私たち」と同様に「あなたがた」も不明確なままだ。これから攻撃する「アフガニスタンの人々」とも読めるし、他の国のイスラム教徒の場合もある。アメリカに反対する非イスラム教徒に呼びかけているようでもある。しかし、この複雑な文体と牽強付会と呼べるほどの引用、またこれが英語で書かれていて、掲載されたメディアがヨーロッパとアメリカの新聞であったことなどを考えると、この書簡はヨーロッパとアメリカの知識人を対象に書かれたものと考えてよいだろう。欧米の一般人は対象とされていないし、ましてやイスラム人など完全に対象外である。つまりこの書簡は、徹頭徹尾、西欧とアメリカ国内の反ブッシュ的意見を持つ知識人を読者として想定している文章なのである。

この点においてエマニュエル・トッドが逆説的に述べているように、「戦争は戦略的には副次的問題にすぎない。それよりも地域的には大問題であり、道徳に関わる根本問題」となる。[26] トッドはイラク戦争について述べているのであるが、この書簡ではアフガニスタン戦争を肯定するための議論が道徳を語る議論へと置き換えられ、さらには体制としてのアメリカがその「道徳」を保有していることを証明する議論へと展開されている。しかしこの書簡の著者たちが「アメリカ的価値の道徳的普遍性」を主張すればするほど、その「普遍性」には決定的な問題点があり、現代世界において普遍的な力を持ちえてないことを示している。その限界はアメリカ的価値を否定する人々が世界中に存在するという事実によってのみ指摘されるのではない。その「普遍性」がアメリカという特殊具体的な状況においてのみ主張可能になっているという事実によっても、彼らの述べる「普遍性」の限界は明らかになるだろう。

したがってこの「神学論争」の論理はあらゆる国家に適用可能なものとなっている。たとえばこの書簡のなかの個々の具体例さえ交換すれば、フセイン大統領を支持するイラク知識人の書簡として書き直すことさえ可能であり、この書簡の論理によってアメリカ攻撃のためにイラクが軍隊を派遣することも肯定できることになる。ただ、それを不可能にしているのは、イラク・アメリカ間の論理上、あるいは倫理上の優劣ではなく、アメリカの圧倒的な軍事力を含む政治的不均衡に過ぎない。

だからこそ、この書簡の注は不公平にできている。イスラム教徒による過去二〇年にわたる暴力は詳細に列挙されているのに対して、アメリカ政府の暴力については「アメリカ政府の政策にはたしかに間違いもあった」と抽象的に述べられるだけであり、それらの「事実」はいっさい紹介されていない。エドワード・サイードの言う「知ろうとしないこと」の実践がここでも行われているかのようである。ヒロシマ・ナガサキへの原爆投下も、アメリカにおいてはおそらくはこのように語られうるのだろう。この書簡がアメリカの「道徳的正当性」を語れば語るほど、それはこれらの知識人の歴史的無知、あるいはその意識的な隠蔽という不道徳を認めることになる。

また、こうした書簡が成立すること自体もアメリカ中心の世界構造を示していると言えるだろう。第二次世界大戦前の日本における「日本精神」論や「国体」論に近いものさえ感じるこの文章を現代世界において他国の知識人が発表してみたとしても、国際社会から嘲笑しか受けないのは明らかである。イラクやアフガニスタンの知識人の意見を、戦闘開始前にアメリカの知識人は読む準備があっただろうか。

ウォルツァーらによる先の書簡から約二カ月後の二〇〇二年四月一〇日、"Letter from United States Citizens to Friends in Europe" と題された書簡が公表された[27]。一〇〇名を超える署名者にはジュディス・バトラー、ゴア・ヴィダール、アラン・ソーカル、ハワード・ジン、ポール・スウィージー、バーテル・オールマン、ノーマン・バーンバウムなどが含まれる。これは明らかに "What We're Fighting for" に対抗したもので、先の書簡に比べればはるかに短い文章だが、内容も対照的でアメリカによるアフガニスタン攻撃を全面的に否定するものである。

この書簡によれば、ブッシュ大統領の主張する自衛権はまったく国際的に平等なものでなく、強者の論理、いわばジャングルの掟（law of the jungle）によって行使される特権であり、「普遍性」などとはまったく無関係だと批判されている。そして、二〇〇一年秋以降、アフガニスタンに対してアメリカ合衆国が行ったこと、つまり空爆を含めた軍事力による政府の転覆は、アメリカが以前から世界各地で継続的に行ってきたことであって、初めてではないということが指摘されている。

さらに、「多くのアメリカ市民は、アメリカ国外でのアメリカによる権力行使が、国内で賞賛されている『価値』とは無関係であり、それどころか他国の人々からこうした価値を享受する可能性を奪うことに役立っていることのほうが多いという事実を認識していない」と批判し、「戦争肯定派の最大の誤謬はアメリカ国内で理解されているような『アメリカ的価値』を国外での合衆国による経済力と軍事力の行使と同一視する」ことだと指摘する。むしろテロリズムの真のターゲットは、海外でのアメリカの経済力と軍事力であり、だからこそブッシュ大統領の戦争は海外でのアメリカの権力を防衛しているのだという。また、その戦争はアメリカ国内における「アメリカ的価値」に基づく自由や生活の防衛とも無関係であると主張されている。それどころか、「現実には国外で遂行する戦争は国内の市民的価値を破壊している」点が指摘されている。

そうした状況において知識人は「レトリックを駆使して野蛮な力に『崇高な価値』を発見し、その野蛮な力を祝福するコーラスに加わるか、あるいは権力の傲慢な狂気をあらわにするというもっと重要な作業に加わるか」、その二者択一を迫られているとされる。そして、米国の軍事力の犠牲者と連帯しない限り、豊かな国に生きる私たちは「普遍的な価値」を防衛することはできないと宣言される。

「普遍性」の争奪戦のような書簡の応酬だが、この書簡はウォルツァーらの書簡以上に、アメリカ（とくにマスメディア）においては議論の対象にならなかったように思われる。このバトラーたちの書簡では「アメリカ的価値」の称揚の政治性が批判されており、“What We're Fighting For”の基本的な論理が否定されている。その点における説得力はあると言えよう。

にもかかわらず、この書簡に対してもアメリカ体制論に関わる問題点は指摘しておきたい。それはこの書簡が示す方向性である。題名にもあるように、この「手紙」の受取人は「ヨーロッパの友人」となっている。この書簡はヨーロッパの「友人」への政治行動の依頼文である。「ヨーロッパ諸国の政府がより強力にブッシュ批判をすれば、アメリカ国内の反ブッシュの声も大きく報道される」ので、反米というレッテルを恐れずにブッシュ政権を批判するようにぜひ各自が属する政府に働きかけてもらいたいと彼らは依頼している。

これはまるで欧米だけが世界であるかのような認識であり、大西洋を越えた知識人の共同体を前提とした議論である。アフガニスタンへのクラスター爆弾の投下を議論する「場所」がなぜヨーロッパなのか。本来なら彼らが語りかけなければならないのはブッシュ大統領本人ではないのか。ソビエトという「他者」が消滅した冷戦終焉後のアメリカにおいては国家レベル、共同体レベルでのグローバル化が肯定されていると言える。それは日本においてグローバル化することへの抵抗主体として政府や共同体が想定されているのとは対照的である。こうした状況下でアメリカの「良心的知識人」が語りかけうる唯一の理解者が「ヨーロッパの友人」であるということも現在の世界政治の構成を物語っている。

しかしこのバトラーたちの書簡は、奴隷制廃止運動をラディカルに進めたジョン・ブラウンや、同時期に徹底的に政府批判をして自ら投獄されることを選んだヘンリー・D・ソローなどの市民的不服従の系譜につらなるものだと指摘することができる。統合原理を常に問い直し続ける「アウトサイダー」になることによって現実の政府を批判し、その批判が結果的にはより望ましい国家統合を作り上げることを期待する人々である。しかしその系譜が危機に瀕しているのが〈九・一一〉以降、戦争状態が日常化しているアメリカ社会ではないだろうか。

政府を批判することが「無責任」だと非難されるような状況においてこそ、国家統合の原理そのものを再検討する必要がある。現実的には統治機構としての国家を捨てられない以上、そうした国家に対する批判的作業によって、いくらかでも災厄を引き起こさないような統合を構想すべきである。この点においてウォルツァーらの書簡はアメリカ国内へ向けて既存の政治統合の正統性を唱道しているだけだと言えよう。それに対してバトラーらの議論のなかには、アメリカ国内の分裂や差異を意識的に発見し、それらをすべて取り込み続けながら国民国家形成を維持しようとする姿勢が見える。その統合原理の模索までも特殊アメリカ的なナショナル・イデオロギーとして葬り去ることは政治理論の損失でしかない。

第6章　「非常時デモクラシー」の可能性
——九・一一とアメリカ的なものについて——

1　国家による殺人の正当化

暴力の独占

太古の昔、地上に人が満ちあふれ始めた。彼らが重くなりすぎたため、やがて地母神は地面を支えるのに苦労するようになった。それを見たゼウスは人口を減らすために人間界に戦争を起こそうとした……という話をつくったのは他でもない人間自身である。同種の話はギリシャ神話に限らず他の多くの神話にも登場する。このことから明らかなように古来、人間は他人を殺すのにも神を必要としてきた。何かの言い訳がなければ、人が人を殺すことは難しい。その殺人の言い訳や根拠が時代や場所によって異なるだけだ。このギリシャ神話のように神による陰謀を根拠とする場合もあれば、正義を根拠とする時もあるだろう。それが経済的利益の場合もあれば、個人的な怨恨の場合もあっただろう。

時はくだり、現代社会において暴力は国家によって独占された。合法的に人を殺すことができるのは現在の地球上では主体としての国家のみである。しかし国家も人を殺す言い訳を必要とする。死刑制度をいまだに保持している国家においては、自国内の治安維持を名目として死刑という殺人行為が続けられている(1)。その国家主体が他国の人民を殺そうとする場合、この言い訳の作り方はいっそう巧妙複雑なものにならざるをえない。国家間戦争の大義である。

本章では、二〇〇一年九月一一日の同時多発テロ以降に広く展開された、国家による殺人行為の正当化に関する言説を論じる。その正当化の論理がどのような相貌を見せているかを、とくに政治に関する認識と理論の観点から考察する。そうすることにより、私たちの日常性と統治制度としての国家との関係の一端が明らかになり、その地点からデモクラシーの現在的可能性が構想されうると思われるからである。

殺人の正当化

国家が主体となって他国の人間を殺す場合、その根拠として「自国の利益」が根拠にされることもあれば、「他国からの侵略の脅威」や「国の誇り」が語られることもある。それらは人殺しの理由としては分かりやすい。しかし「民主主義」や「人権」「正義」といった政治学に特有の観念が人殺しの根拠として使用された場合、事態はいっそう複雑な外観を取り始める。

それらの主張が正当性をもつかどうか、その問題に関わるすべての人々が同一の理解に達することはありえない。殺す側と殺される側で同じ考え方に至ることがないのは当然だとしても、殺人の根拠とされた諸観念も時代によって評価が異なるからだ。ある時代のある人々によって正義の行為とされたものが、幾時代かを経て狂気の沙汰とされた例は限りない。

近代社会における暴力の正当化のなかで最大のものは植民地形成をめぐる言説である。より正確には植民地形成という暴力こそが近代を形成してきたと言えるだろう。ポスト・コロニアルな言説が常に価値体系のラディカルな問い直しを近代社会全体に向けるのは、それが無謀な企てだからではなく、植民地形成に関わる圧倒的な暴力性が現代社会のすみずみにまで行きわたっているためである。ただしそうした暴力性もすべての人によって批判的に認識されているわけではない。それらの暴力性が様々な言説によって飾り立てられ、語り直され、肯定されてきたからである。

たとえば一七世紀から二〇世紀にかけてイギリスは、海外植民地において考えられる限りの暴虐をつくしていたと言ってよい。しかしイギリス人は自国内において文明を（彼らの自称によれば）「進展」させながら、その文明と暴力を無媒介に結び付けつつ後者を正当化してきた。「自分たちは文明人であるからこそ、他の野蛮な人々を植民地化する権利をもつ」という論理は、そのソーシャル・ダーウィニズム的残虐性を近代的理性とキリスト教的恩顧主義によって覆い隠しながら世界中に拡大適用させたと言えよう。

その論理をアジア的条件に合わせつつ再解釈・微調整したのが、明治維新以降の日本政府およびその政策を肯定してきた人々の行為である。さらに言えば、そうした日本人の残虐性は維新期以降すべての時代にあてはまるのではなく、一九三一年から一九四五年の間のあたかも「例外的な」一五年間に限定されるものであり、それらの時間においてのみ日本人は残虐だったと述べることによって、日本国籍人の歴史的責任をいまだに拒否し続けようとする言説も現代日本にはあふれている。

満州事変から第二次世界大戦の敗戦に至る一五年間のみを反省し、その他の時期の日本はすべて「良心的」だったかのような主張である。その代表的論者の一人である司馬遼太郎をはじめとして、そうした言説を展開し支持することの無責任性は批判されるべきだろう(2)。なぜなら、それらの言説によって守られるものの実体にこそ問題があり、その実体とは日本国籍人によってなされた暴力を含む近代日本総体の肯定へと連関するからである。

2 同時多発テロ以降の暴力連鎖

死者の計算

現在、私たちの眼前にあるのは「九・一一」以降の暴力の集積である。ニューヨークの世界貿易センタービル崩壊を含む同時多発テロからアフガニスタン攻撃、イラク戦争、その後のイラクにおける秩序崩壊という暴力の連鎖は何によって正当化され、それはどのように語られているのか。それらの言説の総体を問題にすることは不可能である。しかしこの言説の群れは「九・一一」以前の「アメリカ」「民主主義」「平和」といった用語によって喚起されていた意味内容をドラスティックに変更させた一方で、それらを含む概念体系の表面的な虚像をはぎとり、その政治性を直截に現出させたとも言えよう。

たとえば世界貿易センタービルの瓦礫に埋まって死んだ人々と、ファルージャでアメリカ軍のヘリコプターから放たれたミサイルによって死んだ人々、その二つの死の意味を分けるものを考えた時に、そうした政治性は問題となる。双方とも本人たちの予期しない理不尽な事故死でありながら、彼らの死を語る言葉には圧倒的な差がある。その差異の意味を考える責任は私たちにある。同じ人の死として同義であるはずの複数の死が、その災厄を蒙る人の帰属する国家によって圧倒的に差異化されてゆく。そのメカニズムはどのようなものか。

したがって批判されるべきは、単にアメリカ政府の暴力を肯定する論理だけではない。人間の死と国境や国籍との関係をどのように認識するかという政治の一般論が問題にされなければならない。たしかに現在の地球上の地政学を考えれば、問題となるのはアメリカを中心とした権力構造の不平等のように見える。

誰の責任なのか

しかしこれは誰か一人の「悪人」によるものではない。アメリカのリベラル左派の一部は、G・W・ブッシュ大統領を退陣させれば問題は解決するかのように語った。しかしそれは問題の矮小化でしかない。たしかにネグリとハートのいう〈帝国〉がどのように形成されつつあるのかということを、〈帝国〉においてブッシュ政権がもっていた特権的地位から演繹することも必要だっただろう。しかし本来的に問題とすべきなのはアメリカ、ブッシュといった「個の悪」という諸相ではなく、そうした「悪」を存在可能にする言説空間が日本を含む大きなレベルで形成されつつあるということだ。その共犯性や共同性を考慮せずに現行のグローバリゼーションを議論することは、「インターネットが世界をつなぐ」的な無責任な言説へと直結するだけだろう。

たとえばフセイン政権下のイラクに大量破壊兵器が存在するという証拠は、結局、私たちには示されなかった。他人にも見せられず、それによって誰も説得されていないものを「証拠」だと言い続けたブッシュ大統領をはじめ、ブレア首相や小泉首相といった当時の同盟国の指導者もそれらの証拠があると国民に説いてきた。しかしそれらが何であるのか、彼らはまったく説明してこなかった。そして今や大量破壊兵器が存在しなかったことはすでにアメリカ政府当局者によってさえ認められている。

こうしてアメリカによる大量殺人を正当化するための唯一の根拠が失われた状態となっても、ブッシュ大統領の政治家としての不適格性はもちろん、イラク戦争の不当性さえブッシュ大統領在任中はまともに議論されなかったと言ってよい。この点に関する小泉純一郎首相の政治責任も国会でほとんど議論されていない。

こうした状況が生じたのは、それが単に日米の両国首脳の十全な連携の結果というよりも、政府の権能をチェックすべきマスメディアや野党といった集団がそれほどまでに各国において機能不全に陥っていることを示している。さらにはマスメディアを通じて連続して流される政治における無責任な言説によって、一般の人々が政府や政治家らの言説を批判する能力も低下している。当然のことながら批判されるべきものには政治学をはじめとする知識人の言説も含まれる(3)。しかしそうした知識人の言説という広範な問題はここではいったん省略し、アメリカによる暴力をめぐる議論へと焦点を移行したい。

3　「アメリカ的なもの」の罠

介入と拡大

二〇〇三年春のイラクへの先制攻撃を正当化する論理ほど極端で容易に認知しやすいものではないにしろ、これまでアメリカ合衆国の政治体制は多くの暴力を基礎として形成されてきた。それらのなかで最大のものはネイティブ・アメリカンとアフリカン・アメリカンへの長期的で暴虐な圧制である。しかしその自分たちが行使した暴力とは関係なく、また歴史的実態や日常的な実践は別として、大きな歴史的枠組みとしてはアメリカ合衆国は英国による北アメリカ植民地への抑圧的支配に抵抗しながら独立したことになっている。

以上の歴史的経緯から必然的に求められたこととして、アメリカ合衆国は海外植民地の保有を永久に自らに禁じることになった。合衆国憲法制定直前の一七八七年に制定された北西部条令（Northwest Ordinance）は、合衆国が独立後に獲得した領土に新たに設立する政府形態を規定している。この条例は新しい準州議会および州議会を設置する際の人口についての条件などを定めているが、この条例の歴史的意義の一つはアメリカ合衆国が独立後、恒久的植民地はいっさい保持しないという原則をここで明確に規定した点にある。

しかし一八八〇年代の経済不況やフロンティアの消滅などから、アメリカの国内市場の能力の限界が明らかとなったため、アメリカ政府はそれまで堅持していたモンロー主義を一九世紀末に転換し、海外領土の獲得へと外交の基本政策を変更した。そのためアメリカ国内における議論は、それらの実質的な海外植民地を「植民地」と呼ばないために複雑な外観を取り始める。他の多くの帝国主義的発展を遂げた国家は海外植民地を確保・拡大しようとしていたのに比べて、アメリカ合衆国は植民地を法的には保持できなかったからである。こうしてアメリカに利益をもたらす海外の地理的空間は確保されたにもかかわらず、それらは「植民地」とは呼ばれず、そのかわりに「公正な海外市場」あるいは「委任統治領」などとなったのである(4)。

このような歴史的経緯は、近代世界全体を深く規定してきた植民地化の動きに対する批判をアメリカ政府当局が回避することを容易にしただけでなく、アメリカの外交政策は他国の植民地化に対抗するものだとアメリカ当局者が主張することさえ可能にした(5)。第二次世界大戦後、ヨーロッパ列強が植民地政策の転換を余儀なくされていくなかで、アメリカのみが対外的な拡大政策を推進したのは、冷戦という東西対立の構造のためだけではない。ソビエト体制という対抗勢力を認めながら、「状況によっては正当化されうる海外への拡大主義」が対外政策として継続的に形成されていったと言えよう。

この延長線上にG・W・ブッシュ大統領の外交政策もあったと指摘できるが、より重要なのはそのような拡大主義が肯定され続けてきた状況論理とは何かということである。現実的にはその拡大主義を可能にしてきたのはアメリカの軍事力であり、経済力、政治力だった。それらはほとんど同語重複の関係にあると言えるだろう。こうした議論においてはまるでアメリカ合衆国を中心とした不可視の「帝国」という自動機械が動いているような印象さえ受ける。しかしそのような理解に至るのも無理はない。というのも、アメリカ外交を担当している当事者さえ何のために自分たちは政策を作成しているのか、その理由を明確には認識していないように見えるからである。

この政府内の思考停止とも呼べる状況はハンナ・アーレントがそれを批判したベトナム戦争の時代から変わっていないようだ。アーレントによれば、北ベトナムへの爆撃を立案・主張した政府スタッフにとって重要だったのは、どのような外交政策がアメリカに利益をもたらすかということではなく「世界の国々にアメリカがどう見られているか」ということのみだった。つまり政策立案者にとっては、アメリカの自意識としての「イメージそれ自体が目標となった」のである。[6] ましてやアジアの安定やベトナムの人々の幸福などということは、事態の当初より彼らの念頭にはなかった。

アメリカ的なもの

そこで以下の部分では、この集団的な自意識としての「アメリカ的なもの」について考えたい。そのことがアメリカの対外的な行動を支える意識の構造の一端を示し、そのうえでアメリカと日本をはじめとする他国との奇妙な関係を理解するための視点が得られると考えられるからである。

「九・一一」以降、アフガニスタン、イラク両国を攻撃しようとするブッシュ大統領を批判する市民運動はアメリカの都市部を中心に隆盛をきわめた。それがどれほどブッシュ政権内部の新保守主義者に影響を与えたか、あるいはどれほど大手マスメディアに無視されたかという点は別にして、それらの運動に参加した人数は膨大な数になるだろう。しかしそうしたブッシュを批判するアメリカの左翼活動家のなかにも、「ブッシュはアメリカ的でない」という発言もある。[7] また二〇〇四年四月に発覚した米兵によるイラク兵捕虜への拷問についてラムズフェルドは「そういう例外的な悪質な兵隊はアメリカ的ではない」という。しかし、もしアメリカ大統領やアメリカ兵がアメリカ的でないとしたら、いったい何がアメリカ的なのだろうか。

このような議論において指摘しておくべきなのは次の点である。つまりブッシュ大統領への批判に限らず、およそ「アメリカ的なもの」が発話される場合、アメリカ社会における思想や精神の総体的な布置が確認されるのではなく、各論者によって「アメリカ的なもの」が恣意的に構想、選択され、それらがあたかも実体をもったアメリカ精神として再構成されてゆくという点である。それはかつて丸山眞男が批判した一九四五年以前の日本における「日本精神史」研究のあり方に共通するものがある。(8) 戦前において日本精神史研究は、日本の「精神史」を研究するものから、「日本精神」という実体のないものの追求、さらには「日本とは何か」という空虚な問いへと転化し、存在するはずのない「解答」を求める行為へと邁進していったのである。

「アメリカ的なもの」が語られるのは、そのアメリカ的なものを称揚するためではない。先に挙げたような例の一つでも想起すれば容易に理解されるが、「アメリカ的なもの」が語られるのは「非アメリカ的なもの」を批判・否定するためである。(9) そして「アメリカ的でないもの」は、それが対外関係において語られる場合、具体的には敵対国を指示し、自国の政策に反対する国家を指示することになる。国内の論理で語られる場合には、相対的に新たに流入し始めた移民や、少数民族出身者が「アメリカ的でない」とされる。

サイードも述べているように「アメリカ人らしさ」の規定に根拠はない。ましてや憲法に定められているものでもない。「ブッシュやラムズフェルドでさえも、もともとはどこかよその場所から移民としてアメリカの海岸にたどり着いた」ことを考えると、現在アメリカで議論されているアメリカ的なもののすべてが人為的に構成されてきたということが明らかになる。(10) それらを根拠に、アメリカ的なものによって差別が再生産され続けている。

アメリカ的なものが語られるから差別が生じると同時に、差別を容認することがアメリカ的なものを称揚することも意味する。先述したイラク戦争での捕虜への拷問をめぐる議論においても、自国の兵による拷問は「例外的」だといいつつ、他国の兵の同様な行為は「体制そのものの腐敗」を示しているという。そうしたダブル・スタンダードがアメリカに許されるのは、ただアメリカが強大な権力と暴力装置を世界政治において維持しているからでしかない。(11) そしてそのダブル・スタンダードは、アメリカから国外へ向けられた視線の非対称性によって構成された世界認識によって、いっそう外部の批判から隔離され強化される。(12)

この点において重要なのは、国際関係上の諸問題をアメリカが認識する際のアメリカの自国中心の対外認識こそが国際協力を阻む要因になっているという点である。アメリカ政府当局者は、豊かで安定した国から不安定で貧しい国まで、それらをまるで国家間の競争の結果生じたヒエラルキーのように語る。そうした単線的で単純な論理では、ある国が不安定になり貧しくなったことが、豊かな国の発生とは無縁なことのように認識される。北朝鮮が現在の体制になったこととアメリカ合衆国が朝鮮戦争を遂行したことは関係がないのだろうか。南米諸国の不安定な政治状況とキッシンジャーの対外政策は無縁なのだろうか。そうした事態を覆い隠すにはアメリカ的世界認識は非常に有効だろう。そしてそれらはさらなる不安定要因を地球規模で生み続ける。

他者を知るということではなく、他者の存在さえ認識しようとしない政治主体は暴力以外に依拠するものを知らない。しかし無知が暴力によって増幅されることは単なるナショナリズムの暴発とは異なる。たしかにそれらは結び付いており、政治的他者の抹殺はアメリカのナショナリズムを強化するだろう。しかし重要なことは、こうしてイラク戦争のような外交政策の延長線上においてアメリカ的なものが語られることによって、そのアメリカ的なものが外交の主体である国家によって代表され、その結果「国家権力のみが諸問題を解決する主体であり、それに異議を申し立てる者は社会を『誤解』している不逞分子である」という国家観が蔓延することだ。さらに、絶対的に正しい国家権力と絶対的に正しくない国家権力が世界政治のレベルで選別されるという原理主義が展開し始める。自己の政治信条と宗教的信仰を根拠に他者の存在を抹殺する。それは各自の信条や信仰を相互に確認しながら共通のルールを作ることからは極端に遠い。

4　非常事態によるデモクラシー形成は可能か

非常時化

アメリカ社会に顕著に現れているこうした国家機能の肥大化は現代国家には共通して見られる現象かもしれない。しかしそれが極端かつ分かりやすい形で現れているのがイラク戦争以降のアメリカ社会である。それらの動きは管理社会化、軍事国家化などと表現できるだろう。二〇〇一年のアフガニスタン攻撃に続くイラク戦争以降、アメリカ合衆国は「ならず者国家」という仮想敵への攻撃を継続的に行う戦闘国家としての体裁を以前にも増して整え始めてきた。しかしそれは人々を高度に管理し始めることと同時進行であった。自由主義体制は「テロを空想する自由」をも保障する体制だと認めざるをえないのは、極論というよりは論理の必然的帰結である。個人がどれほど危険な考えをもっていようが、それが頭のなかの思念である以上は誰にもとがめられることはなく、各自の行動は本来的に自由なものとされ、その行為の結果に対してのみ個人は責任を負うというのが近代自由主義国家の根本理念である。ここに個人の思想の自由が成立する。その意味で現実のアメリカは自由主義国家からは逸脱し始めていると言えよう。

たとえば現在のアメリカにおいては、大学や高等学校といった教育機関でさえ軍隊の情報部によって監視され始めている(13)。さらにそうした管理社会化が新たな局面を迎えていると言える。二〇〇四年一月からアメリカ合衆国政府は入国審査の方法を変更した。従来は入国係官によってパスポート、ビザ、渡航理由の確認がなされるだけだった。しかし新制度においては顔写真のデジタル撮影と指紋のデジタル採取が強制される。当初はその対象から免除されていたビザ免除国からの短期滞在者に対しても、顔写真と指紋の採取が二〇〇四年九月三〇日以降に強制実施されるようになった。

これらの管理は従来議論されてきたような管理社会観を一挙に「進化」させるものである。たしかにすでに私たちは多くの情報を管理されている。クレジット・カードや各種のポイント・カードによって私たちの経済活動は記録され、鉄道会社のプリペイド・カードや携帯電話のGPS、高速道路のETCなどによって私たちの地理的移動も記録される。そうした電子情報とともに国家は個人のあらゆる日常を知ることができるだろう。しかし二〇〇四年からアメリカが導入した入国管理法は私たちのデータを処理、管理するだけでなく、身体そのものを国家が管理しようとするものである(14)。

顔写真や指紋の採取といった「バイオメトリクス（biometrics）生体識別検査」の対象は一般のアメリカ市民にまで及ぶ可能性があり、連邦政府は人々の指紋と網膜の記録をデータベース化することさえ計画している(15)。このように私たちの身体にまで直接的な管理が入り込むことを、ジョルジョ・アガンベンは「生政治的刺青（tatouage bio-politique）」と象徴的に呼んで批判している(16)。これらは日本における戸籍や住民票、あるいはアメリカにおけるソーシャル・セキュリティ・カードなどによる従来の管理とはまったく異質なものだ。

人間の行為の記録を電子情報化し管理するだけではなく、私たちの身体を直接的に管理するという新たな管理の次元が現れている。そして「国家の危機」や「非常事態」を国家が一方的に喧伝することによってこうした新しい管理が一挙に進行する。「異常事態」に対応するための「例外的」な「超法規的」措置が恒常化していく。ある措置を一回限りにおいて認め、それを前例としないという合意が政治の世界で本当に機能することはありえない。さらにはその例外的措置は例外的だからこそ、その効果や帰結が検討されないままであるという事態が容易に出現する。

民主化へ

ではこうした事態を何によって打開すればよいのか。「非常時」を恒常化しつつ国家機能は私たちの身体にまで及ぶ。しかし非常時に生起してきたことは国家による管理の強化だけではない。各時代の新たな政治の構想は、非常時に発令される政府からの命令に反対することで構想されてきたのも事実である。その意味で非常時にこそ市民的希望があるという逆説を指摘することもできる。非常時に自らが属する集団の特性を批判的に再検討し、現体制を形成している政治原理の革新を喚起してきた事例は多く存在する。

たとえばアメリカで合法的に認められていた奴隷制度に対抗して市民的不服従を主張したソローに、「アメリカ的なもの」はどのように映っていたのだろうか。また黒人の市民権を侵害することを法が認め、ＦＢＩでさえもその侵害に協力していた一九六〇年代のアメリカ社会において、「アメリカ的なもの」が果たす機能はマーティン・ルーサー・キング・ジュニアにとってどのように感じられたのか。非常時に彼らによって感得されたそれらの違和感をもとに、アメリカ的政治制度にはいくたびかの再検討や修正が加えられてきたのである。非常時においてこそ、市民的不服従は制度化されたと言えるだろう。

それらの軌跡を「アメリカ的なもの」と一般化することなく個別の事例を検討した結果、そうした再検討や修正は既存のアメリカ憲法だけを絶対視することのない「新しい法の概念」に基づいていると指摘したのはハンナ・アーレントである。アーレントは「アメリカの共和政が少なくとも――おそらく制定法に則ってではなく、法の精神に則って――この問題を処理できるチャンスをもつ唯一の政府」だと述べている。[17] しかし、この「チャンス」は現在のアメリカ社会において生かされているようには見えない。

アーレントがロックを引用して述べているように、非常時を利用して「人民は鎖につながれないように『予防』する権利を手に入れ」たことは確かである。[18] しかしその権利が常に容易に行使されてきたわけではない。非常時を市民的自由の契機とするか、また国家の管理強化の根拠に還元するのか。

イギリス憲法体制からの独立という非常時のアメリカにおいて、市民的不服従がその権利行使として想定されていた。そしてアーレントが述べるように市民的不服従は個人的な良心の問題ではなく、純粋にその不服従に同意する人々の自発的結社の問題である。自発的結社が組織されて初めて市民の不服従が成立するからである。しかし、「自発的結社は、制度の失敗、人間のあてにならなさ、未来の不確実な性格にたいするアメリカ独特の救済策でありつづけてきた」と無条件に主張できるほど、現在のアメリカにおいてそうした自発的結社は機能していない。(19)

では非常事態において、そうした自発的結社を機能させるための条件は何だろうか。そのためには、第一に自発的結社の存在理由となっている対抗権力としての上位の集団の構成原理が批判されなければならない。つまりアメリカ、日本といった統治機構としての国家構造において「私たち」という集団性が語られる場が批判されるべきだろう。そしてそれらの発話行為とナショナリズムの動態の関連を批判的に問い直すことが必要である。その最初期の行動としては、実体がないにもかかわらず「日本的伝統」や「アメリカン・デモクラシー」などを仮想しつつ、日本的なもの、アメリカ的なものを日常的に称揚することをやめることから始めなければならない。そうすることがイラク戦争後、どのようなものであれ親米的な政権さえ樹立すればイラク民主化の成功だと主張するアメリカ合衆国政府高官が「戦後占領の成功例」として頻繁に言及する、この同盟国の市民としての最低限の責務である。

第7章　アメリカ国家思想の文化的側面
――その政府不信と体制信仰について――

1　自己理解としての体制認識

体制擁護

二〇〇一年九月一一日に起こった「同時多発テロ」以降のアメリカ社会の変化は、従来のアメリカ理解に大きな変更を迫るものだった。アフガニスタン戦争、イラク戦争に関するワシントンDCの上下両院で行われた議論における圧倒的な意見の一致は、マスメディアも含めたアメリカ社会全体の壮大な意見の一致とあわせて、外部から見るものにそのコンフォーミズムを印象づけた。

しかしそれ以上に、アフガニスタン攻撃とイラク攻撃に対する知識人たちの反応はアメリカ社会における少数意見の存在の難しさを語っていた。ノーム・チョムスキーやエドワード・サイード、スーザン・ソンタグ、また自らの思想的立場を変更させたチャルマーズ・ジョンソンといった「第一人者」たちもブッシュ政権への批判を行ったが、彼らのような知識人でさえも逆に大きな批判にさらされていった。

とくにチョムスキーたちの批判がブッシュ政権の具体的な政策への批判でなく、より大きなアメリカ体制、あるいは「アメリカ的なもの」への批判に至った場合には、そうした反体制知識人への攻撃もより激烈になっていった。

イラク戦争の開始以降、その政策の正当性は徐々に疑問視されるようになり、二〇〇六年の中間選挙ではブッシュ政権への批判が高まり民主党が上下両院で多数派を形成するようにはなった。しかしアメリカ政治体制そのものへの批判には結び付いていないように見える。それどころか中間選挙における民主党支持票の増大はアメリカ政治体制には「民主主義的バランス」を保持するためのメカニズムが存在する証拠であるとしてメディアが肯定的に論じることさえあった。こうしてアメリカの体制擁護論は「同時多発テロ」以降の暴力の連鎖のなかでいっそう強化されているようである。

イラク戦争開始の根拠となった「大量破壊兵器」が存在しなかったことは、現在ではアメリカ政府当局者さえ認めている。しかしアメリカ政治においてこの「大量破壊兵器」のようなものは特殊な例ではない。歴史を遡ってみると、アラモの砦、メイン号事件、ピッグス湾事件、トンキン湾事件から、ピノチェト・クーデターまで、アメリカ政府は重大な政治的局面で重大な虚偽を利用し続けてきたとも言える。さらにはこうした虚偽が「敵」をだますためではなく、自国民と議会の支持を得るために中央政府によって提示され続けているところにアメリカ政治の特徴はあると言えよう。ではなぜそれが問題にならないのか。さらにはなぜこうした政治的虚偽がアメリカ政治において継続的に出現し、大きな意味を持ち続けているのかが重要な問題である。

体制信仰

しかしだからといってアメリカに「暴力と虚偽の国」というレッテルを貼って済ますわけにもいかない。アメリカの国民国家形成において近代啓蒙主義が果たしてきた役割は無視できないものであり、それらを単に「暴力と虚偽」を正当化する道具として解釈するのもあまりに短絡的である。現実のアメリカ合衆国を近代民主主義理念の実体化と称揚するのも問題であるが、逆にそれらを現実政治の隠蔽の手段としてイデオロギー的に断罪しようとすることにも問題がある。重要なのは、アメリカ史において思想や理念がどのように現実的に政治のなかで具現化しているのかというプロセスを検討することによって、理念と現実の関連を確認することである。

本章ではその確認作業の一端としてアメリカの自己理解について論じたい。とくに自らの政府を批判する際にはどのような論理でそれを行ってきたのか。自分たちのアメリカ体制をどのようなものとして理解したうえで各政権を批判してきたのか。各政権を批判したとしても、憲法体制そのものへの批判にはまったく結び付かないものも多い。政府活動への不信と、政治体制総体への「信仰」ともいうほどの信頼が矛盾なく同時存在している。この両者の差異を各論者がどのように認識するかによって、「アメリカ」への賛同と批判は大きく変貌する。「同時多発テロ」後のコンフォーミズムも、それは外部から見た場合は非常に単純な「転向」に見えるかもしれない。しかし左翼、あるいは社会民主主義、リベラルたちによる雪崩を打ったようなアフガニスタン攻撃支持は、各自がこれまでのアメリカ体制をどのように肯定し、一方で具体的な各政策の問題点をどのように認識していたのかということを検討しなければ、それらの言説の政治的意義は理解しえない。また「正しい体制」の維持に比べれば各政権の「小さな虚偽」など問題にする必要もないかのような先述の状況も、政府への不信と体制への信頼のこうした併存と無縁ではない。

以上のような問題に関する議論の系譜の一部を再検討することにより、アメリカ政治システムにおける反政府的言説と体制擁護の相補的関係を批判的に検討したい。それは、過去における様々な論者の政府批判を検討することで、彼らの現在の決断や行動の理由の一部が解明しうるからでもあるが、より重要な目的は、冷戦終焉後、アメリカ・モデルのみが有意義な政治体制であるかのように「歴史の終焉」が語られるなか、過去の経験から政治体制の構成原理に関わるオルタナティブを構想することである。

2　民主主義的な体制批判は可能なのか

体制の自己完結

ここで確認しておきたいことは、アメリカ政治学は常態的にアメリカ体制を擁護することによってそれを強化してきたわけではないし、ましてや無条件に称揚してきたわけでもないということである。それどころかアメリカ体制には統合を正当化するような根本原理は存在しないという指摘さえ、現前の政治状況が危機的だと認識されるたびに繰り返されてきたとも言える。

たとえば一九六〇年代初頭、公民権運動や女性解放運動が隆盛を迎えていた時期においては、それまでの「アメリカ体制」に多様な疑義が突きつけられた。仮想敵国のソビエトを「自由のない国」と批判しながら、アフリカ系アメリカ人に対する州レベルの「合法的」な差別を認めていた。そういう現実からすれば、民主主義体制としてアメリカは根本的な欠陥をもっているのではないかという疑念を抱かざるをえない。しかしなぜそうした認識が社会で共有されないのか。ソビエトに対抗して「アメリカの民主政治は現実的に機能している」という言説ばかりが無責任に繰り返されていた。こうした状況に政治学者たちは多くの疑問を投げかけ、その統合原理の不在を指摘した。たとえばE・E・シャットシュナイダーは次のように述べている。

アメリカ人はデモクラシーの機能を観察していない。アメリカでは現実に機能している制度がそのままデモクラシーであると信じられているのである。政治哲学的な概念としてのデモクラシーと現実に機能している体系としてのデモクラシーの差異のためにアメリカ人は混乱している。(1)

同様な問題に関してスタンリー・ホフマンも、政治統合の制度化と価値観のコンセンサスにおける西欧とアメリカの対照性を指摘している。ホフマンによれば、西欧においては価値観のコンセンサスは存在しないが、アメリカにおいては価値観のコンセンサスが現実に存在する。その根拠として、西欧の人々が信じているのは作動している制度だけなのに対して、アメリカでは作動しているものは信じられているという点を指摘している。(2)

またルイス・ハーツはアメリカ社会について、その構成員が「産まれながらにして平等」であって、そこでの自由主義は「自然的（natural）」現象であると指摘したうえで、以下のように述べている。

ロックをもって始まり、ロックに対して寄せる絶対的かつ非合理的な愛着のゆえに、ロックと共にとどまり、また、早い時代に封建制度の遺産について無経験であったのと同様に、後の時代においても社会主義の挑戦に対して無関心となる。その社会は内部に、いわば自由主義的理念の普遍性を保障する一種の自己完結的なメカニズムを備えている。(3)

そしてその「自己完結的なメカニズム」には対抗イデオロギーが存在しないため、自由主義は原理的に批判・検討されることがなく、「教義化」したのである。つまり本来は合理的であるはずの「自由主義」が、非常に「非合理的に」信奉されてきたのである。こうした事態をハーツは「アメリカニズム」と呼んだ。(4)

またシーモア・M・リプセットもこの点に関して、アメリカ合衆国は「国家としてイデオロギーを持つのではなく、イデオロギーそのもの」になっていると指摘し、「アメリカ人になるということは宗教的、つまりイデオロギー的行為」だと論じている。(5)さらに「アメリカ人であることはイデオロギー上の誓約」であって、それは出生の問題ではないことになり、最終的には「アメリカの価値観を拒否する人は非アメリカ人なのである」と規定される。(6)

こうしたイデオロギー的一体性は、ある政治的な危険性を含んでいる。サミュエル・ハンチントンはアメリカにおいて独立革命のイデオロギーが他の政治的価値を否定していく論理を述べながら、国家形成を可能にした「革命の価値観」を再確認しようとするアメリカ社会は、その前提として「何が価値なのか」という根本的な点に関して多元性がほとんど存在せず、そこには「圧倒的な合意」のみが存在することを主張した(7)。

体制の絶対的肯定

以上のようにアメリカにおけるイデオロギーとしての政治統合の肯定や、「イデオロギーとしてのアメリカ市民」についてては多くの批判がみられる。この問題を過去の状況で検討すれば、例としてイラク戦争の肯定論を挙げることができる。つまりアメリカ体制そのものが絶対的に正当な体制であるから、その体制によって決定されたイラク攻撃も正統化しうるという非常にシンプルな主張である。具体的にはマイケル・ウォルツァーらが署名した有名な公開書簡“What We're Fighting For: A Letter from America”においてこうした論理が展開されている(8)。牽強付会とも言えるほどの膨大な註と、誰が誰に向かって訴えているのかを故意に不明にしている全体構成にもかかわらず、その主張は非常に単純なアメリカ政治体制の絶対肯定論である。

こうした単純な議論であっても、あるいは単純な議論だからこそ、社会に対して影響力をもつという現実は認めざるをえない。しかしその現実よりも、この論理においては別種の問題点を指摘すべきだろう。それは「国家が人民の共通意志を基礎として形成されるという実験」として政治が語られることにも関わる問題であり、個々の政治体制の正当性はそれが民主主義的に構成されていることによって担保されているという事実を考えると明確になる事柄である。つまりアメリカによるイラク攻撃は「民主主義的に選出された大統領と議員が民主主義的プロセスによって決定したものであるから容認されるべきだ」という主張が内包する問題である。

現実的にはブッシュ政権の政策を実行可能にしていたのが、国際関係においてアメリカが絶対的に優位な軍事力を保持するという「事実」だったとしても、また「イラク攻撃は正しいのか」ということについて結論を下すのはあくまでも政治的な「決断」だったとしても、そうした政策決定の主体としての体制の正当性はそれらの「事実」や「決断」とは乖離したところで議論される。

そしてその体制が正しいとされる判断基準は、その体制が民主的に運営されているかどうかということに関わってくる。たとえばそれはロバート・ダールの表現を使用すれば「参加・包括性」と「自由化・異議申立て」の程度という二項目によって判断されうる。(9) とするとブッシュ大統領の政策を多くの人間が自由に批判するという行為とそれが容認されるという事態がそのままアメリカ体制の正当性を示すことになる。つまりブッシュ批判派が容認されるからこそイラク戦争は可能となっていたと言えるのではないか。

「イラク戦争には正当性がない」とアメリカ国内で語ることがアメリカ体制の正当性を高めるということであり、反政府運動そのものが政府の政策を内外において正当化することに繋がるという事態である。したがってこれは「ブッシュ政権打倒」で解決される問題ではないし、アメリカを〈帝国〉と呼んで済む問題でもない。現在のイデオロギー的一体性を前提としたアメリカ社会においては体制変革そのものが不可能なシステムになっており、「微調整」のみが社会的な改革や変革として許されている体制となっているのである。

3　体制・文化・多元性

利益集団政治

以上のようにアメリカでは「統合原理が存在しないにもかかわらず、現実的には高度の政治統合がなされている」と評価した場合、その統合を可能にしているものを制度や機構、組織の領域ではなく、文化の領域に求める議論がアメリカ政治学において広く見られる。典型的・古典的なものとしてはアーモンドとヴァーバによる「政治文化論」である。[10]『現代市民の政治文化』においてアーモンドらは価値観などの人間の指向性を数値化・比較することで民主政治を安定させる要因を確定しようとした。これは制度比較という観点からだけ民主主義の実質的な進展の程度は比較しえないと判断したうえで、代替的・補足的な政治領域として文化を規定したものである。

しかし、こうした比較政治文化論はあらゆるものを安定のための要因とみなすことになった。エーレンベルクが批判しているように、アーモンドとヴァーバの見解は、たとえばイギリス政治を例にとると、「政治的抗争、チャーチスト運動、ディッガーズとレベラーズ、クロムウェル、ストライキ、そして流血の鎮圧」などがすべて政治統合、あるいは「合意と和解」のための契機に過ぎないことになる。[11]その「合意と和解」による政治の安定を価値とするために、アーモンドらの議論においては、政治参加さえも「高次のもの」は統合を不安定にするために否定的に評価された。彼らから見て「あまりに熱心な」労働組合員や市民運動家たちは「安定的な民主主義政府」に敵対する阻害要因でしかない。したがってこの論理からすると政治における市民の無関心さえも積極的に評価される。こうして政治参加の「望ましい程度」が政府の安定性を基準として決定されるという倒錯した状態が理論化されたのである。

以上のような政治文化論と同時進行的に主張されたのが、アメリカ体制のイデオロギー的な一体性の問題を認識しながら、その問題性を社会集団の多元的存在によって補完・解決しようとする見解である。集団が多元的に存在すれば社会の多元性も保障されるという前提で、その集団の多元性を民主主義の条件とする議論である。そうした多元主義はアメリカ政治学の中心的傾向として考えられてきたが、前述のイデオロギー的一体性の観点から多元主義を批判したのがグラント・マコンネルである。

公民権運動が隆盛を迎える六〇年代のアメリカにおいて、自らの経済的利益を政治社会において明確に表明しうる集団に属している者がどれだけいたのかとマコンネルは問う。実際にはそうした「声なき人々」の政治的要求に各種の企業、労働組合などの利益集団は反応せず、中央政府だけが直接応えようとしたということは、各種の利益集団の多元的存在が民主主義を保障するという当時の多元的国家論の問題点を明らかにしている。こうして利益集団がアメリカの「民主政治」の問題点を隠蔽するとマコンネルは指摘した。(12) 私的な利益集団が多元的に存在したとしても民主主義は進展せず、かえって国家による一元的統合とエリート支配のみをもたらし、公共的価値が政治の対象から排除されることを指摘したのである。

マコンネルはこうして利益集団を作りえない弱者の存在を視野において利益集団民主主義を同時代的に批判したが、体制そのものに内在する通時的で構造的問題として集団論を批判したのがシェルドン・ウォリンである。ウォリンは利益集団の多元性によって社会が複合化したとしても、それは民主主義を進展させるわけではなく、むしろ民主主義の破壊に結び付くと論じ、その破壊はアメリカ体制において「集団の噴出」以降の一時的現象ではなく、体制原理自体がそのように非民主主義的に構成されていると主張した。社会内の多元性が維持されたとしても「政治は民主的に不正義を行いうる」ということをアメリカ政治の「始原」にまで遡る特質として論じたのである。

まずウォリンは建国期のアメリカでフェデラリストによる「見えすいた正統性の理論」が作られたと述べている。それは人民の承認を正統性の根拠にするが、体制に組み入れる人民はできるだけ限定しようとするものだった。つまりフェデラリストたちは多数によって支配されるかもしれない強力な国家よりも、多くの憲法上の制約によって束縛されている弱い国家の方を選択したのである。(13)

ウォリンによればそのような正統性の理論は二〇世紀に入ってからいっそうの変化を遂げる。二〇世紀初頭のアーサー・ベントレーによる多元主義についてウォリンは、組織化された「集団」がそれぞれの「利益」を擁護し行動するという現象を彼らが「政治」だと理解したと批判する。ウォリンによればそれは単なる事実によって国家を正統化しているに過ぎず、この理論によってアメリカ合衆国において人民という観念が抹消されたことになる。つまり国家の行為は「人民の意志」を反映したものであるという正統化を免除されることになったのである[14]。同様な批判は現在に至る集団理論にもあてはまるとウォリンは述べ、それは単に民主主義を破壊する新しい型の利益集団政治の擁護でしかないと批判している[15]。

逆・全体主義

こうして国家についての新しい観念がアメリカにおいては形成されてきたとウォリンは主張する。つまり国家は形式的な正統化のみを求め、市民は矮小化され、参加、平等、政治的徳性、正義といった政治理論上の重大な論点が問題にされないような状況がアメリカには生じたのである。社会を管理運営する国家の正統性は実質的に不問に付されるようになっているのである。

さらにウォリンは「国民の合意によって形成された連邦政府」という権力の中央集権的システムを確立するための新しい市民像がアメリカにおいて必要となった結果、従来の西欧におけるものとはまったく異なった市民概念が国家によって創出されたという。その「国家的市民像」からは人々が国家権力に対抗するという契機が抹消され、市民の存在が国家権力の正統化における一過程の表現でしかなくなっていると批判している。ウォリンによれば「脱政治化した市民層とは、アメリカのポリティカル・アニマルがメディア政治によって家畜化されたものだ」と理解されることになったのである[16]。

そしてこうしたアメリカ国家体制の欺瞞性は、一九九〇年代以降、共和党と民主党の二大政党の変質によっていっそう悪化したとウォリンは指摘する。国民を代表すべき上下両院は大企業と富裕層の声しか代弁せず、司法権力もそうしたエスタブリッシュメントの意向に沿うような判決しか下さなくなっているという。二〇〇一年九月一一日の「同時多発テロ」以降のアフガニスタン戦争とイラク戦争を遂行したブッシュ政権はこの欺瞞性を極限まで押し進めているという。その状況をウォリンは「逆・全体主義（inverted totalitarianism）」と呼んでいる。[17] ナチズムのようなかつての全体主義とは逆の全体主義がアメリカに成立しているという。たとえばナチズム期のドイツでは無法者が街頭を闊歩し、政府内部には一定の民主主義があった。ところが「同時多発テロ」後のアメリカでは街頭に民主主義を求める市民の声があふれ、政府内部の人間は暴走を始めている。またナチスでは政府に企業が従属していたが、現代のアメリカでは企業に政府が従属している。こうしたなかで政府は「不安」を喚起することによって国民を全体主義的に統合しているとウォリンは述べている。

ウォリンはこの問題状況を解決するために「集合体のアイデンティティ」に依拠し、集合的記憶としての共同性の歴史による民主主義の回復を目指そうとする。しかしその点については後述することとし、次節においては、政府への不信と体制への主体的な参画との関係を「アメリカ例外論」の系譜で議論したリプセットによるアメリカの自己理解、とくにそのフィランソロピーの観念について考察したい。

4　政府不信とフィランソロピー

例外としてのアメリカ

アメリカをなんらかの「例外」とする見方は、その比較対象の「例」としてはヨーロッパ、とくに西欧諸国を「普遍」と見るものがほとんどである。アメリカの独立革命期にエドモンド・バークは「アメリカで革命を起こそうとしている人々は単なる『移住したイギリス人』ではない」とイギリス社会に警告を発したが、それ以来アメリカにおいても自らの国家建設の理念は常に西欧における近代民主主義理念と対比されつつ議論されてきたと言えるだろう[18]。そうした言説はアレクシス・ド・トクヴィル以降の「アメリカ例外論」へと結び付く。イギリスやフランスといった近代市民革命を経験した政治社会との比較がアメリカを第一人称として行われ、アメリカ人の自己理解も同様な形態をとることになった。いわば「普遍文明」が新大陸において変質・再生したものとしてアメリカ体制が議論されてきたのである。

アメリカにおけるこうした「例外国家の普遍化」、あるいは「普遍国家の民族化」という事態は、西欧に起源をもちながら、それとは異なる政治社会を形成する行為としてヨーロッパとの差異を語りながら、同時に自国の国家構成原理を世界化・普遍化しようとする。つまりアメリカの政治文化を特殊具体的なナショナル・イデオロギーと認めながら、それが地球社会で意味をもつものだと主張する点に特徴があると言える。

リプセットはアメリカが「他の民主主義国より優れているとは信じていない」と表明する。「自由な政治体制が卓越しているのは、対立を制度化し、またより自由で、より思いやりのある公正な社会を実現する継続的な戦いをも制度として保障していることにある」とアメリカについて述べ、議論すべきなのは優劣ではなく「他の国との距離」だという[19]。したがってリプセットにとって「アメリカは最良の国であり、また最悪の国である[20]」。

そのアメリカにおいては体制全体に関する公共政策をめぐって激しい道徳的対立があり、「アメリカ人が主張しているアメリカニズムの基本原則をどのように適用したらお互いに合意できるようになるか、アメリカ人自身が激論を戦わせる」のだとリプセットは述べる[21]。したがってアメリカでは道徳的な対立が常に体制のあり方をめぐる対立として生起し、経済的な対立のみが重要視される西欧諸国に比較して社会の亀裂は深刻な問題となる。

そうした問題があるにもかかわらずアメリカ体制の存続が可能になっている基本的信条としてリプセットは、自由、平等主義、個人主義、ポピュリズム、レッセフェールという五項目を列挙する[22]。リプセットはこれら五項目に基礎をおく「アメリカニズム」の功罪両面が、アメリカ社会におけるイニシアティブとヴォランタリズムを育成しているという。この二つの理念がコミュニティの安定と道徳的退廃を同時にもたらしているのであって、結局アメリカニズムとは良い面もあれば悪い面もある「両刃の剣」であるという、いたって単調な結論になっている[23]。しかし五つの体制的信条が功罪二面性をもつに至るシステムの文化的背景として政府への不信を挙げている点にリプセットの主張の特徴がある。

アメリカでは政府が信頼されていないからこそ、体制を維持し、よりよく発展させるために私人が公的な役割を分担せざるをえない。その結果としてアメリカのみにおいて特殊に現れたものがフィランソロピー（philanthropy）の観念だとリプセットは述べる。リプセットによればフィランソロピーは体制に関する社会規範であって、道徳でも宗教でもない領域であり、とくにそれは西欧における友愛（fraternity）の観念と対照的な相違を見せているという[24]。

近代以降の西欧社会においては宗教改革の過程でプロテスタンティズムは友愛を内面化した。信仰の内面的救済こそが価値であり、寄進や善行という外部に現れる救済は二次的なものとされたのである。その結果、各人の人格の陶冶と社会の進歩が人間にとっての二大目的となった。ルソーやカントが主張したような人格主義と進歩の理想が人道主義のもとで理念化された結果、近代社会における友愛の観念が教育や政治といった社会制度の主導的なイデオロギーにまで高められた。西欧においてはそれまでのギルドや徒弟職人の遍歴制度がしだいに廃止されたが、労働者や職人の間での友愛の伝統は存続した。それが後に労働組合を産出し、政治活動や社会活動の基盤となる一方で、弱者救済の機能が国家主体に徐々に求められるようになった。

自助の強制

ところがアメリカにおいては強力な中央政府という観念が信頼されず、同時に教会による社会の支配も拒否されたため、こうした中世的な友愛の観念が新種の社会規範と結び付いたとリプセットは述べる。この弱者救済の主体がアメリカにおいては国家ではなく、民間領域において生成され、それが「世話役の原則（the doctrine of stewardship）」と結び付いた結果、単なる「施し」ではない、自発的慈善団体による新たな共同性が体制内に発生したという(25)。

政府への不信感から発生したこのフィランソロピーの観念によって、民間における自発的利他行為が強調された。その結果、社会的・経済的な成功者は次の成功者の準備をする義務をもつと認識されるようになった。カーネギーやロックフェラーといった成功者たちは、他の個人の自己実現のために自らの獲得した財力を使用するべきだと考えていた。こうしてアメリカにおいては各種の財団が彼らによって設立された。

マンハッタンのカーネギー・ホールは大衆によるクラシック音楽の消費のために作られたものであり、それは富裕層がオーケストラを個人で召集し、家族や友人知人のために開催されるコンサートとはまったく異なった公共空間となった。そうした大衆の教育のための場を提供する義務は国家ではなく富裕層が負うべきだと考えられていたと言える。そうした理念はコンサートホールだけでなく、一九世紀後半、ロックフェラー系の他、多くの財団によって全米各地に作られた図書館や大学にも同様に具現化されている。大衆は公共図書館でのレコード・コンサートで予習し、カーネギー・ホールでの低価格のコンサートに接することで社会階層を上昇するための教養を得ることになったのである。

二〇世紀に入りアメリカにおいても西欧諸国と同様に福祉国家型の政治が発展する。とくにニューディール期以降、政府主体の公的な社会福祉事業は大きく前進するが、それでもなお、このフィランソロピーの観念は、先に社会的に成功した者が後からその競争に参加する者の自助努力を補助するという自発的な協同行為として継続してきた。リプセットによればこうしたフィランソロピーの協同性は現在のアメリカにおいても、社会的貧困層にいる福祉受給者に対する公的な福祉予算の増額ではなく、彼らに対する私的援助を行うセクターへの減税措置を要求する運動に見られるように、基本的理念に変更はないまま継続している(26)。

こうしてフィランソロピーは、アメリカにおける自助努力の尊重という社会規範の一部を構成し、その自助努力が社会的成功に結び付く機会を人々に提供することになった。大衆社会における国家機能の著しい拡大を防止し、主体的な市民による互助的な社会の構築がなされているとは言えるだろう。しかしこれは一方で、国内の貧富の格差を政府が容認・放置するという事態を市民が支持するということも招来した。社会的弱者や経済的貧困層の救済は本来なら政府によって担われるべきものである。体制内で制度化しているとはいえ、フィランソロピーのような民間の「善意」に期待する救済はその救済される者に自助を要求する点において本来的な救済になりえない。さらに大きな問題は、その政治的機能の側面からみればフィランソロピーはアメリカ政府に期待される機能を削減し続けることに貢献してきたという点である。政府への不信から生じたフィランソロピーは、政府の能力の欠如を民間が補完するということを前提に、政府負担の軽減を公認しつつ、それでもなお体制としてのアメリカは貧者も見捨てないという虚偽的な「安心感」を社会内に醸成し、体制の正当化に貢献してきたのである。

5　政府不信と左翼

左翼からの批判
以下の部分ではアメリカ政治における政府への不信感の別種の現われとしての左翼による体制批判について議論

してみたい。レオ・シュトラウスによればアメリカにおいて政府への信頼性が低い理由はその国家権力の形成にまで遡る。アメリカは君主の統治権に公的に対抗して国家権力を形成した唯一の国家だという。そのためにアメリカの政府は脆弱であり、政府内部に多くの対立が内包されているために、政府に対する国民の信頼感は低いということになる(27)。

また同様にアメリカにおける政治思想の特徴の一つは、左翼右翼ともに政府への不信感をもっていることだと指摘しているのはメイ・アン・グレンドンである。アメリカにおいてはそうした不信感が「国家そのものと国家機能に対する文化的態度の法的表現」として継続的に見られるという。それが社会民主主義的な社会保障の欠如を生じさせ、強力な中央集権国家に対する否定的姿勢を制度化している原因になっていると指摘する(28)。

リプセットは以上のような左右両派に共通する政府への不信は他の政治社会においてはアナーキズムとさえ表現できるものだと指摘する(29)。リプセットによれば一九六〇年代のニューレフトも社会主義や共産主義的であるというよりもイデオロギーや組織構造からすればアナーキズムと呼ぶべきものだということになる。しかしこうしたアメリカにおける左翼についてリチャード・フラックスは、その勢力が実質的には政治的影響力をもっていないことを指摘し、「アメリカでは左翼は政治勢力ではなく、文化的な勢力である」と述べている(30)。

同様な見解を強く主張し、左翼思想の復活を構想しているのがリチャード・ローティである。ローティによればアメリカにおける左翼は大きく二つの流れに分類可能である。第一の左翼は一九一〇年代から五〇年代にかけての改良主義左翼（reformist left）である。彼らは「デューイ的、プラグマティズム的、行動的〈左翼〉」であり、労働組合などと連帯しながら社会変革を確実に推進しようとしたグループである。第二は一九六〇年代以降の文化左翼（cultural left）である。そして彼らをローティは「傍観者」だと批判する。ローティのいう改良主義左翼とは一九〇〇年から一九六四年の間に「弱者を強者から守るために立憲民主主義の枠組の中で奮闘していたすべてのアメリカ人」の包括的呼称である。彼らは「〈右翼〉が恐れ憎んでいたほとんどの人々」を指すが、ローティはこうした一群の人々を包括的に概念化することによって、マルクス主義者がアメリカの左翼と自由主義者の間に引こうとした境界線を消去しようとする。(31)

ローティによれば、一九六四年以前のアメリカにおいては「社会におけるひどい不平等は、立憲民主主義制度を利用することによって正すことができる」という共通認識によって〈非マルクス主義者的アメリカ左翼〉は団結していた。ところがベトナム戦争がこの〈非マルクス主義的左翼〉を崩壊させたとローティは批判する。(32)つまり漸進的で現実的な改良主義が消滅し、左翼思想は非現実的な革命主義へと変化したと批判するのである。たとえばSDS（Students for a Democratic Society 民主社会のための学生連合）も、当初の「抵抗」から「改革」へと組織目標を変更し、さらには「革命」へと方向転換した結果、毛沢東主義へ接近し直接暴力の肯定に至った。こうした流れからWeather Undergroundに代表されるようなテロ組織へと結び付いたとローティは述べている。

この転換の認識においてローティはC・ライト・ミルズやクリストファー・ラッシュの見解を完全に否定する。ミルズやラッシュはベトナム戦争を反共・冷戦の最終段階だと認識していた。したがって、ベトナム戦争に反対するためには反共産主義でない左翼を形成する必要があるとミルズたちは考えていた。しかしローティは自らを戦闘的反共左翼だとしたうえで、そのスターリンに対する戦いは合法的で必要なものだったとする。(33)それに対してラッシュの基本的な考え方によれば、ローティのいう改良主義左翼は単に資本家の主張を受け入れ、体制への批判力そのものを失った操作的で管理主義的な自由主義へと堕落しているということになる。ラッシュにとってベトナム戦争やアフリカ系アメリカ人への差別は、ローティ的な改良主義で解決できるものではなく、アメリカ政治体制の構造的な根本問題の必然的顕現だったのである。

その後のローティは反スターリン的・反ソビエト的左翼の可能性を追求する。ローティにとって、一九六〇年代も結局は改良主義的なものの「革命は幸運にも成功しなかったために、革命を標榜する人々が実際に獲得したものも、結局は改良主義的なものでしかなかった」のである(34)。革命の失敗後、文化左翼たちは経済を語ることをやめ、それまでのマルクスを捨てさり、フロイトに依拠するようになった結果、彼らは六〇年代の新左翼の後継者として「差異の政治学」「アイデンティティの政治学」「承認の政治学」を語り始めたとローティは述べる(35)。そしてそれらの専門科学における学術用語は「金持ちに対する貧しい者の闘いというおなじみの闘争とは異なる運動を記述する言葉として登場した」のである。ローティはそれらの運動には反対しないが、それらが「新たな種類の政治実践」であるとは考えていない(36)。

デューイに依拠しながらローティは「特殊状況を支配する一般概念という論理」を否定する。つまりローティにとって眼前の具体的な問題を解決することだけが重要なのであり、その目的のためには一般概念は不都合であり不要である。「概念を問題にすることによって社会制度をくつがえそうとする最近の試みから、少数の優れた書物が生まれてきた」のは事実だが、その試みからスコラ的な哲学的思索の「最悪の典型」が何千も生み出されてきたとローティは批判する(37)。

この問題についてトッド・ギトリンは当時の知識人社会を回顧して「学者は理論を探せといった」と表現しているが、これは六〇年代の政治的絶望が知的懐疑と合体したものだと指摘する(38)。ピアジェは幼児の発達に関する普遍的モデルを語り、レヴィ＝ストロースは構造主義モデルで社会の発達を一般化し、チョムスキーは生成文法で言語の普遍法則を確定した。トマス・クーンはパラダイム概念を駆使して「知識は進歩しない」ことを「証明」し、「普遍主義的理性の堅固に見えた部分を静かに掘り崩していった(39)」。それらのなかで最も影響力があったのがフーコーの権力論だとギトリンは述べる。当時のアメリカにおいて社会問題に関心をもつあらゆる者が「すべての知識とすべての社会の現実は力と力の関係に集約できる」というフーコーの確信に魅惑されたとギトリンは批判しているのである。

ローティにとって最も問題だったのがこのフーコーの権力論である。人が政治に関わる方法を哲学的に思索するのは無駄であるというローティにとって、文化左翼が取りつかれている最悪の「亡霊」が「フーコー的権力」だった。これは「サタンや原罪の遍在」を連想させるような目に見えないクモの巣のようにローティには認識されるのである。[40] ローティにとって啓蒙主義的合理主義を批判すること自体は正しい。しかしアメリカ体制における伝統的自由主義や伝統的ヒューマニズムはそれらの批判と矛盾しないので、文化左翼が半意識的にもっている反アメリカニズムを脱却しなければならないことになる。[41]

したがってローティの解決法は単純である。第一にアメリカの文化左翼は理論について議論するのを一時停止すべきだと要求する。第二にアメリカの文化左翼はアメリカ人であることの誇りを結集すべきだという。[42] つまり改良主義的左翼を再評価し、そのことによって「国家に対する誇りと国家に対する希望」を増大させるべきだとするのである。「ポストモダン・ナショナリスト」としてのローティとしては当然の帰結かもしれない。ローティがアメリカという国民国家の枠組みに執着するのは、「自分が邪悪な帝国に住んでいるということがわかったら、自分の国に責任などもたなくなり、人類に対してのみ責任をもつようになる」からである。[43]

批判性による統合

このようなローティの「現実主義的」戦略は成功するのだろうか。シャンタル・ムフやウィリアム・コノリーによる「差異」や「承認」の政治、あるいは討議的民主主義が政治的合意そのものの価値を拒否している点がローティからすれば非現実的なのである。ローティが述べるように、対立を闘技という概念とともに再構成すればすべては解決する状況でもない。その対立を前提にして、どのようにすれば合意に至るかという点にローティの考える政治の最も重要な契機がある。この問題についてエルシュテインは、「差異の政治」や「アイデンティティの政治」

は人間存在の共約可能性を否定し、公的なものを否定する点において公共性を破壊すると警告した。そうした公共性を介在させないで不平等を是正する方法はないと論じ、かえって「差異の政治」は現実の不公正さを温存するとしたのである。(44)

また社会内の差異を積極的に評価したとしても、その評価のルールさえも否定する人々の存在はどのように議論されうるのだろうか。ムフは「敵（enemy）」と「対抗者（adversary）」の違いを次のように述べている。

政治共同体の内部で、反対者（opponent）を、破壊されるべき「敵」として考えるのではなく、反対者の存在は正統的で寛容に処せられねばならない「対抗者」として考えていくことが要請される。われわれは、その反対者の考えそれ自体とは論争していくであろう。だが、そうした考えを擁護する反対者自身の権利については、疑いを差し挟むことはないであろう。ここでは「敵」のカテゴリーは、民主的な「ゲームのルール」を受容しない人々、そうすることで政治共同体から自分たちを排除する人々に関しては、依然として適切である。(45)

こうして文化相対主義は常に絶対主義への対応可能性を喪失する。このように「敵」を確定しうるのであれば、議論の前提全体が変質せざるをえない。共通のルールを前提としたうえでの競合性を評価するのであれば、ローティも自由民主主義的な価値観を前提として社会内の合意形成を考えているのであり、その点においてローティとムフらの議論に現実的に大きな落差はないように思われる。

けれどもローティの改良主義に対しても、経済的不平等の現実的是正と、文化的アイデンティティや差異を問題にすることが本当に無縁のことなのかという批判は生まれるだろう。文化的アイデンティティの確認や他者による承認なしに、経済的な次元を問題化できるのだろうか。

アーモンドはかつて、政治の分裂を文化が再統合するというアメリカ像を描いた。それに対して現在は、多文化主義のように文化が政治を引き裂いている構図によってアメリカは説明される。しかしこうした「文化戦争」は本当に近年に至って出現したのだろうか。一九六〇年代以降、人種問題や女性差別が議論されるようになるが、ネイティブ・アメリカンやアフリカン・アメリカン、あるいは女性たちは一八世紀においては現在とは比較できないほど不幸だった。その不幸を政治化しうるほどの権力をもっていなかったのである。現在、彼らがアメリカの文化戦争に正規に「参戦」しているからといって、それはかつて参戦を望まなかった人間が意向を変更した結果ではない。その戦争に参戦さえできなかったというのが実態である。

また多文化主義における「文化」は「人種」問題だけではない。性差、性的志向性、身体能力、年齢などによる人間類型の多元化を問題にしているのであって、既存の国民国家内の多民族状況だけを問題にしているのではない。従来の国家構成や国家権力の構成原理そのものに対する懐疑を提起し、将来の統合原理を再構成しようとするものである。その意味でローティのように多文化主義に対して、文化による合衆国の分裂を招来するものだと危機感を煽るのは正当な批判ではない。そもそもこうした危機感は何から生ずるのだろうか。アメリカ合衆国が現実に分裂することなどありえないとローティも思っているはずである。つまり討議を繰り返しても最終的な結論に至らないという事態をローティは想定していない。少なくとも体制としてのアメリカはそうした分断を容認する社会だとは判断されていない。どんなに深刻な社会的対立であってもなんらかの方法で解決しうると考えられている。ローティが期待する改良主義左翼や現実主義左翼は、現実のアメリカ体制を所与のものとして受け入れたうえで、その体制内で具体的な政府機能を批判する存在でしかない。

体制内のこうした合意可能性はどのような論理から導出されるのだろうか。たとえば人間の政治的な選好の領域を水平方向に細かく分類し、そのなかの部分的な合意を発見し集積することによって最終的な合意に至る世界を描くことは可能だろう。また合意のレベルを垂直方向にメタ化していくことで、「具体的な争点はあるがその解決方法については最終的に合意しうる」という認識を幾層にも積み上げていくという方法も想定しうる。しかしそれらはともに体制の安定と無縁の論理ではない。議論の位相を水平方向、垂直方向に永久にメタ化していくことで、現実の意見の不一致は将来的に解決しうるものとして語られ、体制としての正統性がいっそう主張される。改良主義左翼によって信頼されているこうしたアメリカ体制のもとでは政治における討議も社会的学習の機会でしかないように見える。政治における自律圏はもはやこの体制内には存在しないのだろうか。討議を繰り返すことで市民は民主主義的に合意を形成する政治的能力を習得するだろう。しかしそれは同時に、市民が体制へ編入される「能力」を磨くことも意味する。体制の正統性の根拠に利用されるための従順な市民を作り出すことが改良主義左翼の目的なのだろうか。

6　政治実践としての自己理解

活性化

六〇年代アメリカにおいて、左翼は人類の共通性を信じ、右翼は階級や国家に分断された人間の差異を前提にしていた。前者は人類総体の共通理解を獲得することによって世界全体の歴史的進歩を希望し、後者は各政治社会に固有の伝統や共同体的紐帯によって秩序を形成しようとした。ところが現在ではグローバル・マーケットなどという用語を利用しながら保守派は世界を語っている、つまり人類に共通の言葉で語るのは右派の人間であり、左派は普遍性や近代啓蒙主義を疑っているのである。そうしたなかで政府に対して現実的に働きかけようとすれば、その体制の正統性の根拠として利用される。かといって差異やアイデンティティを議論するだけでは、政治は共通のルールを信奉する者だけによる予定調和的な「不調和のゲーム」と化す。またフィランソロピーの観念は依然としてアメリカ社会で強い影響力を保持し、そのことによって政府機能を補完することこそが市民の義務だという社会規範が成立する。こうして政府の上位に「正しい体制」が構築され続ける。この「体制」は弱肉強食のアメリカ社会を内部から容認し、外部へ暴力を輸出し続ける。

この体制のもとで「真に民主主義的なもの」を政治的共同体の過去に求めることはできない。また国民統合の「理想」をリアル・ポリティクスとして、つまり大衆動員の実践としてアメリカの過去を語り、実体のない公的な文化をそれが実体のないものだと知りながら、さも実在するかのように語ることは民主主義とはなんの関連もない。したがってロバート・ベラーたちのように、一般市民への膨大なインタビューのなかからアメリカ的な「心の習慣」を抽出し、それを称揚することによってアメリカ社会に秩序を回復しようとするという方法論も、その抽出という行為そのものの恣意性が批判されるべきである。さらにはアメリカ体制における政治統合の偶然的所与性をあたかもその「心の習慣」の必然的結果のように語ることによって、自分たちが容認する道徳こそが体制を維持しうると論じる点にも大きな問題がある。(46)

エーレンベルクはベラーらによる方法を、社会問題を道徳の問題と置きかえることだと批判したうえで、「道徳的頽廃の主張と、権利の保持者から義務の担い手へと市民を移そうとする道徳的市民社会論との融合には権威主義がみられる」と述べている。さらに「公共的な目的が、人格的・地域的・直接的経験から引き出される」ことはないために「理想と運動が依然として重要」であると主張している。エーレンベルクにとって「市民社会を形成する社会的全体性は不平等と抗争の領域」である以上、「市民社会を再活性化するには良い習慣や『市民的討議』よりも、国家政策に対する高度な政治的闘いが必要」なのである。(47)

市民的責任

それではこの高度な政治的闘いはどのようにすれば可能になるのだろうか。まずは非民主主義的なものをどのように民主的なものだと語ってきたかを改めて検討するという自己認識の作業が必要だろう。「拒否すべき過去」にこそ未来の可能性がある。しかし体制そのものが自らの過去の問題を批判しつつ、それを乗り越え新たな体制原理を見出すことは可能なのだろうか。先述したようにウォリンはこうした問題状況を解決するために「集合体のアイデンティティ」に依拠する。

ただしウォリンは基本的姿勢としてはアメリカ政府の「見えすいた正統性の理論」を拒否している以上、歴史のなかに現在の政治権力の正統性を打破するものを発見するのは容易ではない。そこでウォリンは集合体のアイデンティティについて、それらが「たんに過去から継承されたものではなく、伝達のたびごとにやむをえず取得されてきたものだ」ということを指摘する。したがってそのアイデンティティの特徴は「論争的性格」にあり、それは「人民」や「国民的統一」という形而上学的概念を実際上拒否しているという。(48)

そこでウォリンは市民概念を新たな種類の実践へと繋げようとする。「共和制ないし代議制的政治の理想は、管理の政治であり、市民の政治ではない」と述べて、政治の「実践の領域」としての国家の必然性を主張する共和主義も拒否している。しかし他方で「公共空間を審議や批判や代替案の探求のための空間として復権すること、そして重要な政治的ことがらが脱政治化されて仲間内の議論になってしまうことを防止する」必要性を説き、「必要悪」としての国家に対する市民としての法的地位によって自由を確保すれば十分であるというリベラルの立場も否定している。(49)

これは共通理解の不可能性を前提に、あるいはその不可能性そのものを最高価値として社会を再構成しようとするフランス型の共和主義とはまったく異なるものだ。(50)ウォリンは「多様なレベルの政治参加に価値があるのはそれらが共存しているからであり、それらが異なった要求を突きつけ異なった経験を付与するからである」と述べている(51)。彼にとって差異とは人々の受動性を撹乱するものである。そしてその相互承認に基づく政治実践の延長に国家を構想するべきだろう。そうした視点から、政治社会を構想する必要がある。それは、他者に対する視線をどのように新たな国家観へと結び付けるかという問題であって、「他者」に接することによって自己の内面的価値を見つめ直し、自分たちの集団的アイデンティティを常に再解釈し直すことでもある。そうすることによって、文化相対主義を否定し、その相互連関から境界を越えた共通の価値を追求していくべきだろう。ギトリンはこうした相互承認について次のように述べている。

アイデンティティ・カードをもつ人は、自分がどこから来たかを知るだけでは足りない。これからどこに向かうのか、他の人々はどこから来てどこに向かうのかも知らねばならない。そのためには、誰でも理性、尊敬の念、洞察力だけではなく、非合理性、残酷性、誤りを犯す可能性をもった存在なのだという自覚、人に耳を傾ける姿勢が必要だ。人間存在に関する一般論など、どれもこれも権力という名の頭蓋骨にかぶせた体裁のよいマスクに過ぎないとして、普遍的権利と普遍的立場を嘲笑していても問題の解決にはならない(52)。

その共通の価値を見つける作業は、接点を探し出す時点で終了するかもしれない。しかし共感や交流、あるいは相互性に訴えることも可能かもしれない。ギトリンが述べるように民主主義者は「あるところまでは」という限界はあっても翻訳は可能だと信じる存在である。そしてその「あるところ」がどこなのか明確になるのも、実践するまでは分からない。政治社会の自己理解とこうした実践を結び付ける責任を引き受ける主体こそが市民なのである。

第8章　政治理論における〈有効性〉

――高畠通敏と戦後日本――

1　戦後日本の民主化と政治理論

政治学の政治性

あらゆる社会的事象や事故、災害などに接するたびに現代社会を理解する困難さに直面する。その困難を生み出す状況の現在性は、そのまま問題解決の困難さを示している。なぜならば、ある問題状況が発生したとしても、その解決方法が容易に示されるならば、人々はそれを現代社会の問題として認識しないからである。また、ある事象が問題となるのは社会の構成員全体に対してではない。当事者にとっては非常に深刻な問題であっても、他者からすればそれが問題として認識されないことさえ一般的である。ここに差別や格差が生じる原因がある。だからこそ、社会問題を論じる際には、論じる主体自身が時代に制約された自己を対象化し、相対化する必要がある。その手続きを経ることがなければ、立論が社会に受容される可能性が低下するからである。

さらに社会問題とされるもののなかでも政治的領域に関する問題を論じようとする際には、その自己の対象化が、他の領域に比べてより強度に要求される。それは何を問題だと認識するか、あるいは何を問題だと認識させるか、という契機にこそ政治が発生するからである。

したがって政治学者は、平均して言えばおそらく他の学問領域に比してそれぞれの研究実践において自らの方法論について自覚的にならざるをえず、それぞれの方法論を理論と呼ぶかどうかの差異はあるものの、各自の理論の政治性（あるいは非政治性）に関して常に他者に説明できるような状態に自らを置くことになる。こうして政治問題を論じる際の政治学者には自己の方法論自体の対象化が課せられるようになる。政治学者の論文が学術的著述なのか、それとも個人の政治的主張を展開する一枚のチラシに過ぎないのかという問題が常に想起されるのはこの点に関わっている。

政治実践としての政治学

こうした個人の方法論に関する自意識は理論構築という形で現れる。本章ではこの問題を戦後日本の民主化という視角から論じたい。とくにそのなかでも丸山眞男（一九一四〜九六）と高畠通敏（一九三三〜二〇〇四）の理論構築に関する議論を取り上げ、後者による前者の政治理論の批判・検証・継承を主として検討する。

この両者を問題対象とするのは、それぞれの論考が政治理論の政治性について多面的・複合的に探究しているためである。さらに政治理論の科学性について高畠がとくに丸山の著作である『政治の世界』を意識して論じているからである。

またこれらの議論は、単に抽象的な学術的意義のみを念頭において展開されたわけではなく、戦後日本の民主化という具体的状況における政治学と政治理論という知のあり方に関わる問題として展開されている点も重要である。この議論は日本の戦後政治学が戦争経験、敗戦経験を対象化する過程と同時進行であり、そこでは政治理論と現実世界との関係が問題とされ、さらには市民の政治参加に政治理論は寄与できるのかという点にまで議論は拡大していく。その議論をもとにして政治理論家が存在した時代の文脈を検討し、理論の形成過程を確認することによって第二次世界大戦の経験が彼らに与えた影響も考察する。

そのような作業は、現在の状況においても意義をもつ。なぜならば二〇〇一年以降の世界における「正戦論」や、二〇一一年以降の日本における「ショック・ドクトリン」の広がりは、共通の歴史的経験が理念的なものをどのように変化させるかを悲惨な形で物語っているからである。そうした悲惨さを回避するための知的活動の萌芽としての丸山と高畠による理論的応答を検討したい。したがって本章の目的は、政治理論のあるべき姿についての研究者間の対応の、ある限定された部分に着目し、その政治理論の有意性と歴史性について確認することである。次節以降では、丸山による政治理論構築に対する高畠通敏の論考を参照しながら、両者における理論の意味の違いを確認したい。

2　丸山眞男『政治の世界』と高畠政治学

『政治の世界』の異質性

高畠通敏の研究領域は多岐にわたる。時系列的には鶴見俊輔の戦時期日本の転向研究への参加によって研究活動は開始されたと言ってよい[1]。そうした思想研究に続いて、アメリカ政治学の理論研究、京極純一の指導による計量政治学、またその手法に基づいた選挙分析へと研究対象は拡大し、その後、市民運動の理論構築、平和研究にまで至る。それらの基底には西欧に限定されない東洋や他の地域も含めた政治思想研究の成果も存在していた[2]。

しかし本章においては高畠の政治理論に対する接近方法について検討し、他の領域については本主題と関連する限りにおいて取り上げる。高畠の学問が常に目的としているのは、社会変革のための方法の提供である。したがって、詳しくは後述するように学問の有効性そのものが重要視される。そしてその有効性を維持するために社会認識のリアリティが重要なものとなり、現実を将来の可能性の見地から解釈するという視点が常に用意される。

この〈有効性、リアリティ、可能性〉というセットは高畠の論考において、常に重層的に表れる。この個人的思想構造は三点セットによる「可能性の学問」の追究でもある。この個人的な追究の政治理論に関する部分は戦後日本における政治学史的発展の時系列においては「丸山政治学」への応答として把握することが可能であり、高畠本人もそれはかなり自覚的である。具体的にはその応答は丸山の著作である『政治の世界』（一九五二年）に対するものとして展開される。

この『政治の世界』は、丸山の著作のなかで多くの点において異質なものである。しかし、その異質性を説明するためには丸山の主要著書の刊行のあり方自体が、他の一般的な学術書とは異なることを事前に説明する必要があるだろう。丸山の主要著書は六冊である(3)。丸山による学術的著述の全体量からすれば、これは驚くべき少なさである。書籍に収録されていない著述が多い。そして『政治の世界』以外の五冊はすべて論文集である(4)。

またそれらは著者の生前、『政治の世界』以外はすべて重版が続けられている。ところが『政治の世界』は一九五六年二月に第二版が刊行されて以来、増刷されていない。つまりこの『政治の世界』は単一テーマで刊行された唯一の書籍でありながら、著者本人によって流通を止められたままだった。その経緯と理由について多くの著述家が多くのことを述べているが、ほぼすべてが想像の域を出ていない。それが図書館等以外で読めるようになったのは『丸山眞男集』の刊行後であり、文庫化によって入手がより容易になったのは二〇一四年のことである(5)。しかし本書は第一版の刊行後、大きな反響を呼ぶ。その同時代的な反響について考察する前に、本書の内容について瞥見しておきたい。

政治の循環論

まず丸山は当時の同時代的状況を「政治化」の時代と規定する。その政治化の時代とは社会の横方向への広がり（支配領域の拡大）と縦方向への深まり（滲透性の増大）の同時進行だとされる。前者は国際政治の現状に対応しており、後者は戦時体制の確立に現れた通りである。そうした状況下で丸山が必要と考えるのは「政治の力を野放しにせずにこれを私達のコントロールの下に置く」ことである[6]。そのためには「政治的状況の基本的類型とその相互移行関係」の明確化が必要となるので、その関係を権力の介在による紛争解決という政治の一般的な循環形式として説明しようとする[7]。

その政治的状況の循環形式において、政治は紛争（conflict）（社会的な価値の獲得・維持・増大をめぐる争い）の解決（solution）として定義される。また制裁力を背景に紛争を解決する能力として権力（power）が発生することになる。そのうえで権力が自己目的化し、抗争の手段であると同時に目標となる[8]。そのうえで政治権力の生産と再生産の過程が政治集団内部の縦の権力関係と結び付き、集団外関係から集団内関係への転嫁が起きることによって、最終的には社会的価値の分配（distribution）という循環が完成する。こうして政治権力の再生産過程がマルクスの資本の循環過程をもとにして示される。

以上のような抽象的な説明に続いて、この政治権力の生産および再生産がより具体的に説明される。それは〈支配関係の樹立→権力の正統化→権力の組織化→権力及び社会的価値の配分→権力の安定と変革〉という循環である。こうした政治の一般理論の構築の最後に、丸山は「政治化」の時代について語る。それは前述したように社会がいっそう「政治化」する一方で、大衆の政治的無関心が増大するという「非政治化」が進む状態であり、同時代的な日本とアメリカが例示されている。マスメディアの発展は大衆の受動化を進め、チャップリンの「モダンタイムス」に描かれたごとく、機械文明が社会組織の機械化と人間の部品化・部分人化を進める。こうして「砂のような大衆」によって、民主主義の地盤のうえに独裁制が成立する危険性が高まるのである。[9]

結論部分ではこうした事態を防ぐための「方向性」が示される。それらは、民衆の日常生活のなかで政治的・社会的な問題が討議される場の形成、民間の自主的組織による民意のルートの多元化、労働組合の活性化、社会保障の充実などである。しかしそれらの保障も「ある天気晴朗なる日に突然天から降って来るわけでなく、やはりそれ自体私達の日常的な努力と闘争の堆積によってのみ獲得される」という結論に至る。[10]

政治学の科学化

このような本書の位置づけについては多くの議論が可能であるが、ひとまずはこの当時の政治学者に与えた影響について考えたい。たとえば三谷太一郎は東京大学に入学後、教養部の「政治学」を受講したとき、担当教員だった京極純一が「これ以外の参考書は読む必要がない」とまで言ったと記憶しているという。その三谷にはこの『政治の世界』が「戦後日本が生んだ最も独創的で最も普遍的な知の啓示」であるように思われたとのことである。[11]

具体的にこの書籍の内容が意味したのは、日本の政治学が戦前のドイツ国家学からアメリカ政治学（より明確には行動主義政治学）へと大きく方向転換する契機となったことである。この転換が戦後日本政治学の起点となった。本書以降、それまで政治学の世界で言及されていたシュミット、ケルゼンといった固有名詞はイーストン、ラスウェル、ドイッチュへと変化していく。また松本礼二によれば『政治の世界』は、岡義達、京極純一、神島二郎、前田康博らによる重要な後続業績も生み出すことになった。[12] しかしそうした反響にもかかわらず、丸山自身はこの「純粋政治学」を放棄し、構想は未完に終わる。

高畠通敏は『政治の世界』について、『丸山眞男集』の「月報」において集中的に論じている。そこではこの「科学的政治学理論の確立」という丸山の構想が未完に終わり、『政治の世界』が絶版のままだった理由について

「私のそれからの仕事は、その理由を私なりに考えるなかで、紡がれてきたといってもよい」とまで書かれている。[13]

続いて高畠は丸山の「政治の世界を経済の世界になぞらえてモデル化することの限界」について指摘し、権力の集中と遍在に関する丸山の議論の「より根本的な問題は、政治の世界を社会的価値をめぐる権力闘争の世界として割り切ることにあった」とする。つまり、丸山が依拠しようとした行動主義的政治学について、「それはニヒリズムの政治学でもあった。行動主義政治学は、権力エリートに対抗する大衆運動や市民運動をも、もう一つの権力として分析する用具しかもたなかった」と指摘する。そして丸山が『政治の世界』を絶版にしたのは、「政治の世界をこのような形で権力闘争の世界として描きることの限界を自覚」したためではないかと推量するのである。[14]

丸山の『政治の世界』の構想を政治実践の観点から捉え直すと、これは近代哲学上の認識論の発展がホッブズ、ロック、ルソーに至る政治理論を同時進行的に発展させ、そのことが結果的に専制君主の政治権力を市民に譲渡させることになったというその西欧近代のプロセスを、日本の戦後空間において戦前の負の遺産を悔恨的に活用することによって民主化の実現として再現しようとするものだったと言えよう。その意味において、丸山にとって政治理論の構築は政治実践の一部だったのである。

三谷太一郎は『政治の世界』を、さらに具体的な政治状況に置くことで、丸山の目的を明確にしようとする。三谷によればこの構想は「『ファシズム』を阻止する広範な国内政治連合および同じ目的のための国際政治連合を成立させるための戦略戦術とその根拠を提示することを試みた」ものであって、「反ファシズム国内政治連合の構想」と即応していたということになる。[15]六〇年安保によってその構想は頂点を迎えるが、その運動の衰退と同時に丸山は自らの研究を日本政治思想に関するものに限定するようになる。

以上のような論点と関連づけて考えると、『政治の世界』が専門家のみを対象としたものとはなっていない理由も了解できる。郵政省人事部企画の「教養の書」シリーズの第一九冊目であり、サンフランシスコ講和条約締結直後に発表されるという時代状況は考慮する必要はあるものの、あくまでも一般向けに刊行されたものである。したがってこれは松本礼二も述べるように、「高度に専門的な知見を分かりやすく語る」ことが本書の特徴ともなっている。[16] また「高度に専門的な理論的探究と市民の政治的実践、それを支える政治教育とが、使い分けでも切り離しでもなく、有機的につながり合い補完し合っている」のもその通りではある。[17] しかし議論すべきはその繋がりと補完の態様ではないだろうか。したがってここで問題となるのは、こうした繋がりの主体となるものは何かということである。そこで以下の部分では、丸山、高畠の理論における主体の問題を論じたい。

3　政治の主体と研究の主体――「全身政治学者」としての高畠

精神貴族と常民

高畠は先に挙げた「月報」とは別に、丸山の『政治の世界』に言及している文章を書いている。そこで高畠は丸山の他の著作における政治現象を論理的に照射する丸山の建築家的手腕を高く評価したうえで、「私がより強くひかれたのは、今にして思えば丸山におけるもっと不透明な部分だった」と回顧する。それらの不透明な部分のなかに、先述した『政治の世界』で丸山が試みた「純粋政治学」の放棄された理由などを挙げている。そして「丸山政治学のもう一つの側面」として、「今や政治指導者ではなく民衆において、〈近代的〉な政治精神が樹立されなければならないという問題意識であり、民衆の自立とは何かという問いをうちに秘めた政治分析の方法の問題」が浮上するという。[18]

もちろんすべてのものに〈限界〉があり、あらゆる学問は挑戦されのりこえられる歴史的運命にあるということを指摘したうえで、高畠は「のりこえられるということは、論理的不完全さが修正されたというよりも、むしろ時代の転回が問題に新しい照明をあたえ、別な視角をひらくという意味であることが多い」と述べる[19]。そして高畠を丸山政治学へと導いたのが自分自身の学生運動における挫折体験であったことを認めつつ、その丸山政治学への批判的視点を形成したものは六〇年安保以来、市民運動に参加し続けてきた体験だったとする。その体験を経たことによって高畠の関心の重点は以下のように移動したという。

精神の抽象的な自立よりもそれを支える社会技術や伝統の問題、個人のバラバラの自立よりも集団が内的にデモクラシーを現実化して集団として自立してゆくことの方を重要に思うようになってきた。丸山政治学は、この視点からすれば、いわば肉体を欠いた精神であり、インテリ好みの主知主義的な自立論のように思えてきた[20]。

ここでおそらく高畠が想起しているのは、たとえば丸山の「ラディカルな精神的貴族主義がラディカルな民主主義と内面的に結びつくこと」といった表現に見られるような「精神の自立」だろう[21]。このような丸山の「精神の自立」について遠山敦は、「精神主義とでもいえるような『理念』への『偏向』というその生き方や倫理的態度であり、またそれを生涯を通じて一貫して維持した精神の強靭さ」と表現している[22]。

丸山の「純粋政治学」で期待されている以上のような主体像は、自身の情念を否定することにより「政治的ロマン主義」を否定する存在である。また「事実としての存在拘束性」を認めながらも政治的党派性も否定しないことによって民主化という政治的目的意識を維持し続ける存在である。精神の強靭さによって「理念としての学問的客観性」も維持されることになる。これが、丸山政治理論における少数者によって維持される「ラディカルな精神的貴族主義」の視点である。

以上のような視点を丸山の戦後民主主義構想において検討してみると、丸山自身は戦前から戦中期におけるいわゆる「重臣イデオロギー（重臣リベラリズム）」を批判しながら、その重臣イデオロギーにみられる貴族主義的な要素を継続していると言わざるをえない。自由で自発的な個人による会合での議論を通じて精神を鍛えられた人々がそれぞれ「少数者」として民主主義を維持し、多数者を様々な少数者に分節化して具体的に理解するという状況、つまり「ラディカルな精神的貴族主義がラディカルな民主主義と内面的に結びつくこと」は本当に可能なのかという問いである。

この点に関して高畠は、丸山が没した際の追悼文においても若干異なった表現ではあるものの、関連した指摘をしている。丸山に対しては戦後日本の民主化状況における「西欧近代主義者」であることへの批判、あるいは「国民主義者」であることへのポストモダンやポストコロニアルな視点からの批判などがあるとしたうえで、しかし本来より批判されなければならないのは、「丸山の思想的道具立てのなかで、近代ということと市民ということの区分が、いま一つ明確でなかった」ことではないかと指摘している。「マキャヴェリやヒトラーの主体性と市民の主体性は明らかに異なる」からだという。[23]

この問題に対して前記のような疑義をもつ高畠は、丸山が想定している政治主体と異なるものを主体としている論者として京極純一と神島二郎を挙げている。[24] 京極純一にとって「秩序形成能力のある主体的市民」の自立の核は、「とらわれない知的な精神」でも「共同生活を営む常民」でもなく、それぞれの内面的信仰に根ざすことであり、その上に「賢さ」によって和解と協力と秩序を築いてゆくことを求めたのである。また神島は政治主体としての「語らざる民衆」を導出するために「第二のムラ」や「常民」の思想を展開した。

神島は丸山眞男の政治理論と柳田國男の民俗学を統合させながら独自の理論体系を作り上げたことで知られているが、この「常民」概念ももちろん柳田からの影響が強いものである。ここで神島は、政治を「権力者と民衆の永遠の対立」とする世界観から解放しようとしている。政治を知識人の言説からではなく民衆の「民俗」的行動様式から了解しようとする方法である。高畠がこの神島の方法を評価するのは以下のような認識がもとになっていると思われる。

官僚的福祉国家観が主流を占めるわが国の政治体質の中では、リベラリズムの政治観は、「精神貴族」としてのインテリのペシミズムのあらわれでしかなく、また、日本のフォークロアの世界から政治を見上げることには、いつも過剰な「怨念」や「情念」がつきまとっていたり、また、逆に農本主義的なコミューンへの「あこがれ」にただちに回帰したりという傾向が強かった。(25)

全身政治学者

つまり、情念や怨念が政治社会に結び付く論理自体を問題にしていたのであり、情念や怨念は政治社会に直接的には結び付かないことを強調しているのである。そうした力学を解明するために神島の「常民」概念は有用だった。高畠は「天皇制の思想風土」についてもこの視点から以下のように述べている。「知識人は、大衆の中から脱出的に上昇し、それゆえに、自身のうちに大衆性を無媒介に温存させる。他方、知識人に置き去りにされた大衆は、実感的な生活の世界に埋没する。天皇制は、この思想のさけ目にしのび込み根を張る」ことになるのである。(26)こうした局面に至って問題となるのは政治主体としての知識人の責任である。そこで以降の部分ではその問題について論じたい。ただしその問題も、本章のテーマである戦後日本における政治理論の構築という視角からの問いに限定して論じたい。

まず丸山は「政治理論」と自分の政治行動との距離について次のように述べている。

私の学問的な関心方面の「自然の発露」ではなくして、むしろ心理的にはそれにさからって、――評判の悪い言葉をあえてつかうならば――一人の市民として止むなしと「観念」しての行動の一部であった（したがって、なにか私の政治学の理論を――そのようなものがあるかどうかは別として――いまこそ適用し「実践にうつす」好個の機会として「魚が水をえた如く」活躍したというようなイメージで当時の私の言動を批判されたり、おだてられたりしたときほど、オヤオヤという奇妙な感じがしたことはない）。[27]

よく知られているように、丸山は自身の活動に関して「本店」と「夜店」という使い分けをしていた。「本店」とは自身が専門領域とする日本政治思想史研究のことであり、それに対して「夜店」とはジャーナリズムを舞台とした時事的な言論活動のことである[28]。ただ、先の引用からも分かるように、この「夜店」についての丸山本人の違和感は、「本店」との内容的な距離のためではない。またさらにその副業的な位置を問題にしていたわけではない。

丸山が他の知識人と異なるのは、この知識人による共同体に対して使命感とさえ言えるほどの責任と義務を自らに課していた点である。専門研究者の枠を越える普遍的知的共同体への希求である。その知的共同体の成立を阻むものとは何か、という点が丸山の古典研究のテーマとなっていった。『「文明論之概略」を読む』などはその典型である。それぞれの時代の「現実」が絶対的な意味を独占してしまうという日本社会の歴史性を問題にしたのである。したがってその批判こそが丸山にとっての啓蒙活動の中心となる[29]。

しかし、高畠の場合はそのような啓蒙が議論の中心になることはない。高畠の論考には、先に引用したような丸山の述懐のように「〇〇としての行動である」といった表記がほとんど見られない。「市民として」「研究者として」という人格の分離の観念が高畠にはなく、むしろ常に統合された全人格をもとに発言し、著述活動を行っているような印象を受ける。この意味において高畠はいわば「全身政治学者」なのである[30]。

だからこそ高畠においては研究者・市民運動家でありながら、教員としての自己限定、禁欲が強く、『政治学への道案内』などの教科書や入門的論文など、若年層の人々や学生が読むことが想定されている著作については自らの政治性を説くことがほとんど見られない。もちろん丸山も政治学的論考は政治的主張でないことに対して非常に意識的かつ自覚的だったが、それが、前述の「人格分離論」に基づくものであるのに対して、高畠の場合は、そのような使い分けが否定され、（おそらく高畠からすれば）都合のよい「人格分離論」ではなく、一個人の確固たる統合性に基づいて、自己の主張における政治的禁欲性が展開されるところに、両者の象徴的な差異を指摘することができる。

高畠がこうした認識に至る経緯は自身の市民運動への参加によって形成されたと思われるので、その過程について論じたい。ちなみに高畠は他の文章で丸山のアカデミズムへの撤退と藤田省三について言及している。それによれば、丸山は「思想史家としての任務を、代表的な知識人の認識枠組みの分析に限定し、六〇年安保以降は日本の現代についての発言をやめて大学の研究室に戻り、時代を超えた日本の思想の原型を探るアカデミックな仕事に集中していった」のに対して、藤田省三は「在野の一知識人として、現代の思想的課題に正面から取り組み発言しつづけ」、藤田が師事し敬愛した丸山眞男の射程から自然にはみ出し、独自の地歩を築いたと対比的に評している(31)。後にこの藤田の行動が高畠に対して市民運動の現場で大きな影響を与え、高畠自身が運動の政治理論化を進める契機の一つになっていく。

パチンコ玉の落下理論

一九五三年以降、思想の科学研究会に参加していた高畠は、続いて鶴見俊輔による転向研究会にも参加する。鶴見と高畠はともに一九六〇年六月に画家の小林トミの発案から始まった「声なき声の会」に参加する。そうした市民運動への高畠の参加から一九六五年の「『ベトナムに平和を！』市民文化団体連合」、のちの「『ベトナムに平和を！』市民連合」（通称：ベ平連）の結成、組織化に至る経験が高畠に市民運動の理論構築を必然的に要求したと考えられる。しかし情況はより複雑である。

日米安保条約反対運動のあと、市民運動が停滞していくなか、一九六〇年一〇月には浅沼稲次郎社会党委員長の刺殺事件が起こる。翌一九六一年二月には、『中央公論』一九六〇年一二月号に掲載された深沢七郎の小説「風流夢譚」に抗議する右翼によって、中央公論社の嶋中鵬二社長の自宅が襲撃されて家政婦が殺害され、社長夫人が重傷を負うという事件があった。

そして一九六一年一二月には、天皇制特集号だった『思想の科学』一九六二年一月号が、編集を担当していた思想の科学研究会には無断で中央公論社によって断裁される。その後の紆余曲折を経て『思想の科学』は思想の科学研究会によって自主刊行されるようになる。しかしこの事態の推移のなかで、思想の科学研究会の中央公論社に対する姿勢に反発した藤田省三は脱会届を公表するに至る。鶴見、久野収、さらには竹内好、永井道雄などもこの一連の問題に関係してくるが、ここで高畠は当時の思想の科学研究会事務局長として、会長である久野収と行動をともにし、事態の収拾に尽くそうとした。そうした問題を処理しながら高畠は自らの市民運動の理論を構築していく。

その経験のなかで高畠は、『思想の科学』が目標としていたのは本来「生活者との交流」であって、それは「専門家」と「生活者」の対比という二元論を否定するはずであったことを、「シンマイ事務局長」として再認識するに至る。しかし、日本の社会構造に強く居座る「実感主義⇕抽象的訂正」「生活者の哲学⇕アカデミックな理論」「ホンネ⇕タテマエ」という二元論において、会がそれぞれの前者の立場を選択し、後者を排斥的に拒絶することになるのであれば、思想の科学研究会は大衆社会化の波に埋没するという疑念を持つに至るのである。(32) こうして「二階家」的思想構造としての日本の伝統的哲学が批判されるに至る。

当時の思想の科学事務局長としての高畠の行動は、「ときに極めてラディカルになるにせよ、『思想の流派としては妥協を重大に考えている』と生涯を回想する鶴見の流儀にもかなっていた」と都築勉は指摘している。また「高畠や鶴見にとっては六〇年安保の『声なき声の会』の運動が直ちにべ平連の運動に発展したと言うより、間に天皇制特集号破棄事件という極めて困難な経験を挟むことによって、より広く深く市民運動の論理を構築するようになっていたと考えられる」のである(33)。

こうした経験が高畠の運動の政治理論形成に与えた影響は以上のようなものだが、さらに問題を複雑にしているのが高畠の師である鶴見のアカデミズムに対する姿勢である。鶴見と行動をともにしながらアカデミズムの世界に生きることになった政治理論家としての高畠は、その鶴見の方法論について以下のように述べている。

ひと一倍情念の強い躁鬱気質の鶴見が、冷徹な自己抑制と無機的な資料捜査を必要とするウェーバー的な了解科学や近代主義的な実証科学の道を追うはずがないと考えるのが自然である。ましてや、戦後の官学アカデミーの中でそれらが急速に正統性を確立しつつあるとき、反アカデミズムを旗印とする運動に執念を燃やしてきた鶴見が、素材こそ野心的とはいえ、方法的にアカデミーの亜流の道をたどるわけがないのだ(34)。

鶴見が理論についてどのように考えていたかについて高畠は次のようなエピソードも挙げている。高畠がサークル（転向研究会と思われる）で発表したとき、「鶴見があげる転向の類型学の諸要因、状況・気質・強制力の種類・イデオロギー等を組み合わせつつ、ひとはいかなる要因の組み合わせによりいかなる転向をするか」を説明しようという「転向についての〈雄大な〉理論モデル」を高畠が発表したところ、鶴見は「そんなパチンコの玉の落ち方の理論みたいなものに意味はない」と一蹴し去った、というのである。転向学を打ち立てようとする鶴見にとって究極的に意味をもたせられていたのは、「明らかに〈例外〉的にはみだす個々の玉の名実なのであって、玉の落ち方の実証的な一般理論でもなければ、クギの配列の仕方についての構造的了解でもなかった」のである。[35]

このような鶴見の方法論を間近に見ていた高畠にとって、ここで批判されているような「アカデミーの亜流」や「パチンコ玉の落ち方の理論」のようなものに接近することがあるはずはなかった。

とはいえ高畠にとってその鶴見の方法論や問題意識をそのまま肯定・継承することも自らの主体性の放棄を意味するのは間違いない。そのため両者の間の方法論的差異は多くの点で見られるのは当然である。以下の部分ではその差異について、両者による共同作業の中心である「転向」に関わるものに限定して考察してみたい。それは彼ら自身の戦争体験とその思想的影響が方法論に与える影響に関わるものであり、簡潔に言えば貧困という事象をどのように歴史化するかという問題だった。

4　戦後政治学の倫理性

転向論と「カサ学」

鶴見は日本の戦時精神史への自らの接近方法について、転向に注意してこれを見ることであるとして、それを「転向論的方法」と呼んでいる。そして「昔、学問の方法がわずらわしくなりすぎたことに警告を与えようとして」ある学者が提唱しようとした「カサのさまざまの種類についての精密な分析と分類法」による「カサ学」という科学と、自分の転向論を対比している。「転向論などというものは、皆さんにとってカサ学と同じように役立たずのわずらわしい議論と思われるかもしれません。だが私にとって、転向論（中略）は私が自分の位置を知るうえで自分にとっては役に立った考え方」だったと述べている。[36]

その転向論を鶴見は「比較転向論」に向けて拡張もし、リリアン・ヘルマンの『眠れない時代』を引用しながら、「赤狩り」時代の精神史を転向という観点から論じる。冷戦期の「自由主義」陣営の中心であるアメリカにおいて自由主義が崩壊していくなかで、ヘルマンが最後に獲得した、あるいは最後まで守り通した重要なものとして「まともであること」を挙げていることを紹介したうえで、この「まともさの感覚」はマッカーシー旋風の時代を生きた戯曲作者自身の哲学としての意義ではなく、他の精神史的問題においても重要だと指摘する。その例として鶴見が挙げるのがカナダにおけるE・H・ノーマンの例である。チャールズ・テイラーによる『六つの旅――カナダの型』において描かれたノーマンの像を追いながら、カナダでの転向問題を論じ、そこでもこの「まともさの感覚」について重ねて強調する。[37] これらのアメリカとカナダの事例を通じて鶴見は「転向の問題が戦時日本の国境内にとじこめられているものではない」ことを示す。さらに転向は資本主義諸国の問題にも限定されず、ソビエトロシアのブハーリンやソルジェニツィン、中国の老舎の例までも対象とされていく。[38]

鶴見は自らが認めるように自身の転向論を日本共産党の転向概念と対比しながら規定していった。日本共産党の転向観とは、日本共産党の現在の方針と異なる思想をもつようになることが転向であり、現状についての科学的把握の失敗であるとみなすものである。この日本共産党の転向観によれば、議論すべき転向とは一九三〇年代の日本に起こった現象に限定されることになる。[39]

また鶴見の転向観は吉本隆明の転向論とも鶴見自身によって対比されている。吉本は日本共産党の転向観を批判しながら、転向とは知識人が「社会総体を把みそこねたために起こる思考転換」のことだとする。[40] この吉本の「社会総体」とは換言すれば「大衆」のことである。吉本にとって転向とは知識人階級が大衆から乖離すること、いわば知識人の「世間知らず」によって生じる「悲劇」なのである。だからこそ吉本は知識人が大衆を理解しないことを批判する。

たとえば吉本は、西部邁の「転向」についても西部が自分の著作で「大衆」や「民衆」という概念を使用しないことを指摘し、それは「知識人の左翼性を象徴しているのかもしれ」ないと述べる。現在の西部が「一種の頑強な保守性を意図的に強調するのは、あの時代（引用者注：六〇年安保の時代）に、『大衆』に対する意識が落ちていたことに対するコンプレックスが尾を引いている」と批評するのである(41)。

鶴見はこうした吉本の転向観を「近代日本の社会構造に自分自身を投入して考えることに失敗した結果、知識人のあいだに起こった観点の移動」と整理する。そのうえでその転向概念には「一九三〇年代の状況と有効に取り組むことのできなかったすべての例」が含まれてしまうのであって、転向とは「すべての非効果的な思考」の別名になると批判する(42)。

以上のような日本共産党と吉本隆明、そして両者の転向概念を批判する鶴見にとっての転向概念は二つの条件によって構成される。国家の強制力の発動と、個人や集団の自発的選択としての反応である。つまり「国家の強制力行使の結果として、個人あるいは個人の集団に起こる思想の変化」が鶴見にとっての転向なのである。したがって鶴見にとって「転向それ自身は本質においていいか悪いかということは、この定義によっては規定」しないことになる(43)。しかしそれらの実例から「実りあるものを明らかにしたい」とするのであって、その基本的な価値観は鶴見にとって先述した「まともさの観念」であり、それは他の表現を使用すれば「真理への方向性の感覚」となる(44)。

そしてその「転向の過程そのものが鎖国性という文化上の特徴に由来している」以上、転向と日本の鎖国性をどのように対比させ、鎖国性という所与の条件のなかから「実りあるもの」を導き出すかが転向研究の主題となる(45)。つまり鎖国性に覆われている日本全体のなかでさらに鎖国的な状態を作り出すような「例外的なもの」や「少数者」に見られる「まともさ」を拾い出していくことが転向研究として求められる。いわば、「鎖国性のなかの鎖国性の発見によるまともさの感覚の追求」である。これは転向研究のみならず、鶴見俊輔の方法論の根幹とも言えるものである。

焼け跡闇市派

高畠は共同研究『転向』への参加から始まる自らの研究について、特にその継続的かつ基本的な視角について以下のように述べている。

それは政治理論というものを、イデオロギーや論理のレベルでとらえるのみでなく、その背景となっている運動と時代の文脈に位置づけてとらえ、さらにそれをささえる理論家たちの主体的意図や心情に即して分析するということだった。このようにして、思想問題を政治分析と関連させるとともに、政治問題の解き口として、単に社会や経済あるいはエートスの構造分析だけではなく、人間主体のあり方の問題を積極的に導入したいというのが私の目標だったのである。(46)

自らの研究の方法論を「カサ学」と比して紹介する鶴見の文体とはいくぶん異なる調子がここには感じられる。「焼け跡闇市派」を自称する高畠にとって、鶴見の方法論は尊敬するものであると同時に、おそらくそのある部分は許容さえできないものだったに違いない。その理由は高畠自身の敗戦経験にある。正確には一五年戦争期の父との関係、それに伴う貧困の経験が高畠に与えた影響を考慮しなければ、この高畠と鶴見の方法論的差異は明確にはならない。しかしその差異について考えることは、政治理論の有用性一般についての重要な示唆を得ることになるはずである。

高畠は父について次のように書いている。

私の父は、富山の保守ベルト地帯の貧乏人で、中学にもゆけず、銀行のボーイをしながら、人より七年遅れて大正一一年、ようやく金沢の四高に入学した男ですが、そこで知り合った中野重治、石堂清倫らとともに、東大に入るや直ちにすでに社会主義化した新人会の運動にのめりこみ、大学を出て弁護士になるや、大山郁夫の労農党の幹部となり、新潟の小作争議の顧問弁護士などをしながら、戦前の昭和時代、すなわち私の子ども時代を、貧乏な左翼弁護士として過ごしました(47)。

高畠の父が参加した東大新人会の活動を鶴見は積極的には評価していない。それどころか、一五年戦争期における転向の「非生産的」事例の代表とさえ言えるような位置を与えている。たとえば、赤松克麿や宮崎竜介によって結成された東大新人会のメンバーが大正デモクラシーのもとで吉野作造が目指そうとした「穏やかな民主主義の原理」に対抗して、それを「あまりに穏やかすぎる無意味なもの」と感じ、社会主義政党と労働組合に結び付いたことを鶴見は指摘する。さらに彼らの運動が、一九三〇年、赤松の社会民衆党書記長就任に象徴されるように、国家社会主義へと向かったことを鶴見は批判している(48)。

鶴見が多用する重要概念である日本の「鎖国性」という社会構造（鶴見の表現では「舞台装置」）の作用の結果であるとはいえ、「それまでの急進派ならびに進歩的な思想の容れ物となってきた東大新人会のスタイルはたやすく屈服し、自分たちの思想を軍国主義ならびに超国家主義の国策宣伝に姿を変え」たと鶴見は規定し、「これが一九三〇年代の転向に見られるふつうの形」とも述べている(49)。また、このような鎖国性のなかで必要とされるであろう洞察力にも新人会は欠けていた点について次のように述べている。

その鎖国性は状況が刻々もたらす新しい難問に直面します。鎖国性が日本文化の主要な傾向であるあいだは、それによっては日本は今日日本のもっている問題と効果的に取り組むことはできないでしょう。東大新人会員たちはこのような新しい状況の困難を自覚していたと言えますが、彼らがその課題と取り組む方法においては十分な洞察力をもっていたとは言えません。日本の未来についての洞察力に欠けていただけでなく、彼ら自身の未来への洞察力にも欠けていました。(50)

こうした鶴見の新人会批判に対して高畠は自らが人生の最後に書いた私信において反論するのであるが、その反論の前に次のように書いている。

この半世紀、鶴見さんとお付き合いいただきながら鶴見さんとほとんどお話ししたことがなかったのが、私がいかに貧窮のなかで青春時代を送ったかということでした。その点、鶴見さんは、はじめから私にとって別世界の人でした。そうだったから、私は鶴見さんに引き付けられたのでしょう。しかし、鶴見さんがこの問題にふみこもうとしてこなかったことが、今にして思えば、思想の科学の民衆へのアプローチに一定の狭さをもたらしていたようにも思います(51)。

そして、戦前の「貧乏な左翼弁護士」だった自身の父と東大新人会の関係について述べたあと、「新人会が吉野作造のリベラリズムをロシア革命の流行によって弊履のように捨て去ったというよりも、頻発する小作争議や労働争議に対して、吉野作造的なリベラリズムは何の対応もできなかったという事情が、そこにはあったのではないでしょうか」と指摘し、東大新人会の吉野的リベラリズムからの乖離を擁護する(52)。

これは明らかに鶴見の『戦時期日本の精神史』における東大新人会に対する批判への反批判である。それも単に父に対する擁護から派生した付随的な批判というよりも、鶴見の「民衆へのアプローチ」の機能不全に対する正面からの批判である。そしてまたこれは、富裕層出身であり、後藤新平の孫、鶴見祐輔の息子という日本近代を代表するエリートである鶴見に対して、そうした出自の人間が大衆社会を理解するのは原理的に無理なことではないかという懐疑の提示でもある。

東京大学法学部出身の高畠がエリートでないと自称することについては多くの意見があるだろう。しかし高畠にとっては自身の貧困体験の意味があまりに大きく、そのことによってエリートという呼称は絶対的に否定されるべきなのだ。同様に「坊ちゃん」という表現も高畠のなかでは高度に否定的な表現であるらしく、その使用頻度は多いが、とくに自らがそのように表現されることに対しては、やはり自身の貧困の経験に言及しながら強く拒否している。たとえば先に引用した李恢成宛の私信のなかでは「戦後、あなた（引用者注：李恢成のこと）が垣間見られた、私の東大助手時代は、実は、李さんが思われたような坊ちゃん秀才の成功物語ではありません」と書かれている。[53]また鶴見に対しては日比谷高校在学中の自分について以下のように伝えている。「お坊ちゃん集団の中に、つぎはぎの服を着て軍靴をはいている『浮浪児』まがいの少年が私なのです。日比谷でトップの学生が、二間に七人で住み、受験期なのにアルバイトしながら参考書を買わなければならないなど、今の子どもたちには想像もつかない暮らしでしょう」[54]。もちろんこの「今の子どもたち」と鶴見は近いところに存在すると考えられていると思われる。

先に記したような吉本隆明の「大衆信仰」に基づくものとは異なる鶴見批判である。もちろん吉本の転向研究については鶴見が評価している部分もある。鶴見は吉本の転向論について、一九三〇年代の「日本共産党がソヴィエト政府からあたえられた政策を守ることをとおす非転向と、日本共産党個人が日本政府の戦争政策を受けいれる方向にかわる転向とを、ともに不毛な思想とする」ものである点を評価している。[55]そのような吉本の方法論によって「非転向への不毛な固執を避けて、しかしまともな人間として現代に生きてゆこうという考え方」が提示されることを評価しているのである。(56) まさにこれは先述したような「鎖国性のなかの鎖国性の発見によるまともさの感覚の追求」である。しかし問題はこの「まともな人間」の「まともさ」が何によって維持されうるかということである。

高畠の鶴見への最後の私信での指摘はおそらくはこの点に関わっている。鶴見はその追求を彼自身の著作のなかで実践しているのだが、そもそも社会のなかの貧困という問題が理解できない鶴見には「民衆へのアプローチに一定の狭さ」があり、それは非常に重大な方法論上の欠陥だと高畠は指摘しているのである。鶴見の吉本に関する評価も、そしてまた東大新人会への評価も、転向研究という高畠自身と鶴見による共同作業の中心的課題に関するものであり、その他の思想研究も含めて鶴見の基本的見解とも言えよう。

これもまたおそらくは長い時間にわたる共同作業中が鶴見と高畠によってなされたはずであるが、その共同作業中にはこの批判を伝えず、自らの死に際してその重大な欠陥を伝える高畠の心底にあったものは何だったのだろうか。その私信の最後で高畠は次のように書いている。

私の貧困は、この父と戦争が生んだ焼け跡闇市世代の真っ只中にいたこととが重なって生まれたものです。（中略）しかし、ふりかえってみれば、焼け跡闇市世代は、せいぜいほんの、四、五年の厚みしかない世代です。結局、それは歴史のエピソードに終わってしまう物語なのかもしれません。(57)

自らを「歴史のエピソード」と矮小化しているように見える文章である。しかしここに表れているのは戦後日本の永続こそを祈った政治学者の姿である。もちろん戦後とは次の戦争の開始によって終焉する。高畠にとって最も重要だったのは日本が次の戦争をしないことだった。その判断のもとには骨の髄までしみ込んだ貧困の恐怖がある。次の世代にあの貧困を体験させせないためには戦後を継続させるしかないのである。ここに高畠の論理の高度な倫理性が生じる理由がある。戦争を二度としてはならないという「貧者の倫理」である。そこには大衆からの距離もあるはずがなく、大衆の日常に基づいた社会認識しかありえない。

鶴見の政治性や学問的姿勢には間違いなく傾倒していた高畠だと思われるが、その貧困への無理解については生涯にわたって違和感をもっていたのではないだろうか。自らが勤めていた大学を、それらが正当な理由だと認められるとはいえ、二度（六〇年安保時の東京工業大学助教授辞職、七〇年大学紛争時の同志社大学教授辞職）も大学の職を辞する鶴見の姿に、おそらく高畠は「焼け跡闇市派」の一人として距離をとろうとしたのではないか。経済的な基盤を失うことへの恐怖を感じない人々への不信感に近いものだったかもしれない(58)。そしてそれは社会に対する理解の方法についての「単純すぎる視点」「机上の空論的視点」のようにも思えたのではないか。そうしたアポリアを超克しようとして高畠が抽出しようとしたのが「日常性の思想」だと思われる。

5　実　践

研究、運動、教育

既述したように高畠はある種の「全身政治学者」として、領域別の発言や、時機に応じて自らの発言の政治的意味などを使い分けるという発想をそもそも持っていなかったように思われる。したがって政治学者としての専門研究、活動家としての市民運動、大学教員としての教育活動の三つの類型的行動は高畠のなかでは（少なくとも本人の意識のなかでは）対立しあうことなく、自然に融合していたはずである。もちろんそれらは実際の行動によってのみ成立する以上、それら三種の同時実践なくして、高畠も成立しえない。そして最終的にその三類型の融合を可能にしていたのは、高畠の思想のなかでもとくに独創的だと思われる「日常性」の思想だったのではないか。これよりあとの結論部分において、その理論と思想の構造について考えてみたい。

まず研究者としての実践についてである。転向についての共同研究への参加から始まった高畠の研究者としての活動は、その直後に東京大学法学部の助手として発表した「アメリカ近代政治学の基礎概念」へと展開していく[59]。この助手論文での行動主義的アプローチとモデルにおいても問題意識は明確だった。象徴化された社会規範の体系によって政治現象の説明に代えようとすることへの反発や、それまでの「制度主義」への批判は非常に顕著である。そうした基本姿勢のもとで「経験的」「科学的」な政治学が追求されている。そうした研究主体としての思想的宣言となっているのが「職業としての政治学者――政治学入門以前」である。

高畠にとって「政治人」とは現実への関心をもち、指導・支配への意欲を持ち続ける存在である。それに対して「政治学者」は、どこかで政治に挫折し、客観性・科学性をもとに政治に最接近する人間として規定される[60]。そして丸山眞男の「現代における人間と政治」に対して、とくにそこで提起される「マージナル・マン」としての政治学者の位置について検討される。常に自分が属する組織の周辺に位置することによって、内部と外部の間の緊張関係を体現することが重要であるというこの丸山の「マージナル・マン」を高畠はいったん「批判的知性の学」として評価する[61]。

しかし一九六八年の大学闘争を経た後でもそれは社会的に通用するのかという問いへと高畠は続けていく。つまり権力批判のパトスの空洞化が起こるのであって、「サラリーマン化した研究者群の出現」する状況を想定するのである。そうした状態で「市民の政治学とは何か」が維持されるためには単なるマージナル・マンという概念の提示では不十分だということになる。

つまりそこで必要となるのは支配の二分法の否定であって、「指導者と大衆、政治学者と一般市民という二分法を永遠不変なものとして固定化する思考法を疑うこと」が主張される。そのうえで、マージナル・マンが根本的に否定される。「こういう〈解毒剤〉的位置に自らを置くことが、いかに〈挫折〉と〈禁欲〉によって支えられているにせよ、究極的には専門への逃避の口実として、むしろ保身の役割を果たしているのが現実の機能なのである」。したがって重要なのは「権力を解体する市民の組織をどのようにオルグし、つくり上げるかという相互オルグの思想であり、そこに必要な技術と情念の問題」だということになる。こうして〈高貴な断念〉と〈冷徹な現実認識〉による戦後政治学ではなく、〈凡人のオプティミズム〉と〈方法的な模索〉による市民の政治学が提唱される。(62)

市民運動の自立性

研究の実践と同様に市民運動の実践については、「運動の政治学」において総合的に議論がまとめられている。権力は自らの精神（意志）によって他者の身体を動かし、市民は自らの身体を動かす運動によって他者の意志（精神）を動かそうとする、という定式に基づいた論考である。(63)

しかし先に述べたように高畠の運動理論は、抽象的に作り上げられたものではなく、思想の科学研究会、声なき声の会、べ平連といった運動の中心にいて経験したことが、この運動の理論の統合にも大きな影響を与えているのがよく分かる。興味深い例としては、こうした市民運動が既存の左翼政党や新左翼運動と連携するべきかどうか、という点について常に高畠は逡巡しながらも、最終的にはそれらを「権力の論理」の一部として否定する側にまわっている。

たとえば「声なき声の会」が六〇年安保闘争の最中、既成政党と距離をとる時、高畠は「自分たちの自発的心情が、効果の予測の上にのみ立つ政治の論理によって無惨にも引き裂かれた音」を自らの内に聞く。(64)また自分たちの市民運動において新左翼系の諸セクトと距離をとることについては、「市民運動をスローガンや路線における幅広主義としてではなく、ましてや革命への戦略や展望における統一としてではなく、大衆の根にあるところの心情に即した共同性の表現としてつくり上げてゆく」必要性を説いている[65]。

またベ平連は新左翼と協同すべきという主張がベ平連内部で優位を占めたことに対しては「市民運動を大衆運動として考える際の不徹底さが原因している」と批判したうえで、「そこにあるのは、大衆運動の、党派に対する基本的優位性への自信の欠如なのだ。この自信の感覚がないとき、市民運動は単なる量としての大衆運動の地位におとしめられ、特定の政治目的のための力の補完として動員され利用されるものに変形させられてゆく」と警鐘を鳴らす[66]。

これらの党派的政治に対する批判の根底にあるのは、「市民運動が根を下ろすべき大衆の心情とは、権力不信の心情」であるという確信である。そしてこの「権力不信」とは、単に政府を頂点とする体制的権力への不信であるだけではなく、反体制エリートのなかにもある〈小天皇制〉や〈小名望家社会〉への不信でもある。そのうえで「体制権力とエリート構造の交錯のなかで今や二重に疎外された大衆は、深い不信の心情を孤独の中でかみしめながら、マイホームの〈私〉へ逃避する」しかなく、「日本の大衆において、〈私〉を〈公〉に転化してゆく道筋が、その意味での〈私〉の〈個〉への転成が、反体制運動の中でさえ絶望的に閉ざされている」として、その不信感をもとに進展する管理社会化を批判するのである[67]。

以上のような記述から理解しうるのは、高畠が考える「政治」の観念である。つまり高畠にとって政治とは、政策レベルの議論でもなければ、政治的党派の選択の問題でもない。それはひとえに人々が政治に対峙するときの「スタイル」の問題なのである。そしてそのスタイルの優劣の評価は、それ自体にあるわけではなく、「より良い生活」への寄与という有効性による判定しかないのである。これは高畠の論考の各所で言及されるバーナード・クリック『政治の弁証』のなかの政治の定義とも即応しているとも言える。

こうした政治のスタイルへの言及は、一九八〇年代日本の地方政治のルポである『地方の王国』において、各地の社会党の状態を調査する際に、議席数さえ維持できればどのような政治スタイルでもよいと開き直る地方議員への批判として表れている[68]。また自民・さきがけとの連立政権に参加することによって瓦解していく社会党への激烈な批判とも通底する[69]。

繰り返すことになるが、高畠にとって以上のような研究の実践と運動の実践は、相互に対立するものでもなければ、使い分けるようなものでもない。ごく自然に一人の人間として実践しているものである。そしてそれを可能にしているのは、高畠の理論構造における「日常性」という概念なのである。

6　日常性と可能性の理論化

「二階家」の克服

高畠は「日常の思想とは何か」において、現代政治を「日常性と非日常性の往還」と捉えている。一見、マルクスとヴェーバーの基本概念の解説に読めなくもないこの論文において高畠が展開している論理の射程は限りなく広い。また本論文も、執筆時に全盛期を迎えていた全共闘と市民運動との距離を維持しようとする主張も含まれるのは事実である。日常性を否定しながら知識人を批判する新左翼ラディカリズムに対して、市民の自律性を維持するための方針が示されてもいる[70]。

しかしこの高畠の論文の中心テーマは、これもまた既述したような「理論と実感」「知識人と大衆」といった戦後日本の民主化状況における「二階家」的思想構造を超克するための方途なのである。「日常」について考え抜くことによって、ほぼ日本精神の宿命のようにさえ理解されかねない悪循環を断ち切ろうとしたのである。

高畠のその方法は、単純化すれば「日常のなかに政治を発見する」というものであり、非政治的領域を政治的に維持するというものである。つまり日常と非日常が相互に組み入れられることによって日常が解放・開放されていくのであって、そこに参画するのが主体としての市民だということになる[71]。この日常と非日常の相互交通による社会変革の構想は、あらゆる領域の「二階家」構造をも対象とする。個人の内面における公私意識の分裂に対しても、また社会と家庭、家庭と個人といったものまでも含まれるだろう。

主体的人間の回復

こうした日常性のなかの「政治の発見」こそが、政治的言説の有効性と可能性の証明になるのであって、その証明の方法こそが高畠にとってはリアリズムなのである。そうした可能性の技術の発見の方法について高畠は次のように述べている。

政治学者は、〈非合理〉的とされる大衆の行動の底に、直接的世界の中で主体的人間を回復しようとする力学のあることをみてとらなければならないし、同じように、経済的規定性に抗しそこからぬけだそうという民衆の自発的な力を無視することはできない[72]。

そしてそれらの「リアリティを〈可能性〉という幅において切り取り、政治における慣性的な法則性を、それを廃絶するという問題意識とともにとらえるという学問においては、その探究者個人の思想的活眼は、ある意味では、すべてなのである」と述べる[73]。

「現在」に還元しきれない「現実」の多様性を私たちは読み取るべきであるし、そうした姿勢がなければ、権力は「現在」のみを根拠に、権力への追従を私たちに要求するだけである。完全な支配がない以上、政治学が完全に体系化されないのは当然である。もしそうした「政治の完成」があるとすれば、それは悪夢のような社会以外ではありえない。だからこそ政治学のこうした未完成性・永続性は政治学に対する社会的要請を示している。これは逆説ではなく、政治の部分的進展、微調整による永続的な社会変革の可能性を示すという、政治学の中心的機能によるものである。

それらに全身全霊で打ち込むことが政治学者の責務だとすれば、たとえば丸山眞男における〈理論的探求、市民的政治実践、政治教育〉の相互補完はその責務への対応方法としてしごくまっとうなものである。たしかに松本礼二が、ある断念として陳述するようにそれを現代の政治学者に要求することは、「過大な要求」なのかもしれない(74)。しかし高畠通敏という実例は、丸山とは異なった形でその隘路が必ずしも不可能ではないことを私たちに示している。

終章　個人の経験と政治の状況
――ロベール・ルパージュ〈八八七〉論――

1　“Speak White”

開演時間ちょうど、ロベール・ルパージュが薄暗い舞台に現れる。徐々に明るくなるものの、芝居が始まった感はうすい。作、演出、美術、すべてルパージュ本人による一人芝居である。他に登場する俳優がいないのは当然である。しかし、どうもおかしい。いかにも普段着という衣裳をまとったルパージュは観客に英語で話しかける。「今日はよくおいでくださいました」。これは台詞ではない。自分の iPhone 5s らしきスマートフォンをこちらに見せながら、「でも携帯電話は切っておいてくださいね」など。おしゃべりである(1)。

しかし私たちは「はい、電源切っています」と彼に返すことができない。なぜなのか。それは彼が舞台におり、私たちが客席にいるからだ。その間の段差は一メートルもなく、彼との間の直線距離は最前列の客にとっては数メートルしかない。しかしその間には結界にも近い力学が働いており、私たちは彼に言葉を返せない。ましてや、芝居そのものが始まったかどうか分からないことに対する文句など、言えるはずもない。私たちはルパージュににこやかに話しかけられても、沈黙したまま微動だにせず、椅子に座り続けるしかない。身体に対する強制力である。

こうして典型的な政治権力を行使されながら、観客は疑問に思う。さきほどから、おしゃべりのすべては舞台奥の細長く巨大なLEDディスプレイ上に訳されている。どうやったらこんなおしゃべりを瞬時に日本語字幕化できるのか。そこで当然、次のことに気づく。これはおしゃべりではない。すべて前もって書かれ、翻訳され、入力されたものが、舞台上の発話のタイミングに合わせてLEDの明滅となって表示されている、と。即興性の高い演出や演技でも評価の高いルパージュが、今回はあえてそれをすべて封印している。

　そしてこのおしゃべりのような台詞の完全な翻訳に気づいたとき、もう芝居は始まっていたのか、と私たちは思い、その瞬間、さらに私たちは動けなくなっていく。しかしどう見てもルパージュのたたずまいは演技ではない。依然としておしゃべりである。スマートフォンをいじりながら、なおもこちらに話しかける。

　そこにはすでに「記憶」に関する言葉が入り込む。「携帯電話を使うようになってから、電話番号をおぼえなくなりましたよねえ」という指摘は観客の広い同意を得るだろう。そして台詞は「でも昔はいろんな番号を覚えていましたよねえ……そういえば僕の生まれた場所は……」などと続いていく。

　そこで彼が舞台に持ち出してくるのが巨大な矩形の舞台装置である。高さ三メートルほどの大きなロッカーのようにも見える。大道具というか舞台背景そのものというか、判然としないものの、どうもそれは集合住宅の巨大模型のようだと観客は気づく。そして、それが一九五七年生まれのルパージュが一九六〇年代に過ごしたケベック・シティの集合住宅であり、その住所と番地がマレー通り八八七番地だったことを舞台上の本人から聞く。ようやくタイトルの意味も理解する。

　話題はまた記憶のことに戻る。「最近ものを覚えるのが大変で……」。そのルパージュ本人が一週間後に開催される詩の朗読イベントでケベックの作家ミシェル・ラロンドが書き、かつてラロンド本人も朗読したフランス語の詩「Speak White」を朗読、いや暗誦することになった。「もうそれが覚えられないのですよ……」。政治家などの著名人も参加するイベントである。早く詩を覚えなければならないが、最初の一行も覚えられてない、と嘆く[2]。

その暗唱の困難に比べ、自分の幼児期の記憶はなぜこのように生き生きとしたままなのだろうか、と。ケベックの州都、ケベック・シティでのルパージュの記憶がアパートの模型を使用しながら語られ始める。そして彼の幼児期である一九六〇年代はカナダからの分離独立を求める「ケベック・ナショナリズム」の最盛期であり、その運動とルパージュの人生とが同時に語られ始める。(3)

そのマレー通り八八七番地のアパートには、イギリス系とフランス系、双方のカナダ人家族が住む。どうもイギリス系の方が豊かな生活をしているらしい。ルパージュ家の人々はフランコフォン（Francophone フランス語話者）であり、彼の父親はタクシー運転手として家族を養っているらしいということが分かる。またそのアパートには、アフリカ系の移民家族も住んでいる。(4)

その巨大なロッカーのような舞台装置であるアパートの各部屋には、住人のフィギュアも置かれている。それらを使い、まるで人形遊びをするようにルパージュは当時の記憶を思い起こす。その過去の記憶の鮮やかさとラロンドの「Speak White」の詩文を暗記しないといけない現在が交錯する。(5)

この「白く話せ」という言葉はもちろん英語発話者による他言語発話者に対する差別的言辞である。典型的には侵略や略奪、その後に続く植民地形成のなかで白人から有色人種に発せられるものだろう。しかしラロンドの詩の場合、そうした「白く話せ」という言葉にまとわりつく攻撃性は、カナダにおける英語使用者からフランス語使用者に向けられるものと重なる。(6)こうしたフランス系カナダ人一般の窮状が、タクシー運転手としての収入によって支えられているルパージュ本人の家庭によって具現化されていく。

またこのアパートだったはずの巨大装置が、ある変形を経てルパージュの現在の部屋になる。さらに変形すると、どこかのバーのカウンターにもなる。すさまじい時間の移動と空間の変形であるが、ルパージュ本人の意識の変化に沿ったものなので、舞台全体はおそろしいほど滑らかに進行する。

もちろんルパージュの個人的経験の中心は家族である。舞台が進行するにつれて、とくに父親との関係が幾度も語られる。その父もちろん貧困のなかで育ち、最初の労働は彼が八歳のときだった、などということも少しずつ観客は知ることになっていく。当時のケベックでは未成年労働者への報酬は多くの場合、現物支給だったそうだ。それも砂糖とタバコである。つまりは彼の父は八歳で喫煙習慣をもつ。成人して海軍に行ったものの、退役後は学歴がないためにタクシー運転手となった。ルパージュには兄、姉、妹がいる。その子供たちを母とともに育てた父は七〇歳を超えた頃、肺癌で死んだ。

英語が中心の台詞に徐々にフランス語の台詞も混じり始める。そのころには観客も複数の役と言語を演じ分け、使い分けるルパージュの俳優としての技量に驚嘆するのだが、すでにストーリーは加速されている。また、貧困に関わる話の暗さを気にさせないためかのように、ときおり示されるユーモアのタイミングにも気づく。しかしそうした舞台上の快活さがふたたび消失するのは、一九五七年生まれのルパージュが少年時代を過ごした一九六〇年代から一九七〇年代はケベックの分離独立運動における暴力闘争が最も苛烈、陰惨になったということが示されるためでもある。

2　「自由ケベック万歳!」

唐突に舞台上の巨大な装置は、モントリオールの中心市街地のミニチュアへと変貌する。小さな人形の群れによって多くの人が集まっている風景が作られ、それをルパージュは自分のスマートフォンのカメラで撮影する。集まっている人々はパレードを待っているようだ。その民衆の動画が舞台後方に大きく投影される。

そのとき万国博覧会がモントリオールで開催されていた。「Expo 1967」という名前のとおり、一九六七年のことである。四月二八日から一〇月二七日まで開催されたこの博覧会は、そもそも企画段階から混乱していたことで有名である。

カナダ政府としては建国一〇〇年を記念して万国博覧会を国内で開催しようとしていた。一八六七年、イギリス議会でイギリス領北アメリカ法（British North America Acts）が成立した。この法案によってアメリカ合衆国以北のイギリスの北米植民地に自治権が認められ、連邦制国家となった。それから一〇〇年である。しかし万国博覧会開催の候補都市をトロントとモントリオールのどちらにするかでカナダの国内政治は混乱する。結果的には、一九六七年に都市建設から三二五周年を迎えるモントリオールがカナダ政府案の万国博覧会開催都市として決定された。

しかしこの一九六七年はカナダ建国一〇〇年であると同時に、ソビエト連邦成立「十月革命」五〇年でもあった。そのソビエト連邦ではニコライ・ドゥドロフが中心となって一九六七年のモスクワでの万国博覧会開催を計画、国際博覧会を統括する博覧会国際事務局（Bureau International des Expositions）に申し出る。結局、このモスクワ開催案が一九六〇年、パリで開催された博覧会国際事務局総会で承認される。

ところが一九六二年になってソビエト連邦政府はモスクワでの万国博覧会の開催中止を発表する。この年の一〇月から一一月に冷戦の象徴とも言えるキューバ危機が起こっている。モスクワで万国博覧会を開催すれば、西側から訪れるであろう多くの訪問客によって生じる文化的影響をソビエト政府が危惧したこと、またソビエト政府の財政悪化などが開催中止の理由として推量されることもあるが、とにかくモスクワの辞退によって、カナダ政府案が再浮上し、モントリオール開催が正式に博覧会国際事務局によって承認された。

このモントリオール万国博覧会の計画立案の時期は、カナダがイギリス植民地だったことを忘却しようとした時期でもある。典型的な作業としては国旗デザインの変更である。旧デザインではイギリス植民地だったことを示す「ユニオンフラッグ」がその左上部に配置されていた。現在のオーストラリア国旗に見られるとおりである。それを現在のメイプル・リーフを中心とした紅白の国旗へと変更するよう決定したのが一九六四年である。そして新国旗による国民統合を目指すと同時に、万国博覧会という国家的事業をフランス語圏のモントリオールで行うことで、イギリス系カナダ人とフランス系カナダ人の間の分断をふせぎ、さらなる国家統合を形成しようとしていたのである。この万国博覧会のテーマ「人間とその世界（La Terre des Hommes, The Planet of Mankind）」も、フランス人作家サン＝テグジュペリの作品「人間の土地（Terre des hommes）」に依拠していた(7)。

舞台上、ルパージュが覗きこんでいるモントリオール市街のミニチュアではパレードが始まっている。その動画が舞台後方に投影されている。パレードの中心はこの万国博覧会に参加するために当地を訪問しているフランス大統領シャルル・ド・ゴールである。多くの民衆も彼を見ようと集まっていたらしい。日付は七月二四日とのことである。フランスの革命記念日からあまり日を経ていない。

にぎやかなパレードはモントリオール市庁舎に到着し、そのバルコニーにド・ゴールが現れる。静かに演説は始まるものの、徐々にド・ゴールは声高になっていく。その演説の終盤、彼は「自由ケベック万歳！（Vive le Québec libre!）」と幾度も繰り返す。これが「自由ケベック万歳！」と現在でも呼ばれている歴史的演説である。まるでナチスからのパリ解放を寿ぐように、カナダからのケベック「解放」を教唆するド・ゴールのこの演説を、当時、一〇歳のロベール少年はもちろん記憶する(8)。

当時のカナダ首相は、現在のトロント国際空港の名称のもととなっているレスター・B・ピアソンである。ロベール少年はそのピアソンの怒りも記憶している。「カナダ人民は自由（free）である。カナダ全州も自由（free）である。カナダ人は解放（liberated）される必要などはない。それどころか何千人ものカナダ人が二度の戦争で命を失ったのは、フランスはじめ、他のヨーロッパ諸国の解放のためである」とピアソンは翌日（七月二五日）のテレビ演説でド・ゴールに対して抗議する(9)。

このド・ゴールの演説がケベックの分離独立運動を刺激したのは想像に難くない。当然、当時のフランスにも分離独立運動はある。ド・ゴールがケベックの分離独立を煽りながら、ブルターニュ地方のブルトン人がブルトン語を使用することを制限し、ブルターニュ地方のフランス共和制への統合を維持しようとするのはダブル・スタンダードである。(10)

こうしたド・ゴールの迷走は、ド・ゴール体制が元来内包している植民地主義的共和制、あるいは強権的共和制に必然的に付随するあらゆる矛盾をさらに顕在化させ、一九六八年のパリ五月革命へと至る。翌一九六九年、ド・ゴールは大統領を辞任する。そうしたフランス共和制の矛盾があからさまになっていく過程であったとはいえ、このド・ゴールの演説がさらにケベック独立運動を隆盛に導くことになったのである。一九六〇年代ケベックのいわゆる「静かなる革命（Révolution tranquille）」は、政治、経済、教育といった多面的改革として進展しており、それらによって「ケベック・ナショナリズム」は醸成されつつあった。舞台の上で一人話し続ける現在のルパージュが、なんとか暗唱しようとする「Speak White」がモントリオールでラロンド本人によって朗読されたのは、ド・ゴール大統領辞任の翌年、一九七〇年三月二七日のことだった。

その後、一九七〇年一〇月に至ってケベックの分離独立運動は「オクトーバー・クライシス」と呼ばれる混乱状態に陥る。その中心はケベック解放戦線（Front de Libération du Québec, FLQ, 一九六三年結成）による二件の政府要人拉致事件である。(11)ＦＬＱによって拉致された二名のうち、英国上級貿易委員ジェイムズ・クロスは解放されるものの、ケベック州副知事で労働大臣でもあったピエール・ラポルトは遺体で発見される。当時のカナダ首相ピエール・トルドーは戦時措置法を発動、ケベック州にカナダ軍が出動することになった。

3 個人の演技、集団の政治

当時、一三歳だったルパージュはオクトーバー・クライシスに関わる陰惨な事件を細かく記憶している。巨大な舞台装置は二度、三度とルパージュの少年時代のアパートを意味するものに変形し、小さな各部屋にはアフリカ系の移民、その他、多用なエスニシティを示す人たちが貧しく暮らしている。一〇月の政治的事件の大きな記憶が小さなアパートに住む、小さな家族の記憶と交差する。

その小さなアパートにルパージュの父はアルツハイマー病の母（ルパージュの祖母）を引き取り、介護することになった。そのためリビングが長兄の部屋になる。ルパージュは八歳になるまで姉と妹の部屋で寝ることになった。その部屋にある二段ベッドの下の段でシーツを使った影絵で遊ぶ。動物など、様々なものの影を妹に見せる。それはもちろんルパージュにとって、演劇の原体験となっていく。ド・ゴールの演説という集合的記憶によってつくられる政治と、妹に見せた影絵という個人的記憶による演劇。それらが相互に現在のルパージュによって語られる。

現在のルパージュは、ケベックにおける典型的な「文化人」である。俳優、劇作家としての名声のみならず、社会全体に対する影響力は大きい。しかしその彼もいつかは死ぬ時がくる。日本のテレビ局と同様、カナダのテレビ局も、著名人が死亡した時のために追悼番組を用意している。そしてルパージュ自身の追悼番組も用意されているらしいことを舞台上のルパージュは知り、それを見たいと思う。コネクションを駆使し、なんとかしてその追悼番組の映像を入手するルパージュ。

ところがその映像に映っていた自分は、くだらない娯楽番組に出演した時の自分だった。それも数分間のみである。「演劇人としての三五年間」を無視されたことに怒る。私の歴史的評価はどうなっているのか。しかし、その彼の怒りを私たちは聞きながら、歴史的に無名だった父のことを深く思い起こしていることも理解する。貧しいタクシー運転手として生きた父は歴史に名を残していない。父の人生に意味はなかったのか。けっしてそんなことはないとルパージュは知っている。

舞台は終盤を迎え、覚えられないと嘆いていた「Speak White」がルパージュによって暗唱されるようだ。しかし彼は、「自分にそれを読む資格はありません」と続く。客席にも聞く資格がある人はいません」と言う。「その資格があるのは私の父かもしれません。植民地化のプロセスのなかで「母語ではなく、白く話せ」と言われた当の人々はもうすでに死んでいる。ルパージュの父もすでに他界している。そうした今は亡き人々のみがこのラロンドの詩を読み、聞く資格をもつ。

それまでの静かな口調で英語の台詞が語られてきた舞台が、この暗唱に至って、突然はげしい口調のフランス語に変わっていく。すでに二時間近い一人芝居を続けてきた人間のどこにこれほどまでの体力があったのかと観客が驚くほどの力強い音声である。声を荒らげ、怒号のように「Speak white」と強く命令する。その二単語以外の部分はすべてフランス語で暗唱される。フランス語の破裂音が感情と記憶のせめぎあいをいっそう高めていく。

「この詩を聴く資格もない」私たちが打ちのめされたように聞いているこの詩を読んでいたのは誰だろうか。ルパージュなのか。ルパージュが演じるラロンドなのか。ルパージュが演じるルパージュなのか。あるいは、ルパージュが演じるルパージュの父親なのか。ルパージュはもちろんかつての植民地化で英語発話者に差別されたネイティブ・カナディアンにはなれない。また、自分の父になりかわることもできない。しかし、それが分かっていながら、彼らの思いを詩に変換し、「今、此処」で話す。話さないわけにはいかない。今は亡き者が語ることができなかったことを、今、此処で生きている者が代弁する。こうして当時のケベックの人々の記憶の集合体が、今、此処で形成される。(12)

舞台の最後、長い間アルツハイマーを患っていた祖母が亡くなる。深夜に一人、駐車場に停めたタクシーのなかでラジオから流れるポップミュージックを聞き、煙草を吸いつつ涙する父をルパージュが演じる。この父を演じるルパージュはもちろん父ではない。しかし父の記憶を持ち続けることを前提に父を演じるルパージュに私たちは涙する。

4 時間と空間

こうしてケベック・シティの社会問題と集合的記憶が、ある小さな家族の記憶を媒介として語られる。正確には、小さな家族の存在と社会の関係が語られる。さらに正確に言えば、小さな家族の存在以外から語りうる社会はありえない、ということが語られる。ケベックという地理的空間における階級、人種、言語の長い歴史が、さらに空間的には狭い「マレー通り八八七」という場所に限定されている。

この舞台で示された個人の記憶と集団の政治の関係をみて、すでに私たちはケベック政治について中立的に考えることができなくなっている。分離独立すべきか、カナダへの国家統合を受けいれるべきか。その二者択一の判断以外にはない。そこで「冷静な議論を継続しましょう」などと発言すること、あるいは「中立的に考えましょう」などと語ってしまうことはできない。そうした「冷静さ」は問題の先送りの奨励であり、「中立性」は無責任さの表れでしかないからである。

私たちは時間と空間という限定のなかに生きている。カントの言を待つまでもなく、その両者を越えるのは「概念」のみである。抽象的な概念は常に時間と空間から自由である。たとえば私たちは「支配」されているとしても、その支配はある時、ある場所での具体的な権力者による支配である。しかし私たちは他の支配も知っている。それらをまとめて抽象化し、時空の桎梏を超えたところに「支配」という概念が成立する。

そうした架空の支配概念は現実の人間関係を「支配」と名づけることを可能にする一方で、現実の支配を、さも中立的に考えることが可能かのようにも見せてしまう。そのような欺瞞を防ぐためには空間的な限定を強固にし、支配が生起してきた場所を確定し続けることによって、集団的記憶を維持しなければならない。空間による時間の補強である。その点についてルパージュは次のように答えている[13]。

私の出身、フランス語圏であるカナダのケベックでは集団記憶の問題があり、五〇年代（生まれ）のアーティストには、果たして我々の集団的記憶が正しいのかという問いがあります。つまり、場所から発生したテーマになります。今、これだけ色々なものに開かれている世界の中で、ケベックの若い世代の人たちは六〇年代のことを忘れています。（中略）若い人たちはその時代を生きていなかったということがあるかもしれませんが、一方で私たちの世代も意識的にその時代を忘れています。ですので記憶する努力が大切だと思っています。

ルパージュが述べるとおり、テーマは常に場所から発生する。場所のないテーマは存在しない。場所という空間が限定され、時間軸のみが記憶として提示される。私たちは〈八八七〉という舞台を見ることによってその時間軸に接したのである。「自叙伝的一人芝居」あるいは「ドキュメンタリー演劇」などの言葉をもって評される本作は、現在の世界演劇における「脱ストーリー化」に対立するものとして位置づけられてもいるのだろう。しかし、ここで提示されているものはストーリー、ましてやドラマと呼んでよいものだろうか。たしかにストーリー性が強いようには見える。しかしそれは一人の人間が、空間を限定して自分自身の記憶のみを語り、演じているからである。「誰でも自分の人生をもとにして、一作だけなら小説が書ける」というような私たちの日常感覚が舞台上で提示されているのだ。

しかし個人の記憶は消えていく。ルパージュが舞台冒頭に述べたとおりである。さらに本作中では彼の祖母がアルツハイマーとなっていく様子も語られ、とくに祖母の記憶そのものが徐々に失われていく過程が、花火の拡大写真として舞台後方に大きく写される。しかしこれは不幸なことだろうか。

ここで私たちはルパージュがスマートフォンで撮影しているアパートのミニチュアと、後方の巨大な花火の映像の落差に気づく。一人一人の記憶は消えていっても、それらの集合性はより大きな規模において、個人と個人の繋がりとして、たとえば祖母のことを（今はまだ）詳細に覚えているルパージュの記憶として残存する。その「繋がり」には舞台を見ている私たちも繋がる。また、彼が「Speak White」の暗唱を始める時、舞台後方の画像はゆっくりとなり、最後には動かなくなる。様々なものは繋がりながらも、その「大きな社会」に抗うかたちでも個人が存在することが示される。こうして「此処」としてのケベック・シティという空間的限定によって、さらに記憶という自由な時間軸の使用によって、社会と個人の関係が提示される。

5　ヒア、此処

当然だが、グラフィック・ノベルは動かない。紙に印刷された絵が動くわけがない。グラフィック・ノベリストのリチャード・マグワイアは、ルパージュと同じく一九五七年生まれである。ケベック・シティではなく、アメリカ合衆国ニュージャージーで生まれ、育つ。彼の手になるグラフィック・ノベル『HERE ヒア』はタイトルどおり、動かない「此処」の問題として社会を描く(14)。

二〇一四年に刊行された三〇〇頁を超える浩瀚な本書は、ルパージュと同様な方法をとり、同様なテーマを描いているようだ。すべての頁は見開き一枚の絵で構成されている。ただしその一枚の絵のなかにまた別の絵が挟まっている頁もある。すべての絵のパースペクティブは同一である。したがってこちら側の見ている視点も不動である。その固定カメラによる定点観測のような頁が三〇〇以上続く。すべての頁が同じ場所から同じ場所を見続けている。そしてすべての絵の左上に年号の表記らしい数字がならぶ。最初の二枚は「二〇一四」であり、それが「一九五七」と続く。描かれているものはアパートの一室である。窓があり、ソファ、暖炉などが並ぶ。ところが左上の数字が「一六二三」になると、画面は木の生えた原野となる。まだそこには人が住み始めていない。

ところがさらに頁をめくると左上の数字は「二〇二〇」など、『HERE ヒア』刊行時よりも数年後の時間を描いているものも出てくる。全頁をめくると、いちばん古い数字は「紀元前三〇億五〇万年」であり、最も遠い未来の数字は人類後である「二二一七五」である。同じ一つの空間が描かれているが、登場するのは種々雑多な人々である。その多くの登場人物たちが多くのことを語り、思い、行動している。一枚の絵のなかに過去や未来の風景が重ね描かれる頁も混じる。関係のありそうな登場人物もいれば、まったく独立した人物に見えるものもいる。時間の順序はまったく固定していない。多くの人間が生まれ、育ち、死んでいく。その無限の繰り返しが固定した場所で示される。彼ら、彼女ら、場合によっては過去の恐竜や未来の生物の名前や関係もほぼ不明のままである。

こうした途方もない時間軸が途方もない方法で示されていながら、読者は様々なことを類推・空想しながら頁をめくっていくうち、とはいえ中心になるのは一九五七年に生まれ、二〇二七年に没する架空の人物の一生のようだと気づく。

それでは場所はどこだろうか。それは画面中には示されないが、とにかく視点は「HERE 此処」から微動だにしない。ルパージュのケベック・シティに比して、空間的にはるかに小さく限定されている。登場人物は英語を話し、アメリカ的な生活が示され、一六世紀の頁にはアメリカン・ネイティブらしき人々が登場するため、それがどうも現在のアメリカ合衆国のどこからしいとは想像できる。しかしそれがどこであるかはあまり重要ではない。とにかく場所が固定されていることが重要なのである。(15)

二〇一四年九月二五日から一一月九日まで、ニューヨークのモルガン・ライブラリー美術館で開催されたマグワイアの原画展「From Here to Here: Richard McGuire Makes a Book」の紹介文では a game-changing achievement in graphic narrative と評された本作である。(16)

従来のグラフィック表現の試合方法（ルール）そのものを変えているのはどのような点においてだろうか。それはグラフィック・ノベルを読む行為そのものを時代への参画とみなす構造を提示したからだ。空間を固定したうえで示される無数の具体性。それを見ている私たちもまた一つの具体的な経験をしているだけである。無数の繰り返し、なおかつそれらを忘れ続ける。三〇〇頁以上に展開する固定視点からの時間軸を繰り返しめくりながら、私たちは何かに参加している。ルパージュと同様、マグワイアはそうした私たちの存在形式を示している。『八八七』を見る観客である私たち、『HERE ヒア』を読む読者である私たちは、単に芸術を消費しているのではない。芸術家の生み出した作品に接することによって、芸術家が理解した時代を理解し、さらにその行為によって同時代的かつ政治的な集合意識に参加しているのである。

『八八七』も『HERE ヒア』も作者自身の育った空間を題名にし、それらの空間的な限定を人間の所与性として考えている。それは私たちが他の場所で存在しえないという当然のことが、私たちの条件でありながら、それを受けいれ、そのうえで自分たちの環境に主体的に働きかけるという行為をルパージュもマグワイアも支持しているということだ。「此処ではないどこか」「今ではないいつか」を議論することは政治的には限りなく無責任なことでしかない。

註

第1章　政治文化

（1）Walter Bagehot, *The English Constitution*, Oxford University Press, 1963.（原著初版は一八六七年発行）。（＝ウォルター・バジョット（小松春雄訳）「イギリス憲政論」辻清明編『世界の名著72　バジョット、ラスキ、マッキーヴァー』所収、中央公論社、一九八〇年）

（2）Graham Wallas, *Human Nature in Politics*, University of Nebraska Press, 1962.（原著初版は一九〇八年発行）。（＝グレーアム・ウォーラス（石上良平・川口浩訳）『政治における人間性』創文社、一九五八年）。Charles Edward Merriam, *Political Power, its Composition and Incidence*, Whittlesey house, McGraw-Hill, 1934.（＝斎藤真・有賀弘訳『政治権力』上・下、東京大学出版会、一九七三年）。Erich Fromm, *Escape from Freedom*, Farrar & Rinehart Inc., 1941.（＝エーリッヒ・フロム（日高六郎訳）『自由からの逃走』東京創元社、一九五一年）。Harold Dwight Lasswell, *Power and Personality*, W. W. Norton & Company Inc., 1948.（＝H・D・ラスウェル（永井陽之助訳）『権力と人間』東京創元社、一九五四年）

（3）パーソンズとシルズの行為の照準枠組みについては以下を参照のこと。Talcott Parsons and Edward A. Shils, *Toward a General Theory of Action*, Harper & Row, 1962.（＝T・パーソンズ、E・A・シルス（永井道雄他訳）『行為の総合理論をめざして』日本評論社、一九六八年）。ただし翻訳書は原著の第一部と第二部による抄訳である。

（4）Gabriel A. Almond, *Political Development; Essays in Heuristic Theory*, Little Brown and Co., 1970.（＝ガブリエル・A・アーモンド（内山秀夫他訳）『現代政治学と歴史意識』勁草書房、一九八二年）、邦訳三七頁。なお本書中の訳文引用は原則として邦訳書の訳文にしたがっているが、文脈によっては使用単語などを一部変更した場合もある。

（5）Gabriel A. Almond and Sidney Verba, *The Civic Culture: Political Attitudes and Democracy in Five Nations*, Princeton

University Press, 1963.（＝ガブリエル・A・アーモンド、シドニー・ヴァーバ（石川一雄他訳）『現代市民の政治文化』勁草書房、一九七四年、邦訳一二頁）

（6） 前掲書、邦訳一一頁。

（7） 前掲書、邦訳一二頁。

（8） 前掲書、邦訳V頁。

（9） 前掲書、邦訳一〇頁。

（10） David D. Laitin, "The Civic Culture at 30" *American Political Science Review* vol. 89, No. 1 March 1995, p. 168.

（11） Allan Kornberg and Harold D. Clarke, *Citizens and Community: Political Support in a Representative Democracy*, Cambridge University Press, 1992, p. 32. しかし彼らの研究も政治システムを支持する人間だけを対象とした研究である点は指摘されなければならない。政治システムへの不支持の表明は実社会では多様な形態をとる。それらのなかには犯罪行為なども含まれる可能性があるが、それらの不支持の態度表明についての議論がなされてない。また、政治的支持は変動しやすいにもかかわらず、政治体制は安定していることが説明できないし、カナダにおける地域的差異も軽視されている。

（12） David J. Elkins, *Manipulation and Consent: How Voters and Leaders Manage Complexity*, University of British Columbia Press, 1993.

（13） Robert D. Putnam with Robert Leonardi and Raffaella Y. Nanetti, *Making Democracy Work: Civic Traditions in Modern Italy*, Princeton University Press, 1993.（＝ロバート・D・パットナム（河田潤一訳）『哲学する民主主義——伝統と改革の市民的構造』NTT出版、二〇〇一年）

（14） Ibid., pp. 98f. パットナムは他の研究においてアメリカ合衆国において市民的共同体が衰退する状況も問題としている。とくに自発的な市民的共同体の衰退とテレビの視聴時間の関連についての指摘は興味深い。Robert D. Putnam, "Turning In, Turning Out: The Strange Disappearance of Social Capital in America", *PS: Political Science and Politics*, vol. XXVIII, no. 4, December 1995, pp. 664-683. またパットナムによる以下の書籍も参照のこと。Robert D. Putnam, *Bowling Alone: The Collapse and Revival of American Community*, Simon & Schuster, 2000.（＝ロバート・D・パットナム（柴内康文訳）『孤

独なボウリング——米国コミュニティの崩壊と再生』柏書房、二〇〇六年、とくに第十三章「テクノロジーとマスメディア」）

（15） Putnam, Making Democracy Work, pp. 121-162. パットナムの研究に対しては様々な議論が展開されている。たとえばレイティンはパットナムの方法論について、それは計量分析、フォーマル・セオリー、歴史的考察によって「三角測量」的に完成された質の高いものだと賞賛している（Laitin, op. cit., p. 172）。しかし、制度と市民の意識の関連の研究としては、計量的分析が示した結果であるとはいえ、パットナムの主張は、民主主義制度は上位の指導者ではなく下位の市民によって形成維持されるという単純なものでもある。また、二〇世紀イタリアにおけるファシズム国家が形成されていく政治過程のなかで、パットナムが述べる市民的共同体が果たした役割についてもさらに検討する必要があるだろう。

また、このようなパットナムの指摘はイタリア南部に関する伝統的な研究とも関連づけられねばならない。イタリア南部の貧困を国家と社会の関連で分析しようとした、いわゆる「南部主義者」と呼ばれる研究者たちの業績や、クローチェやグラムシの思想家たちの著作とも比較検討する必要がある。たとえば、クローチェは「南部主義者」とも異なり、政治指導者の行動様式に着目している。ガエターノ・モスカの「政治階級（classe politica）」という概念を発展させたクローチェは、南部イタリアの政治指導者の行動パターンのなかに南部イタリアの伝統を発見し、経済的貧困以外の要因によって南部イタリアの政治文化を説明しようとした。クローチェ（坂井直芳訳）『十九世紀ヨーロッパ史〔増訂版〕』（創文社、一九八二年）および、『クローチェ政治哲学論集』（上村忠男編訳、法政大学出版局、一九八六年）。とくに後者の「Ⅲ経済—政治史と倫理—政治史」を参照のこと。

（16） 代表的なものとしては、Guillermo O'Donnell, Philippe C. Schmitter and Laurence Whitehead eds., *Transitions from Authoritarian Rule*, Johns Hopkins University Press, 1986.（＝シュミッター、オドンネル（真柄秀子他訳）『民主化の比較政治学——権威主義支配以後の政治世界』（未來社、一九八六年、抄訳・原著第四章）。また、Juan J. Linz and Alfred Stepan, *Problems of Democratic Transition and Consolidation: Southern Europe, South America and Post-Communist Europe*, Johns Hopkins University Press, 1996 も参照のこと。

（17） Ronald Inglehart, *Culture Shift in Advanced Industrial Society*, Princeton University Press, 1990（＝ロナルド・イング

ルハート（村山皓・富沢克・武重雅文訳）『カルチャーシフトと政治変動』東洋経済新報社、一九九三年）邦訳、二五頁。

（18）Harry Eckstein, "A Culturalist Theory of Political Change," *The American Political Science Review*, vol. 82, 1988, p. 798.

（19）Charles Edward Merriam, *Civic Education in the United States*, C. Scribner's Sons, 1934.

（20）David Easton, Jack Dennis and Sylvia Easton, *Children in the Political System: Origins of Political Legitimacy*, McGraw-Hill, 1969, <reprint> University of Chicago Press, 1980.

（21）集団化の方法としての国民国家も、現在の世界の多くの場所で行われているとはいえ、やはり歴史的産物であり、その意味において他の集団化の中の一つである。言うまでもなくこの方法はヨーロッパ、それも非常に限定された一部の地域で限定された期間に使用され始めた方法である。それを他の地域の人間が導入し、その過程でこの集団化の方法は多くの地域に広がった。導入するというのは、日本のように自覚的に自ら進んで行った地域もあれば、他国による侵略・植民地化という悲惨な経験の後、それまでの集団化の方法が破壊された結果、否応なく国民国家になった地域もある。政治文化論との関連で国民国家を論じる場合には、既述したような「国民性」についての議論そのものが、国民国家の形成と維持のために補完的機能を果たした点についても考慮する必要がある。

（22）Heinz Eulau, *The Behavioral Persuasion in Politics*, Random House, 1963.（＝ハインツ・ユーロー（内山秀夫訳）『行動政治学の基礎』東海大学出版会、一九七五年、邦訳一一七頁）

（23）アーモンド、ヴァーバ、前掲書、邦訳四八八頁。

（24）Dennis Kavanagh, *Political Culture*, Macmillan, 1972.（＝デニス・カヴァナー（寄本勝美・中野実訳）『政治文化論』早稲田大学出版部、一九七七年、邦訳一九、二〇頁）

（25）Eugene Burdick and Arthur J. Brodbeck, eds., *American Voting Behavior*, Free Press, 1959, p. 92.

（26）Myron Weiner, "Political Integration and Political Development," in Karl von Vorys ed., *New Nations: The Problem of Political Development; The Annals of the American Academy of Political and Social Sciences*, vol. 358, March, 1965, p. 53.

（27）Philip G. Cerny, *The Changing Architecture of Politics: Structure, Agency, and the Future of the State*, Sage, 1990, p. 157.

（28）アーモンド、前掲書、邦訳V頁。

（29）Bernard Crick and Tom Crick, *What Is Politics?*, Edward Arnold, 1987.（＝バーナード・クリック（添谷育志・金田耕一訳）『現代政治学入門』新評論、一九九〇年、邦訳一七〇、一七一頁）

（30）カヴァナー、前掲書、邦訳九五、九六頁。

（31）アーモンド、前掲書、邦訳四九〇～四九四頁。

（32）イングルハート、前掲書、邦訳二九頁。

（33）たとえばレイティンは、戦後の西ドイツやイタリア、ロシアにおける実際の政治変動を見ると、アーモンドらの相互連関に関する予測は妥当性を欠いていたのではないかと述べている。Laitin, op cit., p. 168.

（34）クリック、前掲書、邦訳一四三頁。

（35）前掲書、一四七頁。

（36）前掲書、一四八頁。

（37）前掲書、一六九頁。

（38）メリアム、前掲書、第四章を参照のこと。

（39）たとえば、Clifford Geertz, *The Interpretation of Cultures: Selected Essays*, (Basic Books, 1973)（＝C・ギアーツ（吉田禎吾他訳）『文化の解釈学Ⅰ・Ⅱ』岩波書店、一九八七年）、とくにその第二章を参照のこと。

（40）Laitin, op. cit., p. 169.

（41）Ibid.

（42）たとえばエーデルマンの以下のものを参照のこと。Murray J. Edelman, *The Symbolic Uses of Politics*, University of Illinois Press, 1964.（＝マーレー・エーデルマン（法貴良一訳）『政治の象徴作用』中央大学出版部、一九九八年）; *Political Language: Words that Succeed and Policies that Fail*, Academic Press, 1977; *Politics as Symbolic Action: Mass Arousal and Quiescence*, Markham Publishing Co., 1971; *Constructing the Political Spectacle*, University of Chicago Press, 1988; *From Art to Politics: How Artistic Creations Shape Political Conceptions*, University of Chicago Press, 1995.

(43) ユーロー、前掲書、邦訳九二頁。
(44) 前掲書、邦訳一一五、一一六頁。

第2章 なぜ市民社会は少数者を必要とするのか

(1) オランプ・ドゥ・グージュに関しては、オリヴィエ・ブラン(辻村みよ子訳)『女の人権宣言——フランス革命とオランプ・ドゥ・グージュの生涯』岩波書店、一九九五年、を参照。
(2) 多文化主義の政治学的側面からの検討は本書第6章を参照。
(3) 金鶴泳『金鶴泳作品集成』作品社、一九八六年、所収。
(4) こうしたエスニシティからの分離主義、あるいは特定のエスニシティを社会民主主義的に保護する政策は、既存の国民国家の分裂を招く恐れがあるという批判もアメリカ合衆国ではなされている。エスニシティをあくまでも移民としての「自由意志」のもとに置くことによって、アファーマティブ・アクションなどの社会民主主義的政策を不要視するネイサン・グレーザーなどが代表的である。グレーザーは移民としての「自由意志」をもってアメリカに入ってきた人々とその子孫には、アメリカへの移住による不利益も享受する責任もあるのだと主張する。また、こうした視点は多文化主義をめぐるマイケル・ウォルツァーの主張にも見られる。その政治的信条の違いにもかかわらず、両者がこのような主張を共有している点は興味深い。Nathan Glazer, "The Emergence of an American Ethnic Pattern," in Ronald Takaki, ed., *From Different Shores: Perspectives on Race and Ethnicity in America*, Oxford University Press, 1987, p. 23. ウォルツァー「コメント」エイミー・ガットマン編(佐々木毅他訳)『マルチカルチュラリズム』岩波書店、一九九六年、邦訳一五一頁。しかしグレーザーなどの主張に対して、ウィル・キムリッカは「積極的差別是正措置を要求することは、主流社会の諸制度に統合されたいと望んでいる証拠であり、自治を行う別個の制度を望んでいる証拠ではない」と指摘、批判している。ウィル・キムリッカ(角田猛之ほか監訳)『多文化時代の市民権——マイノリティの権利と自由主義』晃洋書房、一九九八年、九九頁。
(5) レイ・チョウ(本橋哲也訳)『ディアスポラの知識人』青土社、一九九八年、一七五頁。
(6) ポール・ギルロイ(上野俊哉他訳)『ブラック・アトランティック——近代性と二重意識』月曜社、二〇〇六年。

（7）サスキア・サッセン（伊豫谷登士翁訳）『グローバリゼーションの時代——国家主権のゆくえ』平凡社、一九九九年。とくに第三章「新しい秩序の試金石としての移民」を参照。

（8）エティエンヌ・バリバール（松葉祥一訳）『市民権の哲学——民主主義における文化と政治』青土社、二〇〇〇年、一六頁。

（9）ジョルジョ・アガンベン（高桑和巳訳）『人権の彼方に——政治哲学ノート』以文社、二〇〇〇年、二八頁。

（10）前掲書、二四頁。

（11）デニズンについては、トマス・ハンマー（近藤敦監訳）『永住市民と国民国家——定住外国人の政治参加』明石書店、一九九九年、を参照。

（12）アガンベン、前掲書、三四頁。

（13）この問題は現代においては女性の軍隊への参加をめぐる問題としても顕在化していることは重要である。湾岸戦争において顕著になったように現代戦争においては兵士の体力的要件は以前に比べれば格段に低くなっており、女性が兵士になることを拒否する軍事的根拠は少なくなっている。そうした状況で女性を軍隊から排除することは、社会に参加し市民資格を得る回路の一つを女性から簒奪することだとも言えるだろう。ただし、軍隊組織の存在の正当性をめぐる議論はまた異なる位相で考えるべきである。

（14）アガンベン、前掲書、一四頁。

（15）レイ・チョウ、前掲書、四五、四六頁。

第3章　ナショナリズムと自己批判性

（1）Elie Kedourie, *Nationalism*, Fourth, revised edition, Blackwell, 1994. (1st edition, 1960).（＝エリ・ケドゥーリー（小林正之他訳）『ナショナリズム』学文社、二〇〇三年）。Ernest Gellner, *Nations and Nationalism*, Cornell University Press, 1983.（＝アーネスト・ゲルナー（加藤節監訳）『民族とナショナリズム』岩波書店、二〇〇〇年）

（2）宮島喬「ネオ・ナショナリズムと対外意識」古城利明編『世界社会のイメージと現実』東京大学出版会、一九九〇年、二二一頁。

（3）丸山眞男「軍国支配者の精神形態」丸山眞男『増補版現代政治の思想と行動』未來社、一九六四年、一一四頁。フリードリヒ・マイネッケ（菊盛英夫他訳）『近代史における国家理性の理念』みすず書房、一九六〇年、第二版、一九七六年。

（4）Glenn D. Hook and Michael A. Weiner, "Introduction," in Glenn D. Hook and Michael A. Weiner, eds., *The Internationalization of Japan*, Routledge, 1992, pp. 2f.

（5）David Miller, *On Nationality*, Clarendon Press, 1995, pp. 10f.（＝デイヴィッド・ミラー（富沢克他訳）『ナショナリティについて』風行社、二〇〇七年、一九〜二一頁）。なお本章における引用訳文は文脈によって改変している箇所がある。とくにnationの訳語は「ネーション」に、統治機構としてのstateの訳語は「国家」に、論旨に混乱が生じない範囲において統一した。また、本章以外の観点からのリベラル・ナショナリズムへの批判については、本書第九章を参照。

（6）Ibid., p. 25, 前掲書、四四頁。

（7）Ibid., p. 25, 前掲書、四五頁。

（8）Ibid., pp. 35f. 前掲書、六八頁。

（9）Ibid., p. 192, 前掲書、三四〇頁。

（10）Ibid., p. 184, 前掲書、三二六頁。

（11）井上達夫『普遍の再生』岩波書店、二〇〇三年、一八八頁。

（12）前掲書、同頁。

（13）Miller, op. cit., p. 185, ミラー、前掲書、三二八〜三二九頁。

（14）Ibid., p. 184, 前掲書、三二六頁。

（15）Eric Felten, *Loyalty: The Vexing Virtue*, Simon & Schuster, 2011, p. 4.（＝エリック・フェルテン（白川貴子訳）『忠誠心、このやっかいな美徳』早川書房、二〇一一年、一六頁）

（16）John Tomlinson, *Cultural Imperialism: A Critical Introduction*, Pinter Publishers, 1991.（＝ジョン・トムリンソン（片岡信訳）『文化帝国主義』青土社、一九九三年、一七八頁）

（17） Robert Booth Fowler, *The Dance with Community: The Contemporary Debate in American Political Thought,* University Press of Kansas, 1991, p. 145.

（18） このような例としてはナチスを挙げるまでもなく、第二次世界大戦期の日本においても指摘することができる。たとえば太平洋戦争が市民によっていかに「民主的」に支持されていたかについては以下のものを参照のこと。Kenneth Ruoff, *Imperial Japan at Its Zenith: The Wartime Celebration of the Empire's 2,600th Anniversary* (Studies of the Weatherhead East Asia Institute, Columbia University), Cornell University Press, 2010.（＝ケネス・ルオフ（木村剛久訳）『紀元二千六百年——消費と観光のナショナリズム』朝日選書、二〇一〇年）

（19） Gayatri Chakravorty Spivak, "Nationalism and the Imagination", *Lectora: Journal of Women and Textuality,* vol. 15, 2009, p. 79, (reprinted version, Seagull Books, 2010).（＝ガヤトリ・C・スピヴァク（鈴木英明訳）『ナショナリズムと想像力』青土社、二〇一一年、一五頁）

（20） Eric Hobsbawm and Terence Ranger eds., *The Invention of Tradition,* Press of University of Cambridge, 1983.（＝エリック・ホブズボウム（前川啓治他訳）『創られた伝統』紀伊國屋書店、一九九二年、二五頁）

（21） Spivak, op. cit., p. 86, スピヴァク、前掲書、四二頁。

（22） Ibid., p. 88, 前掲書、五三頁。

（23） Ibid., p. 89, 前掲書、五四頁。

（24） Ibid., p. 88, 前掲書、五三頁。

（25） Ibid, pp. 89f., 前掲書、五八頁。

（26） Edward Said, *Humanism and Democratic Criticism,* Columbia University Press, 2004, p. 80.（＝エドワード・サイード（村山敏勝・三宅敦子訳）『人文学と批評の使命——デモクラシーのために』岩波書店、二〇〇六年、一〇〇頁）

（27） Edward Said, *Musical Elaborations,* Columbia University Press, 1991, p. 52.（＝エドワード・サイード（大橋洋一訳）『音楽のエラボレーション』みすず書房、一九九五年、一〇一頁）

（28） Edward W. Said, *Orientalism,* Penguin Modern Classics 25th Anniversary edition, Penguin Books, 2007, p. 7.（＝エド

ワード・サイード（今沢紀子訳）『オリエンタリズム』平凡社ライブラリー、一九九三年、上巻三〇頁）

（29）Ibid., p. 11, 前掲書、上巻三七頁。

（30）Ibid., p. 14, 前掲書、上巻四五頁。

（31）Ibid., p. 6, 前掲書、上巻二八頁。

（32）Said, *Humanism and Democratic Criticism*, p. 78.（＝サイード『人文学と批評の使命』九七頁）

（33）Said, *Orientalism*, p. 28.（＝サイード『オリエンタリズム』上巻、六七頁）

（34）Harry Harootunian, "Conjunctural Traces: Said's 'Inventory'" in Homi K. Bhabha, W. J. T. Mitchell Edits., *Edward Said: Continuing the Conversation* (A Critical Inquiry Book), University of Chicago Press, 2005, p. 71.（＝ハリー・ハルトゥーニアン「種々の出来事が同時発生的に結びついてできあがった痕跡――サイードの『財産目録』」ホミ・バーバ、W・J・T・ミッチェル編（上村忠男他訳）『エドワード・サイード――対話は続く』みすず書房、二〇〇九年、一四四頁）

（35）Ibid., p. 69, 前掲書、一四〇頁。

（36）Gauri Viswanathan ed., *Power, Politics, and Culture: Interviews with Edward W. Said*, Pantheon Books, 2001, p. 457.（＝ゴーリ・ヴィスワナタン編（大橋洋一他訳）『権力、政治、文化――エドワード・W・サイード発言集成』太田出版、二〇〇七年、下巻三〇五頁）

（37）Ibid., p. 99, 前掲書、上巻一九〇頁。

（38）Said, *Musical Elaborations*, p. 102.（＝サイード『音楽のエラボレーション』一七七頁）

（39）Homi Bhabha, "Adagio" in Homi K. Bhabha, W. J. T. Mitchell Edits., *Edward Said: Continuing the Conversation* (A Critical Inquiry Book), University of Chicago Press, 2005, p. 15.（＝ホミ・バーバ「アダージョ」『エドワード・サイード――対話は続く』二九頁）

（40）Ibid., 前掲書、三〇頁。

（41）Said, *Orientalism*, p. 28.（＝サイード『オリエンタリズム』上巻七二頁）

第4章 「他者」理解の政治学

（1） 福田歓一「国民国家を超えて」『福田歓一著作集』第十巻、岩波書店、一九九八年、二四四頁（初出：『思想』岩波書店、一九九六年五月号）。

（2） 多文化主義に関しては以下のものを参照のこと。Ronald T. Takaki, *A Different Mirror: a History of Multicultural America*, (Little, Brown & Co., 1993); Authur M. Schlesinger Jr., *The Disuniting of America: Reflections on a Multicultural Society*, (W. W. Norton, 1992)（＝アーサー・M・Jr.・シュレージンガー（都留重人監訳）『アメリカの分裂――多元文化社会についての所見』岩波書店、一九九二年）; Amy Gutmann ed., *Multiculturalism: Examining the Politics of Recognition*, (Princeton University Press, 1994)（＝エイミー・ガットマン編（佐々木毅・辻康夫・向山恭一訳）『マルチカルチュラリズム』岩波書店、一九九六年）、多文化社会研究会編訳『多文化主義――アメリカ・カナダ・オーストラリア・イギリスの場合』木鐸社、一九九七年。なおカナダの多文化状況については本書終章において再論する。

（3） アサンテなどによる多文化主義はアメリカにおけるコミュニティの伝統との関連からも検討される必要がある。越智敏夫「多文化主義とデモクラシー」（内山秀夫・薬師寺泰蔵編『グローバル・デモクラシーの政治世界』東信堂、一九九七年、一四六～一六二頁）を参照のこと。

（4） Diane Ravich, "Multiculturalism: E Pluribus Plures," *The American Scholar*, Summer, 1990; Molefi Kete Asante, "Multiculturalism: An Exchange," *The American Scholar*, Spring, 1991. 両者の論文とラヴィッチの反論の抄訳は前掲『多文化主義』に収録。

（5） ラヴィッチのような主張は多文化主義批判として一般的である。たとえばジャーナリストのハインズ・ジョンソンもほぼ同様な論理で多文化主義を批判している。彼はとくに大学において多文化主義が拡大すれば、それぞれのコミュニティ内に学生や教員が閉じこもり、コミュニティ間の敵対意識しか生み出さないと主張する。彼の著書のタイトルにしたがえば、「もし我々が分裂すれば、我々は没落する」ということになる。Haynes Bonner Johnson, *Divided We Fall: Gambling with History in the Nineties*, (W. W. Norton, 1994).

（6） Sheldon S. Wolin, "The Idea of the State in America", *Humanities in Society*, vol. 3, no. 2, Spring, 1980.（「アメリカにお

ける国家の観念」千葉眞他編訳『政治学批判』第七章、みすず書房、一九八八年）。

（7） Wolin, op. cit., pp. 155f, 邦訳二七一頁。

（8） Ibid.

（9） Ibid., p. 162, 邦訳二八〇頁。

（10） Ibid., p. 163, 邦訳二八二頁。同様な問題を、ジェフリー・ゴールドファーブはアメリカ政治におけるシニシズムの伝統に照らして考察している。ダールらの集団理論は、アメリカにおける民主主義を大衆社会化の構造と過程へと還元させており、そのため民主主義が本来保持している国家への批判精神を消失させていると指摘している。Jeffrey C. Goldfarb, *The Cynical Society: the Culture of Politics and the Politics of Culture in American Life,* (University of Chicago Press, 1991), p. 37.

（11） Wolin, op. cit., p. 165, 邦訳二八五頁。また、スタンレー・ホフマンはアメリカにおける国家観について、その正統性の根拠は非常に薄弱で、アメリカでは「現実に作動しているものは信じられているからだ」という社会意識が存在したからこそ、国家による一元的政治統合が可能だったのだと述べている。Stanley Hoffman, "Europe's Identity Crisis: Between the Past and America," *DAEDALUS,* XCIII, no. 4, Fall, 1964, p. 1247.

（12） Louis Hartz, *The Liberal Tradition in America: An Interpretation of American Political Thought Since the Revolution,* (Harcourt Brace and World, 1955), pp. 9f,（＝ルイス・ハーツ（有賀貞・松平光央訳）『アメリカ自由主義の伝統』有信堂、一九六三年）、邦訳八頁。

（13） Kirstie McClure, "On the Subject of Rights: Pluralism, Plurality and Political Identity", in Chantal Mouffe, *Dimensions of Radical Democracy: Pluralism, Citizenship, Community,* (Verso, 1992), pp. 113f.

（14） McClure, op. cit., p. 114.

（15） Ibid., p. 116.

（16） Ibid.

（17） Ibid., p. 120.

（18） Ibid., p. 114.

（19）Charles Taylor, "The Politics of Recognition", in Amy Gutmann ed., *Multiculturalism*, p. 56, 邦訳七七頁。

（20）Taylor, op. cit., p. 59, 邦訳八一頁。

（21）Jurgen Habermas, "Struggles for Recognition in the Democratic Constitutional State", in Amy Gutmann ed., *Multiculturalism*, pp. 107-148, 邦訳一五五～二一〇頁。ただしハーバーマスは法制定の過程の中立性を重要視してはいるが、最終的にはフランス的共和制による政治を理想的なネーション・ステートの政治として提示している。まさにそのようなヨーロッパ近代に固有のネーション・ステートの枠組みが現在の政治社会で限界を露呈しているからこそ多文化主義が提起されてきたということを考えると、ハーバーマスのこの結論の有為性は低いと言えるだろう。しかし、当然ながらこのハーバーマスの指摘は統一後のドイツにおける政治統合をめぐる問題とも関連させて評価する必要がある。

（22）Michael Walzer, "Comment", in Amy Gutmann ed., *Multiculturalism*, p. 99, 邦訳一四五頁。

（23）Walzer, op. cit., p. 101, 邦訳一四八頁。

（24）Ibid., p. 103, 邦訳一五一頁。

（25）Ibid.

（26）Ibid.

（27）Schlesinger Jr., op. cit., p. 14, 邦訳七頁。

（28）McClure, op. cit., p. 114.

（29）Christopher Lasch, *The Revolt of the Elites: and the Betrayal of Democracy*, (W. W. Norton, 1995), p. 132.

（30）Ibid., p. 133.

（31）Paul Gilroy, *The Black Atlantic: Modernity and Double Consciousness*, (Harvard University Press, 1993).

（32）Ibid., p. 14. 通常「奴隷船」と呼ばれるこの絵画「死者および瀕死の者を海上に捨てる奴隷船——迫りくる台風」はボストン美術館（The Museum of Fine Arts, Boston）に所蔵されている。

（33）Ibid., p. 11.

（34）Ibid.

(35) Ibid., p. 199.

(36) Ibid., p. 126.

(37) Stuart Hall, "Cultural Identity and Diaspora", in Jonathan Rutherford ed., *Identity: Community, Culture, Difference*, (Lawrence & Wishart, 1990).

(38) Gayatri Chakravorty Spivak, "Can the Subaltern Speak?" in Cary Nelson & Lawrence Grossberg, eds. *Marxism and the Interpretation of Culture* (University of Illinois Press, 1988), p. 296.

(39) Ibid.

(40) Ibid., p. 308.

(41) Homi K. Bhabha, "DissemiNation: Time, Narrative and the Margins of the Modern Nation" in Homi K. Bhabha, ed. *Nation and Narration*, (Routledge, 1990), pp. 291-322; Homi K. Bhabha, *The Location of Culture*, (Routledge, 1994).

(42) Rey Chow, *Writing diaspora: Tactics of Intervention in Contemporary Cultural Studies*, (Indiana University Press, 1993), chap. 2.

(43) Gayatri Chakravorty Spivak, "The New Historicism", in Sarah Harasym, ed. *The Post-Colonial Critic: interviews, strategies, dialogues*, (Routledge, 1990), p. 158.（＝ガヤトリ・C・スピヴァック（清水和子・崎谷若菜訳）『ポスト植民地主義の思想』彩流社、一九九二年、邦訳二八四頁）.

(44) negritudeは「黒人性」「黒人精神」「黒人的特性」「黒人的心性」などと訳されるが、こうした訳語の問題も含めて、negritudeという概念は文化の相対的な位置と関係を問題対象としているので、ここでは「ネグリチュード」と表記する。また、このネグリチュードの問題は一九世紀末以降の広範なパン・アフリカニズムの一部としても考える必要がある。とくにデュ・ボイスがパン・アフリカ会議を一九一九年のパリ以降、数年間にわたってヨーロッパ各地で開催したが、その連続開催がネグリチュードの議論に与えた影響は大きい。一九二九年、デュ・ボイスたちは念願のアフリカでパン・アフリカ会議を開催しようとした。彼らは当時フランスの植民地であったチュニスを開催地として決定したが、本国フランスはその開催を許可しなかった。この事件もフランス知識人社会のなかでネグリチュードに対する関心を高めたと言われている。

（45） Frantz Fanon, *Peau Noire, Masques Blancs*, (Ed. du Seuil, 1952).（＝フランツ・ファノン（海老坂武・加藤晴久訳）『黒い皮膚・白い仮面』みすず書房、一九九八年）.

（46） Rey Chow, *Writing diaspora: Tactics of Intervention in Contemporary Cultural Studies*, (Indiana University Press, 1993), chap. 5, "Against the Lures of Diaspora: Minority Discourse, Chinese Women, and Intellectual Hegemony"; Rey Chow, *Ethics after Idealism: Theory, Culture, Ethnicity, Reading*, (Indiana University Press, 1998).

（47） Gilroy, op. cit., p. 15.

（48） 太田好信『トランスポジションの思想——文化人類学の再想像』世界思想社、一九九八年、二七九頁。太田の中心的な論旨は、文化人類学の過去の展開のなかに発見される知識人の政治性を批判することであり、そのためにポストコロニアル批評やカルチュラル・スタディーズの成果を取り入れようとしている。しかし太田が問題にしていることがらは、政治社会のなかの絶対的少数者をどのように理解するかということでもあり、この問題はこれまで論じてきたような多文化主義をめぐる議論でも常に主要な位置にある。

（49） 海老坂武『思想の冬の時代に——〈東欧〉、〈湾岸〉そして民主主義』岩波書店、一九九二年、二五五頁。

（50） 一九九〇年代に入ってからのジョン・ロールズが、道徳的価値観が最終的に一致しないような多元的社会における「より安定的な正義の概念」の現実性へと論点を移行させていることも、この論点と関連させて考えられるだろう。John Rawls, "The law of peoples", *Critical Inquiry*, vol. 20, no. 1, 1993, pp. 36-68.

（51） 太田、前掲書、四頁。

第5章　市民文化論の統合的機能

（1） Gabriel A. Almond and Sidney Verba, *The Civic Culture: Political Attitudes and Democracy in Five Nations*, (Princeton University Press, 1963).（＝ガブリエル・アーモンド、シドニー・バーバ（石川一雄他訳）『現代市民の政治文化』勁草書房、一九七四年）。また、戦後アメリカにおける政治文化論の展開については、本書第一章を参照。

（2） Michael Walzer, "The Concept of Civil Society", in Michael Walzer ed. *Toward a Global Civil Society*, Berghahn

Books, 1995, p. 8.（＝マイケル・ウォルツァー編（石田淳他訳）『グローバルな市民社会に向かって』日本経済評論社、二〇〇一年、一〇頁）

（3）たとえば以下を参照。Robert N. Bellah, *The Broken Covenant: American Civil Religion in Time of Trial,* The Seabury Press, 1975.（＝ロバート・N・ベラー（松本滋他訳）『破られた契約――アメリカ宗教思想の伝統と試練』一九八三年）。またベラーの市民宗教論の政治理論的意義については越智敏夫「政治文化と市民宗教――市民社会論への展開」『立教法学』第三八号、一九九四年を参照。

（4）Michael Walzer, *On Toleration,* Yale University Press, 1997, p. 76.（＝マイケル・ウォルツァー（大川正彦訳）『寛容について』みすず書房、二〇〇三年、一二一頁）。

（5）Ibid.

（6）Ibid.

（7）Walzer, op. cit., p. 110, 邦訳一六八頁。

（8）Ibid., 邦訳一七〇頁。

（9）Walzer, op. cit., pp. 79f., 邦訳一二五～一二七頁。

（10）Ibid.

（11）Walzer, op. cit., p. 33, 邦訳五九頁。

（12）このウォルツァーの論理は小林秀雄の「無常といふ事」における主張と酷似している。小林の唯物史観に対する攻撃は、「社会変革を指向する歴史観は歴史観として稚拙である」という思想的外観をとることによって、虐げられた者がその窮境を社会に訴え変革を希求する可能性を圧殺する。

（13）Walzer, op. cit., p. 43, 邦訳七三頁。

（14）こうした主張はベラー他による『心の習慣』において典型的に表明されている。Robert N. Bellah, Richard Madsen, William M. Sullivan, Ann Swidler, Steven M. Tipton, *Habits of the Heart: Individualism and Commitment in American Life,* University of California Press, 1985.（＝ロバート・N・ベラーほか（島薗進他訳）『心の習慣――アメリカ個人主義のゆく

え』みすず書房、一九九一年）

（15）これらの論者の主張には明らかに共通性があり、それがコミュニタリアンと呼ばれることにも根拠はあると思われるが、彼らの多くがコミュニタリアンと呼ばれることに違和感を表明している点は重要である。たとえばウォルツァー本人の異議については、Michael Walzer, "Communitarian Critique of Liberalism," *Political Theory*, vol. 18, no. 1, 1990を参照。また他の論者についてはたとえば以下の論文における違和感の表明を参照。Alasdair MacIntyre, "The Spectre of Communitarianism," *Radical Philosophy*, no. 70, 1995.

（16）Amitai Etzioni, *The New Golden Rule: Community and Morality in a Democratic Society*, Basic Books, 1996, p. xv.（＝アミタイ・エチオーニ（永安幸正監訳）『新しい黄金律――「善き社会」を実現するためのコミュニタリアン宣言』麗澤大学出版会、二〇〇一年、五頁）

（17）コミュニタリアンの議論における自由概念の恣意的な論じ方に対してスティーブン・ホームズは自由概念そのものを無化するものだとして批判する。たとえば、Stephen Holmes, "The Community Trap," *The New Republics*, Nov. 28, 1988, pp. 24-29; id., *The Anatomy of Antiliberalism*, Harvard University Press, 1993, p. 8を参照。ホームズの主張が正当性をもつかどうかは別にして、コミュニタリアンと他称される各論者がその名称に違和感を表明するのはこうした外部からの批判にも関連すると思われる。

（18）Etzioni, op. cit., p. xv, 邦訳六頁。

（19）Amitai Etzioni, "Too Many Rights, Too Few Responsibilities," in Walzer ed., op. cit., pp. 99f.（ウォルツァー編、前掲書、一一一頁）

（20）Amitai Etzioni, *Next: The Road to the Good Society*, Basic Books, 2001, p. 15.（＝アミタイ・エツィオーニ（小林正弥監訳）『ネクスト――善き社会への道』麗澤大学出版会、二〇〇五年、四四頁）

（21）Ibid., p. 16.（邦訳四六頁）

（22）Walzer, *On Toleration*, p. 71.（邦訳一一三頁）

（23）Etzioni, *The New Golden Rule*, p. 17, 邦訳三七頁。またウェイリッチの主張については、David Cantor, *The Religious*

Right: The Assault on Tolerance and Pluralism in America, Anti-Defamation League, 1994, p. 6.

(24) Amitai Etzioni, *The Spirit of Community: Rights, Responsibilities and the Communitarian Agenda*, Crown Publishers, Inc., 1993, p. 159.

(25) 公開書簡 "What We're Fighting For: A Letter from America" は以下のサイトにおいて閲覧可能である。本章の引用はすべて本サイトによる。http://www.americanvalues.org/html/wwff.html (access date: September 11, 2015).

(26) Emmanuel Todd, *After the Empire: The Breakdown of the American Order*, Columbia University Press, 2003.（＝エマニュエル・トッド（石崎晴己訳）『帝国以後――アメリカ・システムの崩壊』藤原書店、二〇〇三年、九頁）

(27) 公開書簡 "Letter from United States Citizens to Friends in Europe" は以下のサイトにおいて閲覧可能である。本章の引用はすべて本サイトによる。http://www.americanvalues.org/html/us_letter_to_europeans.html (access date: September 11, 2015).

第6章　「非常時デモクラシー」の可能性

(1) ナチスによるユダヤ人虐殺にせよ、スターリン体制下の粛清にせよ、それらは多様な見地から批判されるべき行為である。しかしそれらが批判されるべき理由の一つは、その残虐な行為が「無法者の逸脱行為」によるものではなく、各体制下での「合法的」執行だったという点にある。そうした残虐な行為を可能にするための法整備が各体制下でなされたという事実は看過されるべきではない。現在、地球上の国民国家レベルで数えてみれば少数の国家のみが維持している死刑制度と、ヒトラーやスターリンによる行為を合法性という観点からのみ比較すれば、その差異は小さいと言わざるをえない。

(2) たとえば、司馬遼太郎『明治という国家』日本放送出版協会、一九八九年を参照。

(3) 現代日本の政治学の転機は一九四五年八月一五日である。満州事変から太平洋戦争終結に至る一五年間だけでなく、その前後の時期も含めて総体としての近代日本社会は圧倒的な暴力を行使し続けてきた。その行使の対象は中国や朝鮮などの他国籍人のみならず、日本国籍人にも及んだ。その暴力行使全体の意味を批判的に検討することから日本の戦後政治学は始まっていたはずである。その自己批判は戦後民主主義という理念と密接に結び付いていた。ところが現在、日本の政治学者の一部は同盟国アメリカのイラク攻撃という暴力を正当化するために「民主主義」という言葉を使用している。こうした言葉の使用法の変化こそがグローバリゼーションの一過程として議論されるべきだが、それはまたアメリカの大学院出身者によって日本の政治学研究者の多くが占められるようになってきた現状とも関連する。

（4）たとえば米西戦争の結果、一九〇二年にキューバは独立する。しかしその直前の一九〇一年にアメリカ合衆国議会が採択した「プラット修正（Platt Amendment）」のため、キューバの「独立」は実質的にはアメリカの植民地となることが決定されていたのである。同様なことは独立時のフィリピンに対しても行われた。ちなみにこのプラット修正は、一九三三年に就任したF・D・ローズベルト大統領のいわゆる「善隣外交」政策のもと、キューバの「三三年革命」を経て一九三四年に合衆国議会によって撤回される。しかしそれはすでに第二次世界大戦直前という国際政治の緊張期であり、その後もキューバをはじめとするラテン・アメリカ諸国への干渉は継続され、カストロ革命においてアメリカの干渉はいっそう直接的な暴力を伴ったものとなっていく。

（5）このアメリカの論理と日本によるアジアの植民地化の正当化の論理の類似性は指摘しうる。ヨーロッパによる植民地化に対抗する「大アジア主義」や「大東亜共栄圏」といった概念が、その字義的な主張とはまったく正反対に、暴力によるアジアの植民地化しか意味しなかったことはアメリカに支配された二〇世紀前半のキューバやフィリピンの状況と相似的である。

（6）ハンナ・アーレント「政治における嘘――国防総省秘密報告書についての省察」ハンナ・アーレント（山田正行訳）『暴力について――共和国の危機』みすず書房、二〇〇〇年、一六頁。

（7）たとえばHelen Thomas, "Bush's War Drums Unamerican", The Bostonchannel.com (http://www.thebostonchannel.com/helenthomas/1715703/detail.html: access date: Apr. 22, 2014)。同様な視点を海外から示しているとして議論されたものとして『ロンドン・エコノミスト』の以下の社説がある。Opinion, "Unjust, Unwise, UnAmerican," *The Economist*, (July 10th 2003).

（8）丸山眞男『日本の思想』一九六一年、岩波新書、三頁。

（9）政治文化理論におけるこの問題については第1章を参照。

（10）エドワード・サイード「アメリカを考える」早尾貴紀訳『現代思想』二〇〇二年六月臨時増刊号、一七五頁。

（11）イラク兵による行為を「拷問」と表現していた日本のマスメディアの多くは、アメリカ兵による行為を表現する際には「虐待」と表現している。正規兵による非人道的行為という点に変わりはない。両者の行為の間に残虐さの程度の差を認めるのも難しい。私たちは五分間の殴打の末に殺すことと、五分間の電気ショックの末に殺すことを残虐性という観点から比較できない。しかし日本のメディアは、意識的か無意識的かは不明だが、両者の行為についての表現を慎重に使い分けている。そうしたことを考えれば、日本のメディアも彼ら自身が保持していると自認しているであろう「中立性」とはまったく反対に、アメリカのイラク占領を強く支持していると言わざるをえない。

（12）アメリカがこうした国際協調や公平性を無視した対外政策を遂行する原因として、連邦政府の中心部に巨大企業の経営者が多いという事実が指摘されうる。議員内閣制ではなく大統領制をとるアメリカにおいては、上下両院とも国会議員は大統領政府の閣僚にならず、大統領選挙などにおいて個人的に寄与した者が入閣する。その結果、巨大企業の経営者たちが閣僚となる。ところが彼らは、自分のものとは異なる価値観を持つ人間と共通のルールを作り上げ、それを遵守するという意識が低い。簡単に言えば国際市場において「他者を出し抜き、利益を得る」ことに能力を発揮してきた人々であり、アメリカにおけるエンロンやアーサー・アンダーセン、二〇〇〇年代以降の日本におけるＣＩＴＩバンクによるスキャンダルの実態をみても、そうした行動規範そのものを問題だと思っていないことは明らかである。

（13）Robert Block and Gary Fields, "Is Military Creeping Into Domestic Law Enforcement?" *The Wall Street Journal*, Mar. 9, 2004.

（14）身体性への管理はアメリカだけの話ではない。たとえば、東京都教育委員会が二〇〇四年春に行った都立学校の卒業式における「君が代」斉唱の強制も、それが目的とするところは「何を考えているのか」という思想レベルの問題を「誰が立たないのか」という行為の問題に置換することにある以上、身体性による管理と言える。思想が身体性によって判断されている。身体が特定の行為を実行するか否かによって「国民存在」が明確に可視化され、誰が「国民」で誰が「非国民」なのかという視覚的な線引きが容易に実行される。またこうした身体性について考える時に想起されるのは、アフガニスタン攻撃からイラク戦争に至る期間、日本のマスメディアが最も時間を割いていた報道対象の一つが都市部の河川に迷い込んだ一匹のアザラシだったということである。「かわいらしさ」という身体性のみが強調された報道がこの時期に集中的になされたというのはなんら偶然ではないと思われる。限られた放送時間のなかで何かを報道するということは別の何かを報道しないことを意味する。アザラシを異常なほど多量のテレビ番組や新聞記事に露出させることによって、マスメディアは何を報道したくなかったのか。さらに信じられないことに当該河川を管理する自治体はそのアザラシに「住民票」を発行した。帰化申請を拒否され差別され続けている外国籍住民が日本には数多く存在する。アザラシに容易に住民票を出しながら外国籍の人間を差別し続ける自治体にそうした人々の一部が異議を申し立てたが、完全に無視された。この事件は日本の地方自治体が人間の身体をどのように選別、差異化、差別しようとしているかも物語っている。

(15) かつて日本における在日外国人の指紋押捺問題の際の議論に比べると、こうしたアメリカ政府のバイオメトリクスに対する批判的議論は日本においては少ない。「九・一一」以降、どのように私たちの言説空間が変容したか、その一端を知ることができる。

(16) Giorgio Agamben, "Non au tatouage biopolitique," *Le Monde*, le 11 Janvier 2004, (translated from Italian to French by Martin Rueff), cf. Giorgio Agamben, "No to Bio-Political Tattooing", http://truthout.org/docs_04/011304H.shtml, access date: Apr. 22. 04, (translated from French to English by Leslie Thatcher).

(17) アーレント、前掲書、七六頁。

(18) 同、八〇頁。

(19) 同、九五頁。

第7章　アメリカ国家思想の文化的側面

(1) E. E. Schattschneider, *The Semisovereign People: A Realist's View of Democracy in America* (Holt, Rinehart & Winston, 1960), p. 130.（＝E・E・シャットシュナイダー（内山秀夫訳）『半主権人民』而立書房、一九七二年、一七七頁）。なお本章の引用に関して邦訳を参照したものはその頁数を表記しているが、訳文は一部変更しているものがある。

(2) Stanley Hoffman, "Europe's Identity Crisis: Between the Past and America," *Daedalus*, XCIII, no. 4 (Fall, 1964), p. 1261.

(3) Louis Hartz, *The Liberal Tradition in America: An Interpretation of American Political Thought Since the Revolution*,

Harcourt Brace and World, 1955, p. 5.（＝有賀貞・松平光央訳『アメリカ自由主義の伝統』有信堂、一九六三年、五頁）

（4）Ibid., pp. 9f, 八頁。

（5）Seymour Martin Lipset, *American Exceptionalism: A Double-Edged Sword*, W. W. Norton & Company, 1997, p. 18.

（6）Ibid., p. 31.

（7）Samuel P. Huntington, *American Politics: The Promise of Disharmony*, Harvard University Press, 1981, pp. 130f.

（8）本書簡については、本書第六章「市民文化論の統合的機能——現代政治理論の『自己正当化』について」を参照のこと。

（9）Robert A. Dahl, *Polyarchy: Participation and Opposition*, Yale University Press, 1972.（＝ロバート・A・ダール（高畠通敏・前田脩訳）『ポリアーキー』三一書房、一九八一年）

（10）Gabriel A. Almond and Sidney Verba, *The Civic Culture: Political Attitudes and Democracy in Five Nations*, Princeton University Press, 1963.（＝G・A・アーモンド、S・ヴァーバ（石川一雄・片岡寛光他訳）『現代市民の政治文化』勁草書房、一九七四年）

（11）John Ehrenberg, *Civil Society: The Critical History of an Idea*, New York University Press, 1999.（＝ジョン・エーレンベルク（吉田傑俊訳）『市民社会論——歴史的・批判的考察』青木書店、二〇〇一年、二八三頁）

（12）Grant McConnell, *Private Power & American Democracy*, Knopf, 1967, p. 6. 同様な問題をジェフリー・ゴールドファーブはアメリカ政治におけるイデオロギー的一体性とシニシズムの伝統の観点から考察している。多元的集団理論はアメリカにおける民主主義を大衆社会化の構造と過程へと還元させており、そのため民主主義が本来保持している国家への批判精神を消失させていると批判している。Jeffrey C. Goldfarb, *The Cynical Society: the Culture of Politics and the Politics of Culture in American Life*, University of Chicago Press, 1991, p. 37.

（13）Sheldon S. Wolin, "The Idea of the State in America," *Humanities in Society*, vol. 3, no. 2, Spring, 1980, pp. 155f.（＝「アメリカにおける国家の観念」千葉眞他編訳『政治学批判』第7章、みすず書房、一九八八年、二七一頁）

（14）Ibid., p. 162, 二八〇頁。

（15）Ibid., p. 163, 二八二頁。

(16) Sheldon S.Wolin, *The Present of the Past: Essays on the State and the Constitution*, Johns Hopkins University Press, 1989.（＝シェルドン・S・ウォリン（千葉真・斎藤真・山岡竜一・木部尚志訳）『アメリカ憲法の呪縛』みすず書房、二〇〇六年、二四五、二四六頁）

(17) Sheldon Wolin, "Inverted Totalitarianism", *The Nation*, May 19, 2003, (http://www.thenation.com/doc/20030519/wolin, access date: October 22, 2006).（＝杉田敦訳「逆・全体主義」『世界』二〇〇三年、八月号）

(18) Edmund Burke, *Selected Works*, Clarendon Press, 1904, pp. 180f.

(19) Lipset, *American Exceptionalism*, p. 14.

(20) Ibid., p. 18

(21) Ibid., p. 26. こうした社会におけるイデオロギーの特質についてラッドも同様な指摘をしている。たとえば個人主義にしても、アメリカにおいては個人の問題の次元として考えられているのではなく社会的な制度と慣習の善悪を判断するための道徳的基準として考えられているという。Everett Carll Ladd, *The American Ideology: An Exploration of the Origins, Meaning, and Role of American Political Ideas*, Roper Center for Public Opinion Research, 1994, p. 5.

(22) Lipset, op. cit., p. 19.

(23) Ibid., p. 267.

(24) Ibid., p. 68.

(25) Ibid.

(26) Ibid., pp. 67f.

(27) Leo Strauss, *Thoughts on Machiavelli*, Free Press, 1958, p. 13.

(28) May Ann Glendon, "Rights in Twentieth Century Constitutions," in Geoffrey R.Stone, Richard A. Epstein, And Cass R. Sunstein, eds., *The Bill of Rights in the Modern State*, University of Chicago Press, 1992, pp. 524f.

(29) Lipset, op. cit., p. 37.

(30) Richard Flacks, *Making History: The American Left and the American Mind*, Columbia University Press, 1988, p. 189.

(31) Richard Rorty, *Achieving Our Country: Leftist Thought in Twentieth-Century America*, Harvard University Press, 1999.（＝リチャード・ローティ（小澤照彦訳）『アメリカ　未完のプロジェクト――二〇世紀アメリカにおける左翼思想』晃洋書房、二〇〇〇年、四六頁）

(32) 前掲書、五九頁。なお行動主義的な政治左翼が傍観者的な文化左翼に「堕落」した瞬間についてローティは、オクラホマの徴兵検査場を閉鎖しようとした学生たちが警官隊に排除された翌日、再度その徴兵検査場に戻った時だと述べている。その日、彼らが路上で歌っていた歌が最初は Solidarity Forever であったのに、その運動のなかばから Yellow Submarine へと変化したことが象徴的に回顧されている（一六九頁）。またアメリカ左翼の変質と分裂についてトッド・ギトリンは一九六四年を画期としている。ギトリンはその年の八月の民主党全国大会にミシシッピ自由民主党が参加を拒否されたこと、また連邦議会においてトンキン湾攻撃決議案が可決されたことに決定的な意味を見出している。Todd Gitlin, *The Sixties: Years of Hope, Days of Rage*, Bantam (revised edition), 1993, p. 178.

(33) Christopher Lasch, *The Agony of the American Left*, Vintage, 1969.

(34) ローティ、前掲書、七六頁。

(35) 前掲書、八二頁。

(36) Richard Rorty, *Philosophy and Social Hope*, Penguin Books, 1999.（＝リチャード・ローティ（須藤訓任・渡辺啓真訳）『リベラル・ユートピアという希望』岩波書店、二〇〇二年、二九二頁）

(37) ローティ『アメリカ　未完のプロジェクト』一〇〇頁。

(38) Todd Gitlin, *The Twilight of Common Dreams: Why America Is Wracked by Culture Wars*, Owl Books, 1996.（＝トッド・ギトリン（疋田三良・向井俊二訳）『アメリカの文化戦争――たそがれゆく共通の夢』彩流社、二〇〇一年、二四八頁）

(39) 前掲書、一二三、一二四頁。

(40) ローティ『アメリカ　未完のプロジェクト』一〇三頁。

(41) 前掲書、一〇六頁。

(42) 前掲書、九八頁。

(43) 前掲書、七二頁。

(44) Jean Bethke Elshtain, *Democracy on Trial*, Basic Books, 1995.（＝J・B・エルシュテイン（河合秀和訳）『裁かれる民主主義』岩波書店）

(45) Chantal Mouffe, *The Return of the Political*, Verso, 1993.（＝シャンタル・ムフ（千葉眞・土井美穂・田中智彦・山田竜作訳）『政治的なるものの再興』日本経済評論社、一九九八年、八頁）

(46) Robert N. Bellah, Richard Madsen, William M. Sullivan, Ann Swidler, Steven M. Tipton, *Habits of the Heart: Individualism and Commitment in American Life*, Harper Collins, 1988.（＝ロバート・N・ベラー（島薗進・中村圭志訳）『心の習慣——アメリカ個人主義のゆくえ』みすず書房、一九九一年）

(47) エーレンベルク、前掲書、三三七頁。

(48) ウォリン『アメリカ憲法の呪縛』一二頁。

(49) 前掲書、二四七頁。

(50) フランス型の共和制、とくに統合原理としての共通理解の不可能性については以下を参照のこと。Régis Debray, "Etes-vous démocrate ou républicain?," *Le nouvel Observateur*, 30 novembre-6 décembre 1989. (http://www.prospectives.info/Etes-vous-democrate-ou-republicain_a105.html, access date: October 22, 2006).（＝水林章訳「あなたはデモクラットか、それとも共和主義者か」レジス・ドゥブレ、樋口陽一、三浦信孝、水林章『思想としての〈共和国〉』みすず書房、二〇〇六年）

(51) ウォリン、前掲書、二四八頁。

(52) ギトリン、前掲書、二五四頁。

第8章　政治理論における〈有効性〉

(1) 高畠通敏「一国社会主義者——急進的知識人の転向の原型」（初出一九五九年：共同研究『転向』上、平凡社）『高畠通敏集』二巻、岩波書店、二〇〇九年、二二三～二八五頁、同「生産力理論——偽装転向と『第三の途』の理論」（初出一九六

〇年：共同研究『転向』中、平凡社）『高畠通敏集』二巻、岩波書店、二〇〇九年、二八七―三六四頁。以下、『高畠通敏集』からの引用に関しては『高畠通敏集』〇巻、〇〇頁と表記する。なお他の著者の文献も含めて、本章中の引用文中の傍点はとくに表記のないものはすべて原著者による。

（2）高畠通敏に関する近年の研究には以下のようなものがある。伊藤洋典『〈共同体〉をめぐる政治学』ナカニシヤ出版、二〇一三年、とくに第三章「『高度成長期』の政治学における二つのパラダイム――疎外論と政策論の展開と交差」を参照のこと。また新田和宏「『高畠政治学』における市民政治の再発見――新しい市民政治理論の構築に向けて」『近畿大学生物理工学部紀要』第二七巻、二〇一一年、五五～六五頁。

（3）刊行順に、『日本政治思想史研究』（東京大学出版会、一九五二年、改訂版一九八三年）、『政治の世界』（御茶の水書房、一九五二年）、『現代政治の思想と行動』（未來社〈上・下〉、一九五六～五七年、増補版一九六四年、新装版二〇〇六年）、『日本の思想』（岩波新書、一九六一年）、『戦中と戦後の間　一九三六―一九五七』（みすず書房、一九七六年）、『忠誠と反逆――転形期日本の精神史的位相』（筑摩書房、一九九二年、ちくま学芸文庫版、一九九八年）。これら以外に以下の二種があるが、前者は題名にある通り『現代政治の思想と行動』の追補であるし、後者は聞き書きとすれば、これらは主要著書としては列挙しがたい。『後衛の位置から――追補「現代政治の思想と行動」』（未來社、一九八二年）、『「文明論之概略」を読む』（上・中・下、岩波新書、一九八六年）。

（4）また丸山の生前の主要出版物は単一の出版社から複数刊行されることはなく、すべて異なる出版社から一点ずつ刊行している。この点については本章のテーマとは関連がない。しかし戦後日本の民主化状況における知識社会学的テーマとして検討すべきものだと思われる。

（5）丸山眞男（松本礼二編注）『政治の世界　他十篇』岩波文庫、二〇一四年。

（6）前掲書、七五頁。

（7）前掲書、七七頁。

（8）前掲書、八五～八六頁。

（9）前掲書、一四九頁。

(10) 前掲書、一五三～一五四頁。
(11) 三谷太一郎「わが青春の丸山体験」（初出「みすず」編集部編『丸山眞男の世界』（みすず書房、一九九七年）三谷太一郎『学問は現実にいかに関わるか』東京大学出版会、二〇一三年、四三頁。
(12) 松本礼二「《解説》丸山眞男と戦後政治学」『政治の世界　他十篇』四七八、四八〇頁。
(13) 高畠通敏「『政治の世界』をめぐって」（初出『丸山眞男集』第三巻月報、岩波書店、一九九五年）『高畠通敏集』第五巻、二七四頁。
(14) 高畠通敏、前掲書、二七四～二七五頁。
(15) 三谷太一郎「丸山眞男の政治理論」（初出『丸山眞男手帖』第三八号、二〇〇六年）三谷太一郎、前掲書、八五頁。
(16) 松本礼二、前掲書、四八一頁。
(17) 前掲書、四八四頁。
(18) 高畠通敏「『主体的市民』のための学問」（初出『第三文明』一九七二年一〇月号）『高畠通敏集』第五巻、二八二頁。
(19) 前掲書、二八三頁。
(20) 前掲書、二八三～二八四頁。
(21) 丸山眞男「『である』ことと『する』こと」丸山眞男『日本の思想』（一九六一年、岩波新書）所収。
(22) 遠山敦『丸山眞男――理念への信』講談社、二〇一〇年、一二頁。
(23) 高畠通敏「丸山眞男氏を悼む」（初出：時事通信配信、一九九六年）『高畠通敏集』第五巻、一五二頁。
(24) 神島二郎『近代日本の精神構造』岩波書店、一九六一年。京極純一『現代民主政と政治学』岩波書店、一九六九年。
(25) 高畠通敏「『転向』研究から――林達夫像」（初出：「『林達夫著作集』月報、平凡社、一九七一年）『高畠通敏集』第五巻、一二五～一二六頁。
(26) 高畠通敏「解説『戦後日本の思想』」（初出：久野収・鶴見俊輔・藤田省三『戦後日本の思想』講談社文庫、一九七六年）『高畠通敏集』第二巻、一五一頁。
(27) 丸山眞男『丸山眞男集』第九巻、一六一頁。

(28) 丸山眞男『丸山眞男集』第一二巻、一一〇頁。
(29) もちろんこれらの啓蒙活動と知識人コミュニティの関係も重要な問題である。とくに丸山にとってはそうした知的共同体の形成が自らの研究の中心テーマとなっていたと同時に、その実践を自らに課していたために、いっそう重要なものとなる。たとえば丸山が指摘する近代日本に出現した3つの知的共同体(明治初期の自由民権運動、大戦間の共産主義運動、終戦直後の悔恨共同体)のなかでも最後の「悔恨共同体」については本章にも関連するところは大きいが、本章はあくまでも政治理論構築の観点から論じており、紙幅の関係から十全な検討は不可能である。しかし丸山のいう悔恨共同体が「過去の失敗をくりかえさない」という思想(というよりは実感)に基づいているとはいえ、これは「次はうまくやる」という決意表明のようなものだと理解すれば、戦後の保守本流の政治家や知識人に親近性をもつ可能性も高いという点は指摘しておきたい。
(30) この表現は埴谷雄高がかつて井上光晴のことを形容した言葉、また井上を主題とした原一男監督のドキュメンタリー映画の題名「全身小説家」に依っている。
(31) 高畠通敏「藤田省三氏を悼む」(初出:「あしがくぼ通信」二〇〇三年)『高畠通敏集』第五巻、一五八頁。
(32) 高畠通敏「運動としての思想の科学――シンマイ事務局長の日記から」(初出:『思想の科学』一九六二年九月号)『高畠通敏集』第五巻、六六頁。
(33) 都築勉「道場の内と外の交流――鶴見・丸山・高畠が作る知の三角形」『現代思想:総特集 鶴見俊輔』二〇一五年一〇月臨時増刊号、第四三巻一五号、二〇七頁。
(34) 高畠通敏「解説『鶴見俊輔著作集 第二巻』(初出:『鶴見俊輔著作集 第二巻』筑摩書房、一九七五年)『高畠通敏集』第二巻、一六四～一六五頁。
(35) 前掲書、一六四頁。
(36) 鶴見俊輔『戦時期日本の精神史』岩波現代文庫、二〇〇一年(単行本、一九八二年)、二六五頁。
(37) Charles P. B. Taylor, *Six Journeys: A Canadian Pattern*, House of Anansi Press, 1977. なお著者のチャールズ・テイラー(Charles P. B. Taylor, 1935-1997)はカナダ人ジャーナリストであり、カナダ人政治哲学者のチャールズ・テイラー(Charles Margrave Taylor, 1931-)とは別人である。

(38) 鶴見、前掲書、二七四頁。
(39) 前掲書、二七五頁。
(40) 吉本隆明『わが転向』文藝春秋、一九九五年、一九六頁。
(41) 前掲書、一三～一四頁。
(42) 鶴見、前掲書、二七五頁。
(43) 前掲書、二七六頁。
(44) 前掲書、二八頁。
(45) 前掲書、四三頁。
(46) 高畠通敏「政治の実証的研究を志して」（初出：『立教』一一二号、一九八五年）『高畠通敏集』第五巻、二六九～二七〇頁。
(47) 高畠通敏「あしがくぼ通信：二つの私信」『高畠通敏集』第五巻、三四三頁。これは李恢成宛の私信において書かれた表現である。早い時期からパソコン通信を利用していた高畠はある時期以降、自分が書いた文章を電子メールを利用して友人、知人らに定期的に送信するようになっていた。それらは各種の新聞や雑誌などに公表した（あるいは公表予定の）文章の下書きから身辺雑記まで、多種多様なものだった。その通信は高畠が当時暮らしていた埼玉県内の住所にちなみ「あしがくぼ通信」と称されていた。晩年の通信では自身が末期癌を患っていること、またその治療方法などについても詳報されていたが、その最後の通信が二〇〇四年五月一九日付の「二つの私信」と題されたものであり、これが同年七月七日に他界する高畠が公表した最後の文章だと思われる。その「二つの私信」とは李恢成、鶴見俊輔の両氏に対して書かれた文章である。この二つの文章は本人によれば「病床でまだ文章が書けるということを自分に納得させるための手すさび」であり、「私信を公開された人は面食らうでしょうが、著作権は私にあるのだからと苦笑してご寛容ください」と付記されている。なおこの二つの私信が李、鶴見の両氏に対して実際に送付されたかどうかについて著者は未確認である。
(48) 鶴見、前掲書、二一頁。
(49) 前掲書、二七七頁。

(50) 前掲書、五〇頁。
(51) 高畠、前掲書、三五一頁。
(52) 前掲書、三五二頁。
(53) 前掲書、三四三頁。
(54) 前掲書、三五〇頁。
(55) 鶴見俊輔、鈴木正、いいだもも『転向再論』平凡社、二〇〇一年、二一頁。
(56) 前掲書、三〇頁。
(57) 高畠、前掲書、三五二頁。
(58) モラスキーは「焼け跡闇市派」の一人としての野坂昭如について論じる際、「アメリカひじき」冒頭部分の文体分析から、野坂自身の占領時代やアメリカそのものに対するアンビバレントな記憶と感情について指摘している。野坂の歴史認識には〈過去〉と〈現在〉、〈戦争〉と〈戦後〉といった対立構造が存在せず、それらが連続して、あるいは境界線がきわめて曖昧なまま認識されているとの指摘である。こうした戦後経験に基づく認識方法と高畠の方法論との共通性も指摘しうるだろう。マイク・モラスキー「終焉のない『戦後』——野坂昭如と日米両国に残る敗戦の影」『図書』二〇一六年七月号、一五～一六頁。
(59) 高畠通敏「アメリカ近代政治学の基礎概念」(初出:『国家学会雑誌』七六巻七・八号、一九六三年、七七巻七・八号、一九六四年)『高畠通敏集』第一巻。
(60) 高畠通敏「職業としての政治学者——政治学入門以前」(初出:『思想の科学』一九七〇年五月号)『高畠通敏集』第五巻、二九〇～二九四頁。
(61) 前掲書、三〇二頁。
(62) 前掲書、三〇三～三〇四頁。
(63) 高畠通敏「運動の政治学」(初出:『年報政治学一九七六年』岩波書店、一九七七年)『高畠通敏集』第一巻。
(64) 高畠通敏「声なき声の会の政治体験」(初出:『日本読書新聞』一九六〇年七月二三日)『高畠通敏集』第一巻、六頁。

(65) 高畠通敏「『声なき声』運動の十年」(初出:『声なき声のたより』五〇号、一九七〇年)『高畠通敏集』第一巻、四三~四四頁。
(66) 前掲書、四四頁。
(67) 前掲書、四五頁。
(68) 前掲書、同頁。
(69) 高畠通敏「自民党に埋没する社会党」(初出:『朝日新聞』一九八四年八月五日)『高畠通敏集』第四巻、二四頁。
(70) 高畠通敏「日常の思想とは何か」(初出:高畠通敏編『日常の思想』筑摩書房、一九七〇年)『高畠通敏集』第二巻。
(71) 高畠、前掲書、四二~四四頁。
(72) 高畠通敏「『主体的市民』のための学問」(初出:『第三文明』一九七二年一〇月)『高畠通敏集』第五巻、二八〇頁。
(73) 前掲書、二八一頁。
(74) 松本礼二、前掲書、四八六頁。

終章　個人の経験と政治の状況

(1) 本章は当該演目の以下の上演に基づいている。ただし台詞など、舞台上の表現については著者の記憶に基づいて表記している部分もあるので、実際の上演とは異同がありうる。なお本作は、フランス語、英語、イタリア語による三バージョンが用意されているとのことであるが、本文中に表記したとおり今回の日本初演では英語版が上演された。
演目:ロベール・ルパージュ「八八七」(日本初演)
日時:二〇一六年七月三日
会場:新潟市民芸術文化会館・劇場
作・演出・美術・出演:ロベール・ルパージュ
主催:公益財団法人新潟市文化振興財団、NST
後援:カナダ大使館、ケベック州政府在日事務所

製作：Ex Machina

（2） Michèle Lalonde, *Speak White*, l'Hexagone, 1974 (Nightshade Press, 1990). ミシェル・ラロンド（一九三七年〜）がこの詩を創作したのは一九六八年だが、一九七〇年三月二七日にモントリオールの Théâtre Gesù で開催されたポエトリー・リーディング La nuit de la poésie で本人によって朗読される。その際のラロンド本人による朗読とフランス語テキストは以下の動画サイトで閲覧可能である。Texte et Parole, Speak White par Michèle Lalonde, https://www.youtube.com/watch?v=0hsifsVi2po（最終閲覧日：二〇一七年一月六日）。また Albert Herring による英訳が以下の URL において公開されている。Speak White by Albert Herring, http://www.everything2.com/index.pl?node_id=738881（最終閲覧日：二〇一七年一月六日）。

（3） ケベックにおける多文化状況とその政治的機能については以下を参照のこと。長部重康他編『現代ケベック――北米の仏系文化』勁草書房、一九八九年：西川長夫、渡辺公三、ガバン・マコーマック編『多文化主義・多言語主義の現在――カナダ・オーストラリア・そして日本』人文書院、一九九七年、とくにその第I部第三章「ケベックの選択――多文化的政治統合への道」（石川一雄）を参照のこと。ケベックのフランス語を使用する集団内部における多様性についての指摘はとくに示唆に富む。またカナダのエスニシティ状況一般に関しては以下のものを参照のこと。新保満『カナダ社会の展開と構造』未來社、一九八九年：綾部恒雄編『カナダ民族文化の研究――多文化主義とエスニシティ』刀水書房、一九八九年：D・フランシス、木村和男編『カナダの地域と民族――歴史的アプローチ』同文舘、一九九三年。

（4） カナダの人口構成の現状と過去の数値についてはカナダ統計局の公式サイトを参照のこと。Statistics Canada, http://www.statcan.gc.ca/eng/start（最終閲覧日：二〇一七年一月六日）。

（5） ルパージュ本人はこの演出意図について以下のように述べている。「幼少期が題材ですので、子供の遊びというのを手法として使いました。作品で語られることは複雑ですが、舞台で使われるのは模型や小さい車のおもちゃ、人形など、どこかナイーブなところがあります。それが今回の公演全体の特徴だと思います。つまり、観客自身も自身が遊んだものから記憶を思い出すきっかけになるようにこれらを使ってみました。どこか子供らしい、児戯的なところがあるのが特徴です」。「ロベール・ルパージュ　八八七　インタビュー」、http://engekisengen.com/stage/interview/887interview/（最終閲覧日：二〇一七年一月六日）。

（6）北アメリカ大陸における「白人性」については、藤川隆男編『白人とは何か？――ホワイトネス・スタディーズ入門』刀水書房、二〇〇五年、とくに第Ⅱ部第十章「もう一つの北米社会――二〇世紀初頭のカナダにおけるホワイトネスとブリティッシュネス」（細川道久）を参照のこと。

（7）一九六七年のモントリオール万国博覧会については博覧会国際事務局の公式サイト Bureau International des Expositions、とくに以下のページを参照のこと。EXPO 1967 MONTREAL, http://www.bie-paris.org/site/en/1967-montreal（最終閲覧日：二〇一七年一月六日）。

（8）この演説は以下の動画サイトで見ることができる。Vive le Québec libre - De Gaulle, https://www.youtube.com/watch?v=0l1EYNoHY1A（最終閲覧日：二〇一七年一月六日）

（9）Michael Gillan, "Words Unacceptable to Canadians: De Gaulle Rebuked by Pearson", *The Globe and Mail* (July 26, 1967).

（10）フランスにおける言語運動、とくにブルターニュ地方におけるブルトン語運動について、たとえば以下を参照のこと。田中克彦『ことばと国家』岩波新書、一九八一年、一〇二頁。

（11）ケベック解放戦線のマニフェストについては以下を参照のこと。Manifeste du Front de libération du Québec, https://biblio.republiquelibre.org/Manifeste_du_Front_de_lib%c3%a9ration_du_Qu%c3%a9bec（最終閲覧日：二〇一七年一月六日）。また日本国政府の公安調査庁によるＦＬＱの「定義」については以下を参照のこと。公安調査庁によれば「二〇〇七年一月には、ＦＬＱの新細胞を名のるグループが、モントリオール西部の英語圏地区を標的として爆弾テロを実行すると脅迫したとされる」とのことである。公安調査庁公式ページ「ケベック解放戦線（ＦＬＱ）」http://www.moj.go.jp/psia/ITH/organizations/N_MS-america/FLQ.html（最終閲覧日：二〇一七年一月六日）。

（12）ケベック州における多文化共生の現状と将来像については「ブシャール＝テイラー報告」を参照のこと。多様文化共生社会の可能性が自由主義的な視点から論じられている。本報告はジェラール・ブシャールとチャールズ・テイラーが共同代表となり、「文化的差異に関する調和の実践をめぐる諮問委員会」による州政府への提言として2008年にまとめられた。原題は『未来の構築――和解のとき』（Fonder L'AVENIR: Le temps de la conciliation）である。本報告では合理的配慮（reasonable accommodation）の概念が多文化共生社会の鍵概念として提唱されている。通常、「合理的配慮」は障害者への対応として議論されることが多いが、「ブシャール＝テイラー報告」ではこの合理的配慮の概念は、文化的差異から生じる社会的摩擦の低減を目的として拡張適用すべきという主張になっている。本報告はケベック州政府関連の複数の公式サイトで公開されている。たとえば以下を参照のこと。Fonder l'avenir, le temps de la conciliation. Rapport / Gérard Bouchard, Charles Taylor : Commission de consultation sur les pratiques d'accommodement reliées aux différences culturelles, https://www.opq.gouv.qc.ca/fileadmin/documents/Commissaire/RCP/RapportBouchardTaylor2008.pdf（最終閲覧日：二〇一七年一月六日）。要約版邦訳は、ジェラール・ブシャール、チャールズ・テイラー編『多文化社会ケベックの挑戦――文化的差異に関する調和の実践　ブシャール＝テイラー報告』竹中豊・飯笹佐代子・矢頭典枝訳、明石書店、二〇一一年。また、ジェラール・ブシャール『ケベックの生成と「新世界」――「ネイション」と「アイデンティティ」をめぐる比較史』竹中豊・丹羽卓監修・責任編集、立花英裕他訳、彩流社、二〇〇七年も参照のこと。

（13）前掲「ロベール・ルパージュ　八八七　インタビュー」。なお、ケベックにおけるフランコフォンの集合的記憶について多くの著作を発表した哲学者、社会学者のフェルナン・デュモンはそうした集合的記憶の維持のためには政治的主権が必要だと主張した。デュモンは現実政治からは距離を取っていたが、ジャーナリスト出身の政治家、ルネ・レヴェックの要請により、一九七七年、社会学者ギー・ロシェとともに「フランス語憲章　Charte de la langue française」と呼ばれる一〇一号法の法文作成を担当した。この法によってフランス語がケベック州における唯一の公用語として確定された。デュモンの集合的記憶に関する議論についてはたとえば以下のものを参照。Fernand Dumont, *L'avenir de la mémoire*, Nuit blanche, 1995.（＝フェルナン・デュモン（伊達聖伸訳）『記憶の未来――伝統の解体と再生』白水社、二〇一六年）

（14）Richard McGuire, *Here*, Pantheon Graphic Novels, 2014.（＝リチャード・マグワイア（大久保譲訳）『HERE ヒア』国書刊行会、二〇一六年）。ただし「HERE」という作品は単行本として刊行される以前、一九八九年にコミック誌『ＲＡＷ』に掲載された短編、また二〇〇〇年にマグワイアらのグループ展のカタログに掲載された短編の二つが存在する。それらの短編は邦訳書の付録として収録されている。

（15）リュック・サンテが「ニューヨーク・タイムズ」に書いた文章によるとこの場所は、読者の想像どおりマグワイアの生まれたニュージャージー州ミドルセックス郡パースアンボイにあるアパートとのことである。Luc Sante, Sunday Book Review: Richard McGuire's 'Here,' *New York Times*, Oct. 12, 2015, https://www.nytimes.com/2015/10/18/books/review/richard-mcguires-here.html?_r=0（最終閲覧日：二〇一七年一月六日）

（16） From Here to Here: Richard McGuire Makes a Book, http://www.themorgan.org/exhibitions/From-Here-to-Here（最終閲覧日：二〇一七年一月六日）。

主要参考文献

Gabriel A. Almond and Sidney Verba, *The Civic Culture: Political Attitudes and Democracy in Five Nations*, Princeton Univ. Press, 1963：ガブリエル・A・アーモンド、シドニー・ヴァーバ『現代市民の政治文化——五カ国における政治的態度と民主主義』石川一雄・薄井秀二・中野実・岡沢憲芙・深谷満雄・木村修三・山崎隆志・神野勝弘・片岡寛光訳、勁草書房、一九七四年。

Gabriel A. Almond, *Political Development; Essays in Heuristic Theory*, Little Brown and Co., 1970：ガブリエル・A・アーモンド『現代政治学と歴史意識』内山秀夫・川原彰・佐治孝史・深沢民司訳、勁草書房、一九八二年。

Gabriel A. Almond and G. B. Powell, Jr., *Comparative Politics: System, Process, and Policy*, Little, Brown, 1978：ガブリエル・A・アーモンド、ブリングハム・パーウェル『比較政治学——システム・過程・政策』本田弘・浦野起央監訳、時潮社、一九八六年。

Gabriel A. Almond, and Sidney Verba eds., *The Civic Culture Revisited*, Sage Publications, 1989.

Gabriel A. Almond, *A Discipline Divided; Schools and Sects in Political Science*, Sage Publications, 1990.

Walter Bagehot, *The English Constitution*, Oxford University Press, 1963.（原著初版は一八六七年発行）：ウォルター・バジョット「イギリス憲政論」小松春雄訳、辻清明編『世界の名著七二　バジョット、ラスキ、マッキーヴァー』中央公論社、一九八〇年、所収。

Robert N. Bellah, *The Broken Covenant: American Civil Religion in Time of Trial*, The Seabury Press, 1975：ロバート・N・ベラー『破られた契約——アメリカ宗教思想の伝統と試練』松本滋他訳、未來社、一九八三年。

Robert N. Bellah, Richard Madsen, William M. Sullivan, Ann Swidler, Steven M. Tipton, *Habits of the Heart: Individualism and*

Commitment in American Life, Harper Collins, 1988：ロバート・N・ベラー他『心の習慣――アメリカ個人主義のゆくえ』島薗進・中村圭志訳、みすず書房、一九九一年。

Olivier Blanc, *Marie-Olympe de Gouges Une humaniste à la fin du XVIIIème siècle*, Editions René Viénet, 2003：オリヴィエ・ブラン『オランプ・ドゥ・グージュ――フランス革命と女性の権利宣言』辻村みよ子監訳、信山社、二〇一〇年。

Gérard Bouchard, *Genèse des nations et cultures du Nouveau Monde: Essai d'histoire compare*, Boréal, 2000：ジェラール・ブシャール『ケベックの生成と「新世界」――「ネイション」と「アイデンティティ」をめぐる比較史』竹中豊・丹羽卓監修、立花英裕・丹羽卓・柴田道子・北原ルミ・古地順一郎訳、彩流社、二〇〇七年。

Gérard Bouchard, Charles Taylor, *Fonder l'avenir, le temps de la conciliation. Rapport / Commission de consultation sur les pratiques d'accommodement reliées aux différences culturelles*, https://www.opq.gouv.qc.ca/fileadmin/documents/Commissaire/RCP/RapportBouchardTaylor2008.pdf（最終閲覧日：二〇一七年一月六日）：ジェラール・ブシャール、チャールズ・テイラー編『多文化社会ケベックの挑戦――文化的差異に関する調和の実践　ブシャール＝テイラー報告』竹中豊・飯笹佐代子・矢頭典枝訳、明石書店、二〇一一年（抄訳）。

John Bowen and Roger Petersen, eds., *Critical Comparisons in Politics and Culture*, Cambridge University Press, 1999.

Eugene Burdick and Arthur J. Brodbeck, eds., *American Voting Behavior*, Free Press, 1959.

David Cantor, *The Religious Right: The Assault on Tolerance and Pluralism in America*, Anti-Defamation League, 1994.

Philip G. Cerny, *The Changing Architecture of Politics: Structure, Agency, and the Future of the State*, Sage, 1990.

Rey Chow, *Writing diaspora: Tactics of Intervention in Contemporary Cultural Studies*, Indiana University Press, 1993：レイ・チョウ『ディアスポラの知識人』本橋哲也訳、青土社、一九九八年。

William E. Connolly, *Political Science & Ideology*, Atherton Press, 1967.

William E. Connolly, *The Terms of Political Discourse*, Blackwell, 1974, 2nd ed., 1983, 3rd ed., 1993.

William E. Connolly, *Appearance and Reality in Politics*, Cambridge University Press, 1981.

William E. Connolly, *Politics and Ambiguity*, University of Wisconsin Press, 1987.

William E. Connolly, *Political Theory and Modernity*, Blackwell, 1988；ウィリアム・コノリー『政治理論とモダニティー』金田耕一・栗栖聡・的射場敬一・山田正行訳、昭和堂、一九九三年。

William E. Connolly, *Identity/Difference: Democratic Negotiations of Political Paradox*, Cornell University Press, 1991, (revised ed.: University of Minnesota Press, 2002)；ウィリアム・コノリー『アイデンティティ／差異――他者性の政治』杉田敦・齋藤純一・権左武志訳、岩波書店、一九九八年。

William E. Connolly, *The Augustinian Imperative: A Reflection on the Politics of Morality*, Sage, 1993.

William E. Connolly, *The Ethos of Pluralization*, University of Minnesota Press, 1995.

William E. Connolly, *Why I am not a Secularist*, University of Minnesota Press, 1999.

William E. Connolly, *Pluralism*, Duke University Press, 2005；ウィリアム・コノリー『プルーラリズム』杉田敦・鵜飼健史・乙部延剛・五野井郁夫訳、岩波書店、二〇〇八年。

William E. Connolly, *Capitalism and Christianity, American Style*, Duke University Press, 2008.

Bernard Crick and Tom Crick, *What Is Politics?*, Edward Arnold, 1987；バーナード・クリック『現代政治学入門』添谷育志・金田耕一訳、新評論、一九九〇年。

Fernand Dumont, *L'avenir de la mémoire*, Nuit blanche, 1995；フェルナン・デュモン『記憶の未来――伝統の解体と再生』伊達聖伸訳、白水社、二〇一六年。

David Easton, Jack Dennis and Sylvia Easton, *Children in the Political System: Origins of Political Legitimacy*, McGraw-Hill, 1969, <reprint> University of Chicago Press, 1980.

Harry Eckstein, "A Culturalist Theory of Political Change," *The American Political Science Review*, vol. 82, 1988.

Murray J. Edelman, *The Symbolic Uses of Politics*, University of Illinois Press, 1964；マーレー・エーデルマン『政治の象徴作用』法貴良一訳、中央大学出版部、一九九八年；*Political Language: Words that Succeed and Policies that Fail*, Academic Press, 1977；*Politics as Symbolic Action: Mass Arousal and Quiescence*, Markham Publishing Co., 1971；*Constructing the Political Spectacle*, University of Chicago Press, 1988；*From Art to Politics: How Artistic Creations Shape Political Con-

ceptions, University of Chicago Press, 1995.

John Ehrenberg, *Civil Society: The Critical History of an Idea*, New York University Press, 1999；ジョン・エーレンベルク『市民社会論――歴史的・批判的考察』吉田傑俊訳、青木書店、二〇〇一年。

David J. Elkins, *Manipulation and Consent: How Voters and Leaders Manage Complexity*, University of British Columbia Press, 1993.

Jean Bethke Elshtain, *Democracy on Trial*, Basic Books, 1995；ジーン・ベスキー・エルシュテイン『裁かれる民主主義』河合秀和訳、岩波書店、二〇〇二年。

Amitai Etzioni, *The Spirit of Community: Rights, Responsibilities, and the Communitarian Agenda*, Crown Publishers, 1993.

Amitai Etzioni, *Rights and the Common Good: the Communitarian Perspective*, St. Martin's Press, 1995.

Amitai Etzioni, *The New Golden Rule: Community and Morality in a Democratic Society*, Basic Books, 1996；アミタイ・エツィオーニ『新しい黄金律――「善き社会」を実現するためのコミュニタリアン宣言』永安幸正監訳、麗澤大学出版会、二〇〇一年。

Amitai Etzioni, *The Third Way to a Good Society*, Demos, 2000.

Amitai Etzioni, *Next: the Road to the Good Society*, Basic Books, 2001；アミタイ・エツィオーニ『ネクスト――善き社会への道』公共哲学センター訳、麗澤大学出版会、二〇〇五年。

Heinz Eulau, *The Behavioral Persuasion in Politics*, Random House, 1963；ハインツ・ユーロー『行動政治学の基礎』内山秀夫訳、東海大学出版会、一九七五年。

Eric Felten, *Loyalty: The Vexing Virtue*, Simon & Schuster, 2011；エリック・フェルテン『忠誠心、このやっかいな美徳』白川貴子訳、早川書房、二〇一一年。

Richard Flacks, *Making History: The American Left and the American Mind*, Columbia University Press, 1988.

Robert Booth Fowler, *The Dance with Community: The Contemporary Debate in American Political Thought*, University Press of Kansas, 1991.

Erich Fromm, *Escape from Freedom*, Farrar & Rinehart Inc., 1941；エーリッヒ・フロム『自由からの逃走』日高六郎訳、東京創元社、一九五一年。

Clifford Geertz, *The Interpretation of Cultures; Selected Essays*, Basic Books, 1973；クリフォード・ギアーツ『文化の解釈学Ⅰ・Ⅱ』吉田禎吾・柳川啓一・中牧弘允・板橋作美訳、岩波書店、一九八七年。

Ernest Gellner, *Nations and Nationalism*, Cornell University Press, 1983；アーネスト・ゲルナー『民族とナショナリズム』加藤節監訳、岩波書店、二〇〇〇年。

Michael Gillan, "Words Unacceptable to Canadians: De Gaulle Rebuked by Pearson", *The Globe and Mail* (July 26, 1967).

Paul Gilroy, *The Black Atlantic: Modernity and Double Consciousness*, Harvard University Press, 1993；ポール・ギルロイ『ブラック・アトランティック――近代性と二重意識』上野俊哉他訳、月曜社、二〇〇六年。

Todd Gitlin, *The Sixties: Years of Hope, Days of Rage*, Bantam (revised edition), 1993.

Todd Gitlin, *The Twilight of Common Dreams: Why America Is Wracked by Culture Wars*, Owl Books, 1996；トッド・ギトリン『アメリカの文化戦争――たそがれゆく共通の夢』疋田三良・向井俊二訳、彩流社、二〇〇一年、二四八頁。

Jeffrey C. Goldfarb, *The Cynical Society: the Culture of Politics and the Politics of Culture in American Life*, University of Chicago Press, 1991.

Amy Gutmann ed., *Multiculturalism: Examining the Politics of Recognition*, Princeton University Press, 1994；エイミー・ガットマン編『マルチカルチュラリズム』佐々木毅・辻康夫・向山恭一訳、岩波書店、一九九六年。

Louis Hartz, *The Liberal Tradition in America: An Interpretation of American Political Thought Since the Revolution*, Harcourt Brace and World, 1955；ルイス・ハーツ『アメリカ自由主義の伝統』有賀貞・松平光央訳、有信堂、一九六三年。

Albert Otto Hirschman, *The Passions and the Interests: Political Arguments for Capitalism before its Triumph*, Princeton University Press, 1977；アルバート・O・ハーシュマン『情念の政治経済学』佐々木毅・旦祐介訳、法政大学出版局、一九八五年。

Albert Otto Hirschman, *Shifting Involvements: Private Interest and Public Action*, Princeton University Press, 1982；アルバー

ト・O・ハーシュマン『失望と参画の現象学――私的利益と公的行為』佐々木毅・杉田敦訳、法政大学出版局、一九八八年。

Albert Otto Hirschman, *The Rhetoric of Reaction: Perversity, Futility, Jeopardy*, Belknap Press of Harvard University Press, 1991：アルバート・O・ハーシュマン『反動のレトリック――逆転、無益、危険性』岩崎稔訳、法政大学出版局、一九九七年。

Albert Otto Hirschman, *A Propensity to Self-Subversion*, Harvard University Press, 1995：アルバート・O・ハーシュマン『方法としての自己破壊――「現実的可能性」を求めて』田中秀夫訳、法政大学出版局、二〇〇四年。

Eric Hobsbawm and Terence Ranger eds., *The Invention of Tradition*, Press of University of Cambridge, 1983：エリック・ホブズボウム、テレンス・レンジャー編『創られた伝統』前川啓治他訳、紀伊國屋書店、一九九二年。

Stanley Hoffman, "Europe's Identity Crisis: Between the Past and America," *Daedalus*, XCIII, no. 4, Fall, 1964.

Ronald Inglehart, *Culture Shift in Advanced Industrial Society*, Princeton University Press, 1990：ロナルド・イングルハート『カルチャーシフトと政治変動』村山皓・富沢克・武重雅文訳、東洋経済新報社、一九九三年。

Haynes Bonner Johnson, *Divided We Fall: Gambling with History in the Nineties*, W.W. Norton, 1994.

James Johnson, "Conceptual Problems as Obstacles to Progress in Political Science: Four Decades of Political Culture Research", *Journal of Theoretical Politics*, Vol. 15, No. 1, 2003, pp. 87-115.

Dennis Kavanagh, *Political Culture*, Palgrave, 1972：デニス・カヴァナー『政治文化論』寄本勝美・中野実訳、早稲田大学出版部、一九七七年。

Elie Kedourie, *Nationalism*, Fourth, revised edition, Blackwell, 1994, (1st edition, 1960)：エリ・ケドゥーリー『ナショナリズム』小林正之・栄田卓弘・奥村大作訳、学文社、二〇〇三年。

Allan Kornberg and Harold D. Clarke, *Citizens and Community: Political Support in a Representative Democracy*, Cambridge University Press, 1992.

Will Kymlicka, *Contemporary Political Philosophy: An Introduction*, Clarendon Press, 1990：ウィル・キムリッカ『現代政治理論』岡崎晴輝・木村光太郎・坂本洋一・施光恒・関口雄一・田中拓道・千葉眞訳、日本経済評論社、二〇〇五年。

Will Kymlicka, *Multicultural Citizenship: A Liberal Theory of Minority Rights*, Clarendon Press, 1995；ウィル・キムリッカ『多文化時代の市民権――マイノリティの権利と自由主義』角田猛之・石山文彦・山崎康仕監訳、晃洋書房、一九九八年。

Will Kymlicka, *Finding Our Way: Rethinking Ethnocultural Relations in Canada*, Oxford University Press, 1998.

Will Kymlicka, *Politics in the Vernacular: Nationalism, Multiculturalism and Citizenship*, Oxford University Press, 2001；ウィル・キムリッカ『土着語の政治――ナショナリズム・多文化主義・シティズンシップ』岡﨑晴輝・施光恒・竹島博之監訳、法政大学出版局、二〇一二年。

Will Kymlicka, *Multicultural Odysseys: Navigating the New International Politics of Diversity*, Oxford University Press, 2007.

Everett Carll Ladd, *The American Ideology: An Exploration of the Origins, Meaning, and Role of American Political Ideas*, Roper Center for Public Opinion Research, 1994.

David Laitin, *Hegemony and Culture: Politics and Religious Change among the Yoruba*, University of Chicago Press, 1986.

David D. Laitin, "The Civic Culture at 30", *The American Political Science Review*, Vol. 89, No. 1, 1995, pp. 168-173.

Christopher Lasch, *The Agony of the American Left*, Vintage, 1969.

Christopher Lasch, *The Revolt of the Elites: and the Betrayal of Democracy*, W. W. Norton, 1995.

Harold Dwight Lasswell, *Power and Personality*, W. W. Norton & Company. Inc, 1948；ハロルド・ラスウェル『権力と人間』永井陽之助訳、東京創元社、一九五四年。

Michèle Lalonde, *Speak White*, l'Hexagone, 1974 (Nightshade Press, 1990).

Juan J. Linz and Alfred Stepan, *Problems of Democratic Transition and Consolidation: Southern Europe, South America and Post-Communist Europe*, Johns Hopkins University Press, 1996.

Seymour Martin Lipset, *American Exceptionalism: A Double-Edged Sword*, W. W. Norton & Company, 1997；シーモア・マーチン・リプセット『アメリカ例外論』上坂昇・金重紘訳、明石書店、一九九九年。

Alasdair MacIntyre, *After Virtue: A Study in Moral Theory*, Notre Dame: University of Notre Dame Press, 1981, 3rd Edition, 2007；アラスデア・マッキンタイア『美徳なき時代』篠崎榮訳、みすず書房、一九九三年。

Grant McConnell, *Private Power & American Democracy*, Knopf, 1967.

Richard McGuire, *Here*, Pantheon Graphic Novels, 2014：リチャード・マグワイア『HERE ヒア』大久保譲訳、国書刊行会、二〇一六年。

Charles Edward Merriam, *Civic Education in the United States*, C. Scribner's Sons, 1934.

Charles Edward Merriam, *Political Power, its Composition and Incidence*, Whittlesey house, McGraw-Hill, 1934：チャールズ・メリアム『政治権力（上・下）』斎藤真・有賀弘訳、東京大学出版会、一九七三年。

David Miller, *On Nationality*, Clarendon Press, 1995：デイビッド・ミラー『ナショナリティについて』富沢克・長谷川一年・施光恒・竹島博之訳、風行社、二〇〇七年。

Guillermo O'Donnell, Philippe C. Schmitter and Laurence Whitehead eds., *Transitions from Authoritarian Rule*, Johns Hopkins University Press, 1986：ギジェルモ・オドンネル、フィリップ・シュミッター『民主化の比較政治学――権威主義支配以後の政治世界』真柄秀子・井戸正伸訳、未來社、一九八六年（抄訳）。

Talcott Parsons and Edward A. Shils, *Toward a General Theory of Action*, Harper & Row, 1962：T・パーソンズ、E・A・シルス『行為の総合理論をめざして』永井道雄・作田啓一・橋本真訳、日本評論社、一九六八年（抄訳）。

Robert D. Putnam with Robert Leonardi and Raffaella Y. Nanetti, *Making Democracy Work: Civic Traditions in Modern Italy*, Princeton University Press, 1993：ロバート・D・パットナム『哲学する民主主義――伝統と改革の市民的構造』河田潤一訳、NTT出版、二〇〇一年。

Robert D. Putnam, "Turning In, Turning Out: The Strange Disappearance of Social Capital in America", *PS: Political Science and Politics*, vol. XXVIII, no. 4, December 1995.

Robert D. Putnam, *Bowling Alone: The Collapse and Revival of American Community*, Simon & Schuster, 2000：ロバート・D・パットナム『孤独なボウリング――米国コミュニティの崩壊と再生』柴内康文訳、柏書房、二〇〇六年。

Robert D. Putnam, *Our Kids: The American Dream in Crisis*, Simon & Schuster, 2015：ロバート・D・パットナム『われらの子ども――米国における機会格差の拡大』柴内康文訳、創元社、二〇一七年。

Richard Rorty, *Philosophy and the Mirror of Nature*, Princeton University Press, 1979：リチャード・ローティ『哲学と自然の鏡』野家啓一監訳、産業図書、一九九三年。

Richard Rorty, *Consequences of Pragmatism: Essays, 1972-1980*, University of Minnesota Press, 1982：リチャード・ローティ『哲学の脱構築――プラグマティズムの帰結』室井尚・吉岡洋・加藤哲弘・浜日出夫・庁茂訳、御茶の水書房、一九八五年／ちくま学芸文庫（『プラグマティズムの帰結』）、二〇一四年。

Richard Rorty, *Contingency, Irony, and Solidarity*, Cambridge University Press, 1989：リチャード・ローティ『偶然性・アイロニー・連帯――リベラル・ユートピアの可能性』齋藤純一・山岡龍一・大川正彦訳、岩波書店、二〇〇〇年。

Richard Rorty, *Achieving Our Country: Leftist Thought in Twentieth-century America*, Harvard University Press, 1998：リチャード・ローティ『アメリカ未完のプロジェクト――20世紀アメリカにおける左翼思想』小澤照彦訳、晃洋書房、二〇〇〇年。

Richard Rorty, *Philosophy and Social Hope*, Penguin Books, 1999：リチャード・ローティ『リベラル・ユートピアという希望』須藤訓任・渡辺啓真訳、岩波書店、二〇〇二年。

Richard Rorty, *Philosophy as Cultural Politics: Philosophical Papers IV*, Cambridge University Press, 2007：リチャード・ローティ『文化政治としての哲学』冨田恭彦・戸田剛文訳、岩波書店、二〇一一年。

Kenneth Ruoff, *Imperial Japan at Its Zenith: The Wartime Celebration of the Empire's 2,600th Anniversary* (Studies of the Weatherhead East Asia Institute, Columbia University), Cornell University Press, 2010：ケネス・ルオフ『紀元二千六百年――消費と観光のナショナリズム』木村剛久訳、朝日選書、二〇一〇年。

Edward Said, *Musical Elaborations*, Columbia University Press, 1991：エドワード・サイード『音楽のエラボレーション』大橋洋一訳、みすず書房、一九九五年。

Edward Said, *Humanism and Democratic Criticism*, Columbia University Press, 2004：エドワード・サイード『人文学と批評の使命――デモクラシーのために』村山敏勝・三宅敦子訳、岩波書店、二〇〇六年。

Edward W. Said, *Orientalism*, Penguin Modern Classics 25th Anniversary edition, Penguin Books, 2007：エドワード・サイー

ド『オリエンタリズム（上・下）』今沢紀子訳、平凡社ライブラリー、一九九三年。

Michael J. Sandel, *Liberalism and the Limits of Justice*, Cambridge University Press, 1982, 2nd ed., 1998：マイケル・サンデル『自由主義と正義の限界』菊池理夫訳、三嶺書房、一九九二年第二版、一九九九年、マイケル・サンデル『リベラリズムと正義の限界』改訂改題版、勁草書房、二〇〇九年。

Michael J. Sandel, *Democracy's Discontent: America in Search of a Public Philosophy*, Belknap Press of Harvard University Press, 1996：マイケル・サンデル『民主政の不満——公共哲学を求めるアメリカ（上・下）』金原恭子・小林正弥監訳、千葉大学人文社会科学研究科公共哲学センター訳、勁草書房、二〇一〇、二〇一一年。

Michael J. Sandel, *Public Philosophy: Essays on Morality in Politics*, Harvard University Press, 2005：マイケル・サンデル『公共哲学——政治における道徳を考える』鬼澤忍訳、筑摩書房、二〇一一年。

E. E. Schattschneider, *The Semisovereign People: A Realist's View of Democracy in America*, Holt, Rinehart & Winston, 1960：E・E・シャットシュナイダー『半主権人民』内山秀夫訳、而立書房、一九七二年。

Authur M. Schlesinger Jr., *The Disuniting of America: Reflections on a Multicultural Society*, W. W. Norton, 1992：アーサー・シュレージンガーJr.『アメリカの分裂——多元文化社会についての所見』都留重人監訳、岩波書店、一九九二年。

Gayatri Chakravorty Spivak, "Nationalism and the Imagination," *Lectora: Journal of Women and Textuality*, Vol. 15, 2009 (reprinted version, Seagull Books, 2010)：ガヤトリ・C・スピヴァク『ナショナリズムと想像力』鈴木英明訳、青土社、二〇一一年。

Geoffrey R. Stone, Richard A. Epstein, and Cass R. Sunstein, eds., *The Bill of Rights in the Modern State*, University of Chicago Press, 1992.

Ronald T. Takaki, *A Different Mirror: a History of Multicultural America*, Little, Brown & Co., 1993：ロナルド・タカキ『多文化社会アメリカの歴史——別の鏡に映して』富田虎男監訳、明石書店、一九九五年。

Charles Taylor, *Sources of the Self: the Making of the Modern Identity*, Harvard University Press, 1989：チャールズ・テイラー『自我の源泉——近代的アイデンティティの形成』下川潔・桜井徹・田中智彦訳、名古屋大学出版会、二〇一〇年。

Charles Taylor, *The Ethics of Authenticity*, Harvard University Press, 1991；チャールズ・テイラー『「ほんもの」という倫理——近代とその不安』田中智彦訳、産業図書、二〇〇四年。

Charles Taylor, *Reconciling the Solitudes: Essays on Canadian Federalism and Nationalism*, McGill-Queen's University Press, 1993.

Charles Taylor, *Philosophical Arguments*, Harvard University Press, 1995.

Charles Taylor, *Varieties of Religion Today: William James Revisited*, Harvard University Press, 2002；チャールズ・テイラー『今日の宗教の諸相』伊藤邦武・佐々木崇・三宅岳史訳、岩波書店、二〇〇九年。

Charles Taylor, *Modern Social Imaginaries*, Duke University Press, 2004；チャールズ・テイラー『近代——想像された社会の系譜』上野成利訳、岩波書店、二〇一〇年。

Charles Taylor, *A Secular Age*, Harvard University Press, 2007.

Emmanuel Todd, *After the Empire: The Breakdown of the American Order*, Columbia University Press, 2003；エマニュエル・トッド『帝国以後——アメリカ・システムの崩壊』石崎晴己訳、藤原書店、二〇〇三年。

John Tomlinson, *Cultural Imperialism: A Critical Introduction*, Pinter Publishers, 1991；ジョン・トムリンソン『文化帝国主義』片岡信訳、青土社、一九九三年。

Gauri Viswanathan ed., *Power, Politics, and Culture: Interviews with Edward W. Said*, Pantheon Books, 2001；ゴーリ・ヴィスワナタン編『権力、政治、文化——エドワード・W・サイード発言集成』大橋洋一他訳、太田出版、二〇〇七年。

Graham Wallas, *Human Nature in Politics*, University of Nebraska Press, 1962.（原著初版は一九〇八年発行）；グレーアム・ウォーラス『政治における人間性』石上良平・川口浩訳、創文社、一九五八年。

Michael Walzer, *Obligations: Essays on Disobedience, War, and Citizenship*, Harvard University Press, 1970；マイケル・ウォルツァー『義務に関する11の試論——不服従、戦争、市民性』山口晃訳、而立書房、一九九三年。

Michael Walzer, *Just and Unjust Wars: A Moral Argument with Historical Illustrations*, Basic Books, 1977, 2nd ed., 1992, 3rd ed., 2000, 4th ed., 2006；マイケル・ウォルツァー『正しい戦争と不正な戦争』萩原能久監訳、風行社、二〇〇八年。

Michael Walzer, *Spheres of Justice: A Defense of Pluralism and Equality*, Basic Books, 1983：マイケル・ウォルツァー『正義の領分——多元性と平等の擁護』山口晃訳、而立書房、一九九九年。

Michael Walzer, *Interpretation and Social Criticism*, Harvard University Press, 1987：マイケル・ウォルツァー『解釈としての社会批判——暮らしに根ざした批判の流儀』大川正彦・川本隆史訳、風行社、一九九六年（ちくま学芸文庫、二〇一四年）。

Michael Walzer, *What It Means to be an American*, Marsilio, 1992：マイケル・ウォルツァー『アメリカ人であるとはどういうことか——歴史的自己省察の試み』古茂田宏訳、ミネルヴァ書房、二〇〇六年。

Michael Walzer, *Thick and Thin: Moral Argument at Home and Abroad*, University of Notre Dame Press, 1994：マイケル・ウォルツァー『道徳の厚みと広がり——われわれはどこまで他者の声を聴き取ることができるか』芦川晋・大川正彦訳、風行社、二〇〇四年。

Michael Walzer ed., *Toward a Global Civil Society*, Berghahn Books, 1995：マイケル・ウォルツァー編『グローバルな市民社会に向かって』石田淳・越智敏夫・向山恭一・佐々木寛・高橋康浩訳、日本経済評論社、二〇〇一年。

Michael Walzer, *On Toleration*, Yale University Press, 1997：マイケル・ウォルツァー『寛容について』大川正彦訳、みすず書房、二〇〇三年。

Michael Walzer, *Arguing about War*, Yale University Press, 2004：マイケル・ウォルツァー『戦争を論ずる——正戦のモラル・リアリティ』駒村圭吾・鈴木正彦・松元雅和訳、風行社、二〇〇八年。

Michael Walzer, *Politics and Passion: Toward A More Egalitarian Liberalism*, Yale University Press, 2004：マイケル・ウォルツァー『政治と情念——より平等なリベラリズムへ』斎藤純一・谷沢正嗣・和田泰一訳、風行社、二〇〇六年。

Michael Walzer, *Thinking Politically: Essays in Political Theory*, Yale University Press, 2007：マイケル・ウォルツァー『政治的に考える——マイケル・ウォルツァー論集』萩原能久・齋藤純一監訳、風行社、二〇一二年。

Michael Walzer, *The paradox of liberation: secular revolutions and religious counterrevolutions*, Yale University Press, 2015：マイケル・ウォルツァー『解放のパラドックス——世俗革命の宗教的反革命』萩原能久監訳、風行社、二〇一六年。

Myron Weiner, "Political Integration and Political Development," in Karl von Vorys ed., *New Nations: The Problem of Political*

Development; The Annals of the American Academy of Political and Social Sciences, vol. 358, March, 1965.

Sheldon S. Wolin, "The Idea of the State in America," *Humanities in Society*, vol. 3, no. 2, Spring, 1980；シェルドン・ウォリン「アメリカにおける国家の観念」千葉眞他編訳『政治学批判』みすず書房、一九八八年、第七章。

Sheldon S. Wolin, *The Present of the Past: Essays on the State and the Constitution*, Johns Hopkins University Press, 1989；シェルドン・ウォリン『アメリカ憲法の呪縛』千葉眞・斎藤真・山岡竜一・木部尚志訳、みすず書房、二〇〇六年。

伊藤洋典『〈共同体〉をめぐる政治学』ナカニシヤ出版、二〇一三年。

海老坂武『思想の冬の時代に――〈東欧〉、〈湾岸〉そして民主主義』岩波書店、一九九二年。

太田好信『〔増補版〕トランスポジションの思想――文化人類学の再想像』世界思想社、二〇一〇年。

岡野八代『シティズンシップの政治学――国民・国家主義批判〔増補版〕』白澤社、二〇〇九年。

川崎修『「政治的なるもの」の行方』岩波書店、二〇一〇年。

金鶴泳『金鶴泳作品集成』作品社、一九八六年。

金鶴泳『凍える口――金鶴泳作品集』クレイン、二〇〇四年。

金鶴泳『土の悲しみ――金鶴泳作品集〈2〉』クレイン、二〇〇六年。

古城利明編『世界社会のイメージと現実』東京大学出版会、一九九〇年。

齋藤純一『自由』岩波書店、二〇〇五年。

齋藤純一『政治と複数性――民主的な公共性にむけて』岩波書店、二〇〇八年。

齋藤純一『不平等を考える――政治理論入門』筑摩書房、二〇一七年。

向山恭一『対話の倫理――ヘテロトピアの政治に向けて』ナカニシヤ出版、二〇〇一年。

杉田敦『政治への想像力』岩波書店、二〇〇九年。

杉田敦『両義性のポリティーク』風行社、二〇一五年。

杉田敦『権力論』岩波現代文庫、二〇一五年。

杉田敦『境界線の政治学〔増補版〕』岩波現代文庫、二〇一五年。

高畠通敏『高畠通敏集』全五巻、岩波書店、二〇〇九年。

田中克彦『ことばと国家』岩波新書、一九八一年。

田村哲樹『熟議の理由——民主主義の政治理論』勁草書房、二〇〇八年。

田村哲樹『政治理論とフェミニズムの間——国家・社会・家族』昭和堂、二〇〇九年。

千葉眞『連邦主義とコスモポリタニズム——思想・運動・制度構想』風行社、二〇一四年。

辻内鏡人『現代アメリカの政治文化——多文化主義とポストコロニアリズムの交錯』ミネルヴァ書房、二〇〇一年。

鶴見俊輔『戦時期日本の精神史』岩波現代文庫、二〇〇一年（単行本、一九八二年）。

鶴見俊輔・鈴木正・いいだもも『転向再論』平凡社、二〇〇一年。

西川長夫、渡辺公三、ガバン・マコーマック編『多文化主義・多言語主義の現在——カナダ・オーストラリア・そして日本』人文書院、一九九七年。

長部重康他編『現代ケベック——北米のフランス系文化』勁草書房、一九八九年。

藤川隆男編『白人とは何か？——ホワイトネス・スタディーズ入門』刀水書房、二〇〇五年。

古矢旬『アメリカニズム——「普遍国家」のナショナリズム』東京大学出版会、二〇〇二年。

古矢旬『アメリカ——過去と現在の間』岩波新書、二〇〇四年。

松元雅和『リベラルな多文化主義』慶應義塾大学出版会、二〇〇七年。

松元雅和『応用政治哲学——方法論の探究』風行社、二〇一五年。

三谷太一郎『学問は現実にいかに関わるか』東京大学出版会、二〇一三年。

森政稔『〈政治的なもの〉の遍歴と帰結——新自由主義以後の「政治理論」のために』青土社、二〇一四年。

吉本隆明『わが転向』文藝春秋、一九九五年。

あとがき

本書は以下の既発表論文をもとにしている。

序　章　書き下ろし

第Ⅰ部　政治の文化

第1章　原題「政治文化」内山秀夫編『講座政治学　第一巻　政治理論』三嶺書房、一九九九年

第2章　原題「なぜ市民社会は少数者を必要とするのか――出生と移動の再理論化」高畠通敏編『現代市民政治論』世織書房、二〇〇三年

第3章　原題「ナショナリズムと自己批判性」『立教法学』第八六号、二〇一二年

第Ⅱ部　文化の政治

第4章　原題「『他者』理解の政治学――多文化主義への政治理論的対応」『新潟国際情報大学　情報文化学部紀要』第二号、一九九九年

第5章　原題「市民文化論の統合的機能――現代政治理論の『自己正当化』について」市川太一・梅垣理郎・柴田平三郎・中道寿一編『現場としての政治学』日本経済評論社、二〇〇七年

第6章　原題「『非常時デモクラシー』の可能性――九・一一とアメリカ的なものについて」佐々木寛編『東ア

ジア〈共生〉の条件』世織書房、二〇〇六年

第7章　原題「アメリカ国家思想の文化的側面――その政府不信と体制信仰について」政治思想学会編『政治思想研究』第七号、二〇〇七年　および　原題「強制される忠誠――フィランソロピーとリベラル・ナショナリスト」日本政治学会編『年報政治学二〇一一-Ⅰ　政治における忠誠と倫理の理念化』二〇一一年

第8章　原題「政治理論における〈有効性〉――高畠通敏と戦後日本」『新潟国際情報大学　国際学部紀要』創刊号、二〇一六年

終　章　原題「ロベール・ルパージュ〈887〉論」『新潟国際情報大学　国際学部紀要』第二号、二〇一七年

なお他の既発表原稿のうち、市民宗教論に特化したもの、また現実政治に関するいくぶん時事的なもの、さらに学部学生用の市民社会論の教科書とすべきものについては、本書とはそれぞれ別途書籍化する予定であるために収録されていない。

本書に収録したものに関しては、初出時とは字句修正以外、大きく異同のないものもあれば、原型をとどめないほどに加筆修正したものもある。論稿執筆の契機となった口頭での研究発表時、また論文公刊後にいただいた先達、友人からの多くの助言は改稿において反映させていただいた。日常的にも本当に多くの方々から指導していただいているが、それらの方々の数はあまりに多く、ことごとしくなるので個々のお名前を列挙するのは差し控えたい。

しかし高畠通敏先生と内山秀夫先生には御礼を申し上げないわけにはいかない。立教大学法学部、慶應義塾大学大学院法学研究科における両先生からの指導がなければ、このようなものは出版されてない。そもそもお二人に出会わなければ、私は政治学を研究しようとはしなかっただろう。両先生には私的なことでもずいぶんご厄介になったが、私の無学と懶惰のため、ついに報恩の機会なくして終わってしまった。すでに泉下の客となられたお二人に

は伏してお詫び申し上げたい。

またハリー・ハルトゥーニアン先生に対する謝意も表さなければ礼を失することになる。学部学生時代、本当に小さな偶然から先生にお会いしたとき、その人柄と該博な知識にかなりの衝撃を受けた記憶はいまだに鮮明である。しかしその時には、まさかその後の二回の在外研究において、日常的に謦咳に接するようになるとは想像さえできなかった。研究員として赴任したシカゴ大学で、あるいはまたニューヨーク大学で、先生を交えて幾度も繰り返された議論は理解することさえ難しいものばかりだったが、かなり多くのことを勉強させてもらった気がする。お会いする機会は少なくなったものの、現在でも先生の著作や発言からは、それらが私の専門領域とは若干の距離もあるとはいえ、いやおそらくは距離があるからこそ、常に新鮮で刺激的な視点を与えていただいている。

最後にミネルヴァ書房編集部の田引勝二氏に対してもお礼を申し上げたい。思いつく限りの理由をつけて原稿の加筆修正作業を先延ばしにしてきた私に対して、同氏が強く背中を押してくれなければ本書の刊行はかなわなかった。もちろんこれほどの時間がかかったのはひとえに私の怠慢のゆえである。田引氏のみならず、関係各位に深くお詫びしたい。

著者の本務校である新潟国際情報大学からは本書刊行に際して「共同研究出版助成」を得た。自らの勤務校を誉めても仕方ないかもしれないが、現代日本における私立大学として、おそらくは例外的なほどに充実した研究環境が本学で維持されていることに、敬意と謝意を表したい。

なお本研究の一部は日本学術振興会（ＪＳＰＳ）科学研究費助成事業、基盤研究(C)一九五三〇一一九、基盤研究(C)二三五三〇一七三、基盤研究(C)一六Ｋ〇三四九三による助成を受けている。あわせて謝意を表したい。

二〇一八年二月

越智敏夫

事項索引

あ 行

か 行

さ 行

た 行

な 行

は 行

ま・や 行

ら・わ 行

ま　行

や　行

ら・わ　行

た　行

な　行

は　行

人名索引

あ 行

か 行

さ 行

《著者紹介》

越智敏夫（おち・としお）

1961年　愛媛県生まれ。

　　　　立教大学法学部卒業。慶應義塾大学大学院法学研究科政治学専攻博士課程単位取得満期退学。

　　　　立教大学法学部助手，シカゴ大学研究員，ニューヨーク大学研究員などを経て，
現　在　新潟国際情報大学国際学部教授。

著　書　『グローバル・デモクラシーの政治空間』共著，東信堂，1997年。

　　　　『講座政治学　第一巻・政治理論』共著，三嶺書房，1999年。

　　　　『現代市民政治論』共著，世織書房，2003年。

　　　　『東アジア〈共生〉の条件』共著，世織書房，2006年。

　　　　『現場としての政治学』共著，日本経済評論社，2007年，など。

訳　書　マイケル・ウォルツァー『グローバルな市民社会に向かって』共訳，日本経済評論社，2001年，など。

MINERVA 人文・社会科学叢書㉙
政治にとって文化とは何か
――国家・民族・市民――

2018年7月20日　初版第1刷発行　〈検印省略〉

定価はカバーに
表示しています

著　者　越　智　敏　夫
発行者　杉　田　啓　三
印刷者　中　村　勝　弘

発行所　株式会社　ミネルヴァ書房
607-8494　京都市山科区日ノ岡堤谷町1
電話代表　(075)581-5191
振替口座　01020-0-8076

© 越智敏夫，2018
中村印刷・新生製本

ISBN978-4-623-08246-9
Printed in Japan

熟慮と討議の民主主義理論　柳瀬　昇 著　A5判三一六頁 本体六〇〇〇円

「リベラル・ナショナリズム」の再検討　富沢　克 編著　A5判三二八頁 本体七〇〇〇円

日米における政教分離と「良心の自由」　和田　守 編著　A5判三二八頁 本体六〇〇〇円

反米の系譜学　J・W・シーザー 著　村田晃嗣他 訳　A5判三三八頁 本体五五〇〇円

アメリカ人であるとはどういうことか　M・ウォルツァー 著　古茂田　宏 訳　四六判二四四頁 本体三二〇〇円

アメリカ政治学を創った人たち　M・ベアー　M・ジューエル　L・サイゲルマン 編　内山秀夫 監訳　A5判四〇八頁 本体五六〇〇円

流動化する民主主義　R・D・パットナム 編著　猪口　孝 訳　A5判四六六頁 本体四八〇〇円

統治能力　Y・ドロア 著　足立幸男　佐野　亘 監訳　A5判四〇〇頁 本体七〇〇〇円

離脱・発言・忠誠　A・O・ハーシュマン 著　矢野修一 訳　A5判二三二頁 本体三五〇〇円

概説西洋政治思想史　中谷　猛　足立幸男 編著　A5判四〇四頁 本体三〇〇〇円

概説日本政治思想史　西田　毅 編著　A5判四一六頁 本体三二〇〇円

日本政治思想［増補版］　米原　謙 著　A5判三七〇頁 本体三五〇〇円

政治理論　猪口　孝 著　A5判三四四頁 本体三二〇〇円

ミネルヴァ書房

http://www.minervashobo.co.jp/